Softwareentwicklung mit ChatGPT und Copilot

Nathan B. Crocker ist Mitgründer und Chief Technology Officer von Checker, einer API-First-Lösung, die traditionelle Kapitalmarktinfrastrukturen mit dem Blockchain-Ökosystem verbindet. Nathan bringt seine Erfahrung im Aufbau digitaler Asset-Infrastrukturen in die technologische Vision und Entwicklung bei Checker ein. Er ist maßgeblich daran beteiligt, die Kerninfrastruktur aufzubauen, die neue Finanzanwendungen auf der Blockchain ermöglicht.

Nathan B. Crocker

Softwareentwicklung mit ChatGPT und Copilot

Mit innovativen KI-Tools Produktivität, Effizienz und Codequalität steigern

dpunkt.verlag

Nathan B. Crocker

Übersetzung: Jørgen W. Lang
Lektorat: Alexandra Follenius
Buchmanagement: Friederike Demmig, Julia Griebel
Copy-Editing: Claudia Lötschert, *www.richtiger-text.de*
Satz: III-satz, *www.drei-satz.de*
Herstellung: Stefanie Weidner
Umschlaggestaltung: Eva Hepper, Silke Braun
Druck und Bindung: mediaprint solutions GmbH, 33100 Paderborn

Bibliografische Information der Deutschen Nationalbibliothek
Die Deutsche Nationalbibliothek verzeichnet diese Publikation in der Deutschen Nationalbibliografie; detaillierte bibliografische Daten sind im Internet über *http://dnb.d-nb.de* abrufbar.

ISBN:
Print 978-3-98889-023-8
PDF 978-3-98890-229-0
ePub 978-3-98890-230-6

1. Auflage 2025

Wieblinger Weg 17
69123 Heidelberg
E-Mail: *hallo@dpunkt.de*

Hinweis:
Dieses Buch wurde mit mineralölfreien Farben auf PEFC-zertifiziertem Papier aus nachhaltiger Waldwirtschaft gedruckt. Der Umwelt zuliebe verzichten wir zusätzlich auf die Einschweißfolie. Hergestellt in Deutschland.

PEFC-zertifiziert
Dieses Buch stammt aus nachhaltig bewirtschafteten Wäldern und kontrollierten Quellen
PEFC
PEFC/04-31-0810
www.pefc.de

Schreiben Sie uns:
Falls Sie Anregungen, Wünsche und Kommentare haben, lassen Sie es uns wissen: *hallo@dpunkt.de*.

5 4 3 2 1 0

Gewidmet dem Andenken an Catherine L. Crocker,
deren Stärke und Liebe mich auch weiterhin leiten.
Auch wenn sie nicht länger bei uns ist, bleiben ihr Geist
und ihre Weisheit immer gegenwärtig.
Ihr Vermächtnis lebt in jedem Wort, das ich schreibe.
Geschieden aus dieser Welt, bleibt sie doch für immer in
unseren Herzen.

Inhalt

Einführung

Willkommen zu *Softwareentwicklung mit ChatGPT und Copilot*, Ihrem Einstieg in die symbiotische Beziehung zwischen Programmierung und künstlicher Intelligenz. In diesem Buch geht es nicht nur um KI und ihre Verwendungsmöglichkeiten in der Softwareentwicklung. Es ist vielmehr eine Einladung, sich in Bereiche der Programmierung vorzuwagen, die von hochmodernen KI-Modellen wie ChatGPT und GitHub Copilot unterstützt werden. Wenn Sie diese Seiten umblättern, machen Sie sich auf eine Forschungs- und Entdeckungsreise, auf der Sie eine neue Sichtweise darauf bekommen, wie KI die Welt der Programmierung neu definieren und verbessern kann.

Das Wesentliche an diesem Buch ist sein unkonventioneller Ansatz. Im Gegensatz zu den meisten technischen Büchern gibt es hier keine strenge Abfolge von Anweisungen. Der Grund ist, dass es in diesem Buch um große Sprachmodelle, »Large Language Models« oder kurz »LLMs« geht und wie sie in der Softwareentwicklung genutzt werden können. Die Ergebnisse in diesem Bereich können selbst bei gleichbleibenden Eingaben überraschend vielfältig sein. Stellen Sie sich dieses Buch eher wie einen Kompass vor, der Ihnen den Weg durch eine faszinierende Landschaft aus Möglichkeiten weist, ohne Ihnen dabei eine bestimmte Route vorzuschreiben.

Softwareentwicklung mit ChatGPT und Copilot ermutigt Sie zu experimentieren, Fragen zu stellen und – was am wichtigsten ist – offen gegenüber unerwarteten Ergebnissen zu sein. Das Buch soll Ihre Neugier schüren, Ihre Kreativität anspornen und Ihre Fähigkeiten zur Problemlösung anregen. Die Welt der Large Language Models wie ChatGPT und Copilot bietet mehr als nur Unterstützung beim Programmieren; sie gibt Ihnen ein transformatives Framework, das das Potenzial hat, die Softwareentwicklung in ihrem Innern zu revolutionieren.

Im Kern übernimmt dieses Buch die Rolle eines Mentors, eines Anstoßgebers, der Sie ermutigt, sich über die Grenzen der traditionellen Programmierung hinauszuwagen und Sie motiviert, den verwickelten Tanz zwischen KI und Programmierung zu erforschen. Es soll Ihnen Appetit auf das ungenutzte Potenzial machen, das generative KI-Modelle mit sich bringen. Durch eine Vielzahl von Beispielen aus der realen Welt und Einblicken werden Sie nicht nur lernen, wie Sie diese KI-Werkzeuge nutzen können, sondern Sie bekommen ein tieferes Verständnis ihrer Funktionsweise, ihrer Möglichkeiten und ihrer Grenzen.

Wie bei jedem Mentorat steht der Lohn in einem proportionalen Verhältnis zur Leidenschaft, Neugier und dem Engagement, das Sie mitbringen. Indem Sie tief in die Materie eintauchen, Fragen stellen und Annahmen kritisch hinterfragen, gewinnen Sie nicht nur die technischen Fähigkeiten, sondern auch eine umfassendere Sicht darauf, was es heißt, ein Entwickler im Zeitalter der KI zu sein.

Dies sind aufregende Zeiten in der Softwareentwicklung. KI und maschinelles Lernen durchbrechen traditionelle Paradigmen. Sie ermöglichen neue Werkzeuge und Methoden, die Ihre Produktivität, Kreativität und Effizienz deutlich steigern können. Durch die Integration von KI in den Entwicklungsprozess können wir komplexere Probleme angehen, Arbeitsabläufe verbessern und die Art, wie wir programmieren, grundsätzlich verändern.

Softwareentwicklung mit ChatGPT und Copilot ist mehr als nur ein Buch – es ist ein Tor zu einer anderen Welt, in der die Logik der Programmierung mit der Leistungsfähigkeit und Flexibilität künstlicher Intelligenz verschmilzt. Egal, ob Sie ein erfahrener Entwickler oder ein begeisterter Anfänger sind, dieses Buch wird Sie mit den Werkzeugen, Arbeitsweisen und dem Wissen ausstatten, um aus diesem Fortschritt das Beste zu machen und auf dieser sich beständig weiterentwickelnden Landkarte Ihren eigenen Weg zu finden.

Vergessen Sie nicht, dass jede Reise mit einem einzelnen Schritt beginnt. Indem Sie sich entschieden haben, dieses Buch zu lesen, haben Sie den ersten Schritt bereits getan. Lassen Sie uns nun gemeinsam in die aufregende Welt des intelligenten Programmierens eintauchen. Viel Spaß auf der Reise!

Über dieses Buch

Softwareentwicklung mit ChatGPT und Copilot ist Ihr unverzichtbarer Leitfaden, um die Integration von Large Language Models wie ChatGPT und GitHub Copilot in Ihren Software-Entwicklungsprozess zu meistern. Dieses umfassende Buch gibt praktische Ratschläge und zeigt die »Best Practices«, mit denen Sie Ihre Projekte mithilfe von künstlicher Intelligenz verbessern können. Von Verhaltensregeln bei der KI-Implementierung bis hin zu Beispielen aus der realen Welt erhalten Sie mit diesem Buch Einblicke und die nötigen Werkzeuge, um Ihre Entwicklerfähigkeiten voranzubringen und in einer sich ständig ändernden Technologielandschaft die Nase vorn zu haben.

Wer sollte dieses Buch lesen

Dieses Buch ist für professionelle Entwickler, aber gleichermaßen auch für begeisterte Laien geeignet. Zwar richtet sich dieses Buch vor allem an erfahrene Entwickler, aber große Sprachmodelle (Large Language Models, LLMs) können Ihre

Lernprozesse beschleunigen, indem sie Ihnen Werkzeuge, Erklärungen, Codebeispiele und Anleitungen zu Programmierkonzepten zur Verfügung stellen. Dadurch können erfahrene Entwickler ihre Produktivität steigern, Programmierprozesse verschlanken und komplexe Programmierprobleme effizienter lösen. Diese Werkzeuge können Ihnen bei der Erzeugung von Codeteilen und beim Debugging helfen und Einsichten in die besten Vorgehensweisen geben.

Wie dieses Buch aufgebaut ist: Ein Überblick

Dieses Buch besteht aus vier Teilen, gefolgt von zwei praxisorientierten Anhängen, die Ihnen bei der Einrichtung von ChatGPT und GitHub Copilot helfen sollen.

- **Teil I: Die Grundlagen**
  - Kapitel 1 enthält eine Einführung in LLMs, beleuchtet ihre Geschichte und erklärt das Konzept generativer KI. Es gibt außerdem Ratschläge zur angemessenen und umsichtigen Nutzung dieser Technologien.
  - Kapitel 2 vermittelt die Grundlagen der Benutzung von LLMs, vergleicht ChatGPT und GitHub Copilot miteinander und beschreibt die ersten Schritte zur Nutzung ihrer Fähigkeiten.
- **Teil II: Die Eingaben**
  - In Kapitel 3 wird der Entwurf von Software mithilfe von ChatGPT anhand eines ITAM-(Information-Technology-Asset-Management-)Systems als Projektbeispiel erläutert.
  - Kapitel 4 konzentriert sich auf die Erstellung von Software mit GitHub Copilot und behandelt dabei wesentliche Konzepte wie Domain Modelling, Immutabilität und Entwurfsmuster.
  - In Kapitel 5 geht es um die Datenverwaltung mit GitHub Copilot und Copilot Chat. Dabei erforschen wir das Echtzeit-Asset-Monitoring mit Kafka und die Datenanalyse mit Apache Spark.
- **Teil III: Das Feedback**
  - Kapitel 6 befasst sich mit dem Testing, der Qualitätskontrolle und der Erklärung von Software, die mit LLMs entwickelt wurde, inklusive der Fehlersuche und der Codeübersetzung (zwischen verschiedenen Programmiersprachen).
- **Teil IV: Hinaus in die Welt**
  - Kapitel 7 behandelt die Programmierinfrastruktur und die Verwaltung von Deployments, von der Erstellung von Docker-Images bis zur Einrichtung von Continuous Integration/Continuous Deployment-Pipelines (CI/CD) mit GitHub Actions.

- Kapitel 8 spricht über die Entwicklung sicherer Applikationen mit ChatGPT, inklusive Threat Modeling und dem Einsatz von »Best Practices« im Bereich der Sicherheit.
- Kapitel 9 erkundet das Konzept des »GPT für unterwegs«, inklusive des Hostings Ihres eigenen LLM und der Demokratisierung des Zugangs zu großen Sprachmodellen mit GPT-4All.

Die Anhänge enthalten einfache Anleitungen für die Einrichtung von ChatGPT und Copilot, um sicherzustellen, dass Sie das nötige Praxiswissen besitzen, um Ihre Reise in die KI-unterstützte Entwicklung zu beginnen.

Abgesehen vom letzten Kapitel sollte dieses Buch in der Reihenfolge der Kapitel gelesen werden, weil diese aufeinander aufbauen. Das letzte Kapitel kann jederzeit nach dem ersten Kapitel gelesen werden.

Über den Code

Ausführbare Codeabschnitte finden Sie in der englischsprachigen liveBook-(Online-)Version dieses Buchs unter *https://livebook.manning.com/book/ai-powered-developer*. Den vollständigen Code für die Beispiele in diesem Buch können Sie unter *https://www.manning.com/books/ai-powered-developer* und von der GitHub-Seite zu diesem Buch unter *https://github.com/nathanbcrocker/ai_powered_developer* herunterladen.

Wichtiger Hinweis: Ein Teil des Werts dieses Buchs liegt darin, die Beispiele mithilfe der empfohlenen (und nicht empfohlenen) Werkzeuge durchzuarbeiten. Außerdem müssen Sie wissen, dass die hier verwendeten Werkzeuge nur selten identische Ausgaben liefern, selbst wenn sie die gleichen Prompts eingeben. Lassen Sie sich aber nicht frustrieren oder entmutigen, wenn Ihr Code sich deutlich vom Quellcode im GitHub-Repository unterscheidet. Der Quellcode, sofern Sie ihn für nützlich halten, soll Ihre Weiterbildung und Ihren Lernprozess unterstützen.

Um das meiste aus diesem Buch zu machen, benötigen Sie eine aktuelle Version von Python 3 und die Möglichkeit, neue Packages zu installieren. Für die Ausführung der meisten Infrastruktur-bezogenen Systeme müssen Sie in der Lage sein, Docker-Images zu installieren und Docker-Container auszuführen.

Dieses Buch enthält viele Quellcode-Beispiele, sowohl in nummerierten Listings als auch in den normalen Text eingebettet. In beiden Fällen ist der Quellcode in einer Festbreitenschrift formatiert, um ihn besser vom normalen Text unterscheiden zu können. In vielen Fällen haben wir den Quellcode umformatiert. Das heißt, wir haben Zeilenumbrüche eingefügt und die Einrückungen angepasst, damit der Code besser auf die Buchseiten passt.

Hinweis

Um das Verständnis der Prompts zu erleichtern, haben wir uns entschlossen, jeweils eine deutsche Übersetzung bereitzustellen. Allerdings »versteht« nur ChatGPT Prompts in anderen Sprachen. GitHub Copilot funktionierte zum Zeitpunkt der Übersetzung dieses Buchs (Ende 2024) nur mit Eingaben auf Englisch.

Danksagungen

Das Schreiben dieses Buchs war sicher kein Spaziergang. Es waren viel Engagement, Hingabe und unzählige Stunden akribischer Arbeit nötig, und der Weg war voller Herausforderungen. Trotzdem war jeder Schritt eine bereichernde Erfahrung, die mich der faszinierenden Welt des KI-gestützten Programmierens näherbrachte. Ohne die Unterstützung und Beiträge vieler außergewöhnlicher Menschen hätte ich diese Reise weder beginnen noch zu Ende bringen können.

Mein tief empfundener Dank gilt meiner Lektorin, Katie Sposato Johnson, die maßgeblich zur Gestaltung dieses Buchs beigetragen hat. Ihre klar formulierten Kommentare, kritischen Anmerkungen und ihr konstruktives Feedback halfen mir, meine Gedanken zu verfeinern und daraus eine zusammenhängende, fesselnde Erzählung zu entwickeln. Ihr leidenschaftliches Engagement und ihre unerschütterliche Anteilnahme waren für dieses Projekt von unschätzbarem Wert.

Ein besonderer Dank geht an meinen technischen Lektor, Nicolai Nielsen, leitender KI-Ingenieur bei SymphonyAI, der sowohl Programmierer als auch Content Creator ist. Nicolai erstellt Bildungsinhalte zu künstlicher Intelligenz und Computer Vision auf YouTube sowie in Kursen, die Menschen helfen und gleichzeitig seine Marken voranbringen. Nicolais Expertise und sein scharfer Blick für Details haben mich immer wieder gefordert und mir dabei vor Augen geführt, wie viel es in diesem weiten Feld noch zu lernen gibt. Seine Anregungen waren lehrreich, aber auch ernüchternd und haben mein Verständnis geformt und mich geerdet.

Zutiefst dankbar bin ich auch für die Unterstützung des gesamten Teams bei Manning, das mich auf diesem Weg unermüdlich begleitet hat. Seine Professionalität, die kooperative Haltung und das Streben nach Exzellenz waren für mich eine große Inspiration. Das Team hat eine entscheidende Rolle dabei gespielt, dieses Buch zum Leben zu erwecken.

Danke auch an alle Sachverständigen: Carmelo San Giovanni, Chad Yantorno, Christopher Forbes, Dan McCreary, Dewang Mehta, Greg MacLean, Håvard Wall, Jeff Smith, Jim Matlock, Jonathan Boiser, Louis Aloia, Luke Kupka, Mariano Junge, Maxim Volgin, Maxime Boillot, Mike Piscatello, Milorad Imbra, Peter Dickten, Philip Patterson, Pierre-Michel Ansel, Rambabu Posa, Rebecca Wagaman, Riccardo Marotti, Roy Wilsker, Stefano Priola, Thomas Jaensch,

Thomas Joseph Heiman, Tiago Boldt Sousa, Tony Holdroyd und Walter Alexander Mata López – Eure Anregungen haben dabei geholfen, dieses Buch besser zu machen.

Mein tiefster Dank gilt meiner Familie – meinen Säulen der Stärke. Meiner Frau Jenn: Danke, dass du mein Fels in der Brandung bist, und für die unzähligen Stunden voller Geduld, Verständnis und Liebe, die du in dieses Projekt gesteckt hast. Meinen Töchtern Maeve und Orla: Ihr seid meine Inspiration – eure Freude, Neugier und unerschöpfliche Begeisterung bringen mich vorwärts. Und allen meinen Familienmitgliedern, die mich auf so viele Arten unterstützt haben, danke ich von Herzen.

Dieses Buch ist das Ergebnis unzähliger Stunden harter Arbeit, Hingabe und Teamarbeit. Ich bin allen, die dazu beigetragen haben, es Wirklichkeit werden zu lassen, zutiefst dankbar. Danke an Euch alle!

Teil I

Die Grundlagen

In Teil I legen wir das Fundament für ein umfassendes Verständnis von Large Language Models (LLMs) und ihrer Bedeutung für die moderne Softwareentwicklung. Dieser Teil des Buchs zeichnet die historische Entwicklung generativer KI nach und erklärt die Konzepte hinter diesen leistungsstarken Technologien. Dieser Teil betont die Bedeutung einer verantwortungsvollen und umsichtigen Verwendung von LLMs und stellt den Lesern die Grundprinzipien und möglichen Fallstricke bei der Integration von KI in Ihre Arbeitsabläufe vor. Außerdem bietet dieser Teil praktische Ratschläge für den Einstieg in die Arbeit mit LLMs, vergleicht beliebte Werkzeuge wie ChatGPT und GitHub Copilot und beschreibt die ersten Schritte, um ihre Fähigkeiten effektiv zu nutzen.

1 Large Language Models verstehen

Kapitelübersicht

- Einführung in generative KI (insbesondere Large Language Models)
- Die Vorteile generativer KI erkunden
- Herausfinden, wann der Einsatz generativer KI sinnvoll ist und wann nicht

Ob es Ihnen nun aufgefallen ist oder nicht und ob Sie wollen oder nicht – Sie wurden im Stillen für eine Beförderung ausgewählt. Alle anderen professionellen Software-Engineers übrigens auch. Fast über Nacht haben wir uns von Staff Engineers in Engineering Manager verwandelt. Sie haben jetzt nämlich den talentiertesten Junior-Entwickler im Team. Generative KI ist Ihr neuer Programmierpartner. Aus diesem Grund sollten Anleitung, Mentoring und die Code-Reviews ab sofort Teil Ihres Alltags werden. Dieses Kapitel gibt Ihnen einen Überblick über eine Untermenge generativer KI, die als *Large Language Models* (große Sprachmodelle, LLMs) bezeichnet werden. Insbesondere werden wir uns mit ChatGPT und GitHub Copilot beschäftigen.

Hinweis

Dies ist kein traditionelles Programmierbuch. Es ist keine Abfolge von Handlungsanweisungen. Stattdessen treten Sie in einen Dialog mit verschiedenen LLMs. Und wie bei jeder Konversation werden sich die Worte und Richtung je nach Modell und dem vorigen Kontext verändern. Die abgedruckten Antworten und Ausgaben werden sich sehr wahrscheinlich von denen unterscheiden, die Sie erhalten. Das sollte Sie aber nicht davon abhalten, diese neue Welt zu erkunden. Dabei ist der Weg mindestens so bereichernd wie das Ziel. Gelegentlich werden Sie frustriert sein, weil Sie nicht gleich alle Dinge durchschauen. Haben Sie Geduld. Wenn Sie diszipliniert sind (und ein wenig abenteuerlustig), können Sie GPT durch die Themen und Ziele dieses Buchs zur Zusammenarbeit bewegen – zu lernen, wie Sie generative KI nutzen können, um ein besserer Programmierer zu werden.

1.1 Ihre Entwicklung beschleunigen

Willkommen in einem neuen Zeitalter der Softwareentwicklung, in dem Ihr Entwicklerteam durch einen sehr talentierten Engineer erweitert wird. Generative KI ist nicht nur ein Werkzeug, sondern Ihr nächstes Teammitglied, das nur darauf wartet, Ihre Programmierung auf ein neues Niveau zu heben. Stellen Sie sich den Entwurf komplexer Systeme vor; überlegen Sie, wie es ist, mit nie dagewesener Geschwindigkeit zu coden und mit einer Robustheit zu testen, die Sie nie für möglich gehalten haben – all das mithilfe einer künstlichen Intelligenz, die sich aus dem Wissen der Besten speist. In diesem Buch erforschen wir, wie generative KI Ihnen nicht nur bei alltäglichen Programmieraufgaben helfen kann, sondern Sie auch unterstützen kann, bisher unerreichbare Leistungen zu erbringen und dabei für eine schnellere Entwicklung, höhere Qualität und eine nie dagewesene Innovationsfähigkeit zu sorgen.

LLMs und generative KI können Ihren Software-Entwicklungsprozess drastisch beschleunigen. Indem Sie die mühsame Erstellung von Code-Grundstrukturen automatisieren, **sind** Sie frei, sich auf kreative Problemlösungen und wertschöpfende Aufgaben zu konzentrieren. Nehmen wir z. B. das folgende Szenario: Ein LLM soll für Sie eine Flask-Applikation erstellen. Hierfür könnten Sie folgenden Prompt (Eingabe an das LLM) verwenden:

Generate a stubbed-out Flask application.

Deutsch: Erstelle die Grundstruktur einer Flask-Applikation.

Listing 1.1 *Beispiel für die Grundstruktur einer Flask-Applikation, die von einem LLM erzeugt wurde*

```
from flask import Flask

app = Flask(__name__)

@app.route('/')
def home():
    return "Hello, world!"

if __name__ == '__main__':
    app.run(debug=True)
```

Hinweis

Wenn Sie beim Lesen dieses Buchs den deutschsprachigen Prompt eingeben, liefert Ihnen die aktuelle Version von ChatGPT (4o) nicht nur den Inhalt der Hauptdatei, sondern eine umfassende Anleitung inklusive aller benötigten Dateien, Bibliotheken und Verzeichnisse. Ein Versuch lohnt sich!

LLMs sind Deep-Learning-Modelle, die gut darin sind, auf Prompts in natürlicher Sprache entsprechende Antworten in natürlicher Sprache zu erzeugen. Stellen Sie sich vor, Sie beschreiben einfach in normalem Englisch (oder Deutsch), was Sie brauchen, und erhalten Code zurück, den Sie direkt integrieren können:

Create a class for managing user sessions in Python.

Deutsch: Erstelle eine Klasse für die Verwaltung von Benutzer-Sessions in Python.

Listing 1.2 *Eine Möglichkeit für erzeugten Code einer Klasse für die Verwaltung von Benutzer-Sessions*

```
import uuid
from datetime import datetime, timedelta

class SessionManager:
    def __init__(self):
        self.sessions = {}

    def create_session(self, user_id):
        """Create a new session for a user with a unique session ID and
               expiration time."""
        session_id = str(uuid.uuid4())
        # Sitzungen laufen nach einer Stunde ab
        expiration = datetime.now() + timedelta(hours=1)
        self.sessions[session_id] = {'user_id':
        user_id, 'expiration': expiration}
        return session_id

    def get_user_id(self, session_id):
        """Retrieve a user ID from a session ID
               if the session is still valid."""
        session_info = self.sessions.get(session_id)
        if session_info and session_info['expiration'] > datetime.now():
            return session_info['user_id']
        return None  # Sitzung ist abgelaufen oder existiert nicht

    def delete_session(self, session_id):
        """Delete a session by its ID."""
        if session_id in self.sessions:
            del self.sessions[session_id]

    def is_session_valid(self, session_id):
        """Check if a session is still valid."""
        return session_id in self. sessions and self.sessions[session_id]
                            ['expiration'] > datetime.now()
```

Diese Werkzeuge steigern außerdem Ihre Effizienz beim Debuggen, indem sie Muster finden und Reparaturen vorschlagen. Angenommen, Sie möchten, dass eine KI einen Codeblock analysiert und auf mögliche Speicherlecks hinweist. Dann könnte das Modell beispielsweise folgenden Code erzeugen.

Listing 1.3 *Ein LLM verwenden, um ein mögliches Speicherleck in Python zu finden*

```
def process_data():
    large_data = [x for x in range(1000000)]
    # Eine große Liste mit Zahlen
    result = sum(large_data)
    print("Result of processing:", result)
    # large_data wurde nicht geleert oder neu
    # zugewiesen, wodurch die Daten
    # möglicherweise im Arbeitsspeicher verbleiben

process_data()
```

Laut ChatGPT zeigt dieser Python-Code ein mögliches Speicherleck, weil eine große Liste nach ihrer Benutzung nicht ausdrücklich geleert wurde. Dadurch kann ihr Inhalt möglicherweise länger als nötig im Speicher verbleiben, wenn die Referenzen nicht ordentlich verwaltet werden.

Im verbesserten Code schlägt das KI-Werkzeug vor, die Liste ausdrücklich zu leeren oder ihr nach der Verwendung `None` zuzuweisen, damit der Speicher früher wieder freigegeben werden kann. Dies kann besonders in Bereichen helfen, wo die Garbage Collection eher vorsichtig ist.

Listing 1.4 *»Verbesserter« LLM-Code für den Umgang mit einem möglichen Speicherleck*

```
def process_data():
    large_data = [x for x in range(1000000)]
    # Eine große Liste mit Zahlen
    result = sum(large_data)
    print("Result of processing:", result)
    large_data = None
    # Referenz ausleeren, um Speicher freizugeben

process_data()
```

Kommt es später zu einer Refaktorierung, kann die KI Optimierungen vorschlagen, die Ihren Code sauberer und effizienter machen, wie in den folgenden zwei Listings gezeigt:

Listing 1.5 *Wortreicher (»verbose«) Code vor der Refaktorierung*

```
class DataProcessor:
    def __init__(self, data):
        self.data = data

    def process_data(self):
        if self. data is not None:
            if len(self.data) > 0:
```

```
                processed_data = []
                for d in self.data:
                    if d is not None:
                        if d % 2 == 0:
                            processed_data.append(d)
                return processed_data
            else:
                return []
        else:
            return []

processor = DataProcessor([1, 2, 3, 4, None, 6])
result = processor.process_data()
print("Processed Data:", result)
```

Nach der Refaktorierung ist der Code lesbarer, wartbarer und sprachspezifischer (»idiomatischer«).

Listing 1.6 *Der vom LLM refaktorierte Code ist deutlich kürzer.*

```
class DataProcessor:
    def __init__(self, data):
        self. data = data or []

    def process_data(self):
        return [d for d in self.data if d is not None and d % 2 == 0]

processor = DataProcessor([1, 2, 3, 4, None, 6])
result = processor.process_data()
print("Processed Data:", result)
```

Dabei können LLMs deutlich mehr, als nur Code zu erzeugen. Mittlerweile können große Sprachmodelle sogar Softwarearchitekturen entwerfen. Dadurch können Entwickler mit diesen Modellen kreativer und strategischer interagieren. Anstatt beispielsweise einen bestimmten Codeabschnitt anzufordern, kann ein Entwickler die übergeordneten Ziele oder funktionalen Anforderungen an ein System beschreiben. Daraufhin kann das LLM dann verschiedene architektonische Entwürfe und Entwurfsmuster vorschlagen oder die Struktur eines gesamten Systems entwerfen. Dieser Ansatz spart nicht nur eine Menge Zeit, sondern nutzt den Vorteil des umfassenden Trainings der KI, um Lösungen zu aktualisieren und zu verbessern. So können Optimierungen und Ideen gefunden werden, an die ein menschlicher Entwickler möglicherweise gar nicht gedacht hätte. Diese Flexibilität macht LLMs bei den kreativen und sich wiederholenden Prozessen der Softwareentwicklung zu Partnern von unschätzbarem Wert. Wir werden in Teil III genauer auf diese Dinge eingehen.

Neben der Steigerung von Qualität und Sicherheit Ihrer Arbeitsergebnisse – vom Code bis zur Dokumentation – stellen diese Werkzeuge sicher, dass Ihre Leistungen den höchsten Maßstäben entsprechen. Wenn Sie beispielsweise eine neue Bibliothek integrieren, kann die KI automatisch sichere und effiziente Implementierungsbeispiele erzeugen und Ihnen so helfen, häufige Sicherheitsrisiken zu vermeiden.

Außerdem wird das Lernen neuer Programmiersprachen oder Frameworks deutlich einfacher. Die KI kann in Echtzeit kontextbezogene Anleitungen und Dokumentation zur Verfügung stellen und Ihnen dadurch nicht nur beim Verständnis helfen, sondern auch bei der praktischen Anwendung neuer Konzepte. Wechseln Sie beispielsweise zu einem neuen Framework wie Dash? Ihr KI-Assistent kann sofort Beispielcode und detaillierte Erklärungen erzeugen, die auf den Kontext Ihres aktuellen Projekts maßgeschneidert sind.

Listing 1.7 *Von einem LLM erzeugter Beispielcode für die Verwendung einer Bibliothek*

```
import dash
from dash import dcc, html
from dash.dependencies import Input, Output
import pandas as pd
import plotly.express as px

# Beispieldaten erzeugen
dates = pd.date_range(start='1/1/2020', periods=100)
prices = pd.Series(range(100)) + pd.Series(range(100))/2
# Eine einfache Folge zur Darstellung von Börsenwerten
data = pd.DataFrame({'Date': dates, 'Price': prices})

# Dashboard-App initialisieren (typischerweise im main-Modul)
app = dash.Dash(__name__)

# Layout der App definieren
app.layout = html.Div([
    html.H1("Stock Prices Dashboard"),
    dcc.DatePickerRange(
        id='date-picker-range',
        start_date=data['Date'].min(),
        end_date=data['Date'].max(),
        display_format='MMM D, YYYY',
        start_date_placeholder_text='Start Period',
        end_date_placeholder_text='End Period'
    ),
    dcc.Graph(id='price-graph'),
])

# Callback für die Aktualisierung des Graphen für den auf der
# Website ausgewählten Datumsbereich
@app.callback(
    Output('price-graph', 'figure'),
    Input('date-picker-range', 'start_date'),
    Input('date-picker-range', 'end_date')
```

```
)
def update_graph(start_date, end_date):
    filtered_data = data[(data['Date'] >=
            start_date) & (data['Date'] <= end_date)]
    figure = px.line(filtered_data, x='Date',
            y='Price', title='Stock Prices Over Time')
    return figure

# App ausführen
if __name__ == '__main__':
    app.run_server(debug=True)
```

Diese Ausgabe dieses Dash-basierten Codes sehen Sie in Abbildung 1.1.

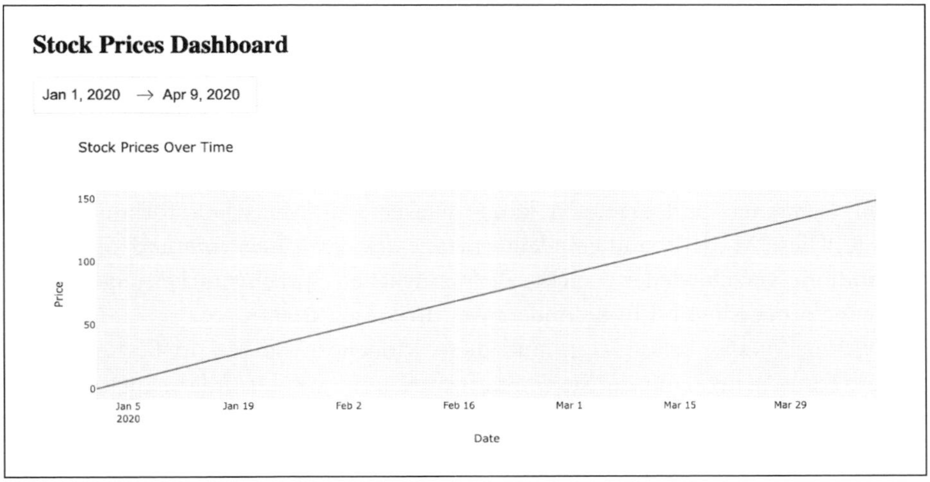

Abb. 1.1 *Dieses Dashboard für Börsenwerte erzeugte ChatGPT als Antwort auf den Prompt »create a sample dashboard using dash« (Deutsch: »erzeuge ein Beispiel-Dashboard mit dash«).*

Die wahre Stärke der LLMs zeigt sich, wenn sie in Entwicklungsumgebungen integriert werden. Werkzeuge wie das von Microsoft entwickelte GitHub Copilot nutzen die Leistungsmerkmale von LLMs, um in Echtzeit Programmierunterstützung direkt in integrierten Entwicklungsumgebungen (IDEs) wie Visual Studio Code verfügbar zu machen. Diese Fähigkeiten werden wir vor allem in Kapitel 4 einsetzen.

Dabei erklärt dieses Buch nicht nur die Konzepte anhand einer Vielzahl von Beispielen. Es beschreibt auch, wie Sie Ihre Produktivität und Codequalität deutlich verbessern können. Von der Einrichtung Ihrer Umgebung bis zur Lösung komplexer Programmierprobleme werden Sie lernen, wie Sie bei Ihrer täglichen Entwicklungsarbeit möglichst großen Nutzen aus diesen intelligenten Werkzeugen ziehen können.

1.2 Eine Einführung in LLMs für Entwickler

Auch wenn dieses Buch eher ein Praxisleitfaden ist und daher nur wenig Theorie enthält, soll der folgende Abschnitt Sie mit dem wichtigsten Material versorgen, um bestmöglich mit Ihrem neuen Teamkollegen zusammenarbeiten zu können.

Wenn Sie noch mehr wissen möchten

Wenn Sie noch tiefer in die Theorie von LLMs, neuronalen Netzwerken und generativer KI eintauchen möchten, empfehlen wir Ihnen die folgenden zwei Bücher: das demnächst erscheinende *Large Language Models selbst programmieren* von Sebastian Raschka (dpunkt, 2025) und das humorvoll betitelte Buch *The Complete Obsolete Guide to Generative AI* von David Clinton (Manning, 2024).

Beginnen wir mit einer sehr einfachen Definition von LLMs und wie sie für Sie nützlich sein können. So können Sie die Technologie auch Ihrem Chef und Ihren Kollegen weiterempfehlen. Ein *Large Language Model* (»großes Sprachmodell«) ist ein Typ von KI-Modell, das, basierend auf seinen Trainingsdaten, Text verarbeiten, verstehen und erzeugen kann, wie er von Menschen formuliert sein könnte. Diese Modelle sind eine Untermenge des *Deep Learning* und sind in der Behandlung verschiedener Aspekte der natürlichen Sprachverarbeitung (natural language processing, NLP) besonders weit fortgeschritten.

Wie der Name schon sagt, sind diese Modelle nicht nur in Bezug auf die schiere Datenmenge, mit der sie trainiert werden, »groß«, sondern auch bezogen auf die Komplexität und die Anzahl der Parameter. Moderne LLMs wie Chat GPT-4 von OpenAI besitzen bis zu mehreren hundert Milliarden Parameter. LLMs werden mit riesigen Mengen an Textdaten trainiert. Hierzu gehört das Lesen und die Analyse eines weiten Bereichs an Internettexten, Büchern, Artikeln und anderen Formen geschriebener Kommunikation, um die Struktur, Feinheiten und Komplexität menschlicher Sprache zu lernen.

Dabei verwenden die meisten LLMs eine sogenannte Transformer-Architektur, also ein Deep-Learning-Modell, das auf Mechanismen der Selbstbeobachtung setzt, um die Wichtigkeit verschiedener Wörter eines Satzes unabhängig von ihrer Position zu ermitteln. Dadurch können LLMs besser auf den aktuellen Kontext passende Texte erzeugen. Ein typisches Transformer-Modell besteht aus einem Codierer (»Encoder«) und einem Decodierer (»Decoder«), die jeweils aus verschiedenen Schichten bestehen.

Das Verständnis der Architektur von LLMs hilft uns bei der effektiveren Nutzung ihrer Fähigkeiten und beim Umgang mit ihren Einschränkungen in praktischen Anwendungen. Da sich diese Modelle beständig weiterentwickeln, versprechen sie für die Zukunft noch ausgefeiltere Werkzeuge, mit denen Entwickler ihre Applikationen verbessern können.

1.3 Wann generative KI genutzt werden sollte und wann nicht

Generative KI (und damit auch ein LLM) ist kein Allheilmittel. Daher sollten Sie genau verstehen, wann der Einsatz dieser Technologien sinnvoll ist und wann sie eher ineffizient oder sogar problematisch sind. So können Sie die Vorteile nutzen und gleichzeitig mögliche Nachteile vermeiden. Wir beginnen mit den Situationen, in denen der Einsatz eines LLM sinnvoll ist:

- Steigerung der Produktivität
  - *Beispiel:* Die Verwendung von KI zur Erzeugung einer Code-Grundstruktur, zur Erstellung von Dokumentation oder um innerhalb Ihrer IDE Programmiervorschläge zu machen.
  - *Besprochen in den Kapiteln 3 und 4:* In diesen Kapiteln erkunden wir, wie GitHub Copilot und ähnliche Werkzeuge die Effizienz beim Programmieren steigern können.
- Lernen und Erkunden
  - *Beispiel:* Nutzen Sie eine KI, um neue Programmiersprachen oder Frameworks zu lernen, indem Sie sich Beispielcode und Erklärungen erzeugen lassen.
  - *Behandelt in Kapitel 5:* Hier untersuchen wir, wie KI den Lernprozess beschleunigen kann, und bringen Ihnen neue Technologien näher.
- Übernahme von sich wiederholenden Aufgaben
  - *Beispiel:* Verwenden Sie KI, um sich wiederholendes Software-Testing oder Dateneingaben zu übernehmen und dadurch mehr Zeit für die Lösung komplexerer Probleme zu gewinnen.
  - *Erforscht in Kapitel 7:* Hier wird die Automation von Tests und Wartungsaufgaben diskutiert.

Es gibt allerdings auch Situationen, in denen Sie den Einsatz von LLMs und generativen KI-Werkzeugen wie ChatGPT und GitHub Copilot vermeiden sollten. Diese haben hauptsächlich mit Datensicherheit und dem Schutz der Privatsphäre zu tun. Die Verwendung von KI in Umgebungen mit sensiblen oder proprietären Daten birgt das Risiko unbeabsichtigter Datenlecks. Hierfür gibt es mehrere Gründe, z. B. dass Ihr gesamter Code als Kontext an das Modell geschickt wird. Das bedeutet, dass zumindest ein Teil Ihres proprietären Codes seinen Weg außerhalb Ihrer Firewall finden kann. Es stellt sich die Frage, ob Ihr Code möglicherweise als Teil der Trainingsdaten für die nächste Trainingsrunde verwendet wird.[1]

1. Anmerkung des Übersetzers: Auch bei mehrfachem Nachfragen beteuert ChatGPT, dass die übergebenen Daten keinesfalls für das Training verwendet werden und nur in der aktuellen Sitzung zum Einsatz kommen. Es bleibt abzuwarten, inwieweit dieses Versprechen tatsächlich eingehalten wird.

Aber keine Angst: In Kapitel 9 erforschen wir einige Lösungsansätze für dieses Problem.

Auch in Situationen, in denen es auf Präzision und Expertise ankommt, wollen Sie die Nutzung von KI möglicherweise beschränken. Die Ausgaben von LLMs können einen gewissen Anteil an Zufall enthalten (auch als *Halluzinationen* bezeichnet). Das heißt, die Antworten können subtile Abweichungen von der wahren und korrekten Antwort enthalten. Aus diesem Grund sollten Sie die Ausgaben grundsätzlich überprüfen, bevor Sie sie in Ihre Codebasis übernehmen[2].

Obwohl generative KIs unzählige Vorteile bieten, ist es notwendig, sie mit Bedacht einzusetzen und dabei sowohl den Kontext ihrer Verwendung und die spezifischen Bedürfnisse Ihres Projekts zu bedenken. Wenn Entwickler einschätzen können, wann diese mächtigen Werkzeuge sinnvoll eingesetzt werden können, haben sie die Möglichkeit, ihre Effektivität zu steigern und LLMs verantwortungsvoll und effizient zu nutzen.

1.4 Zusammenfassung

- Generative KI ist sowohl evolutionär als auch revolutionär. Sie ist evolutionär, weil sie nur eine weitere Iteration der Werkzeuge ist, die wir als Entwickler jeden Tag einsetzen. Sie ist revolutionär, weil sie unsere Arbeitsweise grundlegend verändern wird.
- Die Arbeit mit generativer KI gehört zur Zukunft der Softwareentwicklung. Nicht einmal der sagenumwobene Super-Entwickler (der angeblich zehnmal mehr schafft als alle anderen) wird nicht die Produktivität eines Entwicklers besitzen, der mit einem KI-Partner zusammenarbeitet. Ein Entwickler mit KI-Unterstützung erstellt in weniger Zeit Code in höherer Qualität und zu geringeren Kosten als jemand, der diese Möglichkeiten nicht nutzt. Wir werden in Zukunft mehr Zeit damit verbringen, unseren KI-Partner zu trainieren, damit er tut, was wir wollen, als mit dem Schreiben von Code ohne KI.
- Vertrauen Sie LLM-Ausgaben, aber überprüfen Sie sie unbedingt.

2. Je geringer der Umfang der Trainingsdaten, desto größer die Chancen, dass ChatGPT versucht, Informationen auf Basis vermeintlicher Wahrscheinlichkeiten als »Fakten« zu präsentieren. Hier hilft nur beharrliches Nachfragen und ergänzende Recherchen.

2 Einstieg in die Arbeit mit LLMs

Kapitelübersicht

- Kontaktaufnahme mit ChatGPT
- Die Grundlagen von Copilot
- Erforschung von Prompt-Engineering-Mustern
- Unterschiede und Gemeinsamkeiten zwischen den drei hier vorgestellten generativen KIs

In diesem Kapitel erkunden wir die Welt der generativen KI. Dabei nutzen wir die Leistungsfähigkeit von zwei bahnbrechenden Werkzeugen: ChatGPT und GitHub Copilot. Während wir die Feinheiten dieser Technologien besser kennenlernen, wenden wir sie auf verschiedene herausfordernde Szenarien an, die auf Fragen basieren, die führende Tech-Giganten ihren Bewerbern stellen. Unabhängig davon, ob Sie eine erfahrene Entwicklerin oder ein begeisterter Einsteiger sind – machen Sie sich bereit, innovative Strategien zu entdecken, die Ihnen beim nächsten Bewerbungsgespräch den nötigen Vorsprung verschaffen können. Machen Sie sich bereit, abstrakte Konzepte in begreifbare Lösungen zu verwandeln, direkt an der Spitze der ständig wachsenden Bedeutung, die KI für technologische Berufe spielt.

Wir beginnen mit zwei aktuell für ChatGPT verfügbaren Modellen: GPT-4 und GPT-3.5. Das geschieht aus zwei Gründen: Wir lernen, das Interaktionsmodell von ChatGPT zu schätzen, und schaffen einen Ausgangspunkt für einen Vergleich mit GitHub Copilot. Indem wir zwei GPT-Modelle verwenden, können wir Veränderungen im Bereich der generativen KI zwischen diesen Versionen vergleichen. Außerdem kommen in diesem Kapitel einige häufig verwendete Muster des Prompt-Engineering zum Einsatz.

2.1 Ein Streifzug durch ChatGPT

ChatGPT zeichnet sich dadurch aus, dass es anhand von Texteingaben Text erzeugen kann, der dem von Menschen geschriebenen stark ähnelt. Das macht es zu einem wertvollen Helfer beim Programmieren, denn es kann Schritt-für-Schritt-Anleitungen liefern, Verbesserungen vorschlagen und selbst komplexe Programmierkonzepte erklären.

Einer der wichtigsten Aspekte bei der Arbeit mit ChatGPT ist Kontext. Ihre bereits in der aktuellen Session eingegebenen *Prompts* können die Ergebnisse der folgenden Prompts drastisch verändern. In Sprachmodellen wie ChatGPT ist ein Prompt die Eingabe an das Modell, um eine Antwort zu erzeugen. Das kann ein einzelner Satz, ein Absatz oder auch ein längerer Text sein. Der Prompt dient als Anweisung oder Anfrage an das Modell, die der Antwort eine bestimmte Richtung gibt. Abhängig von der Qualität des Prompts und des Kontexts, in dem das Modell antwortet, ist es absolut notwendig, sich immer der Prompts bewusst zu sein, die Sie in der aktuellen Sessions bereits eingegeben haben. Aus diesem Grund raten wir Ihnen, zu Beginn jedes neuen Projekts eine neue Session zu beginnen[1]. In Anhang A finden Sie eine Anleitung zur Einrichtung eines Accounts, zum Einloggen bei ChatGPT und Schreiben Ihres ersten Prompts.

2.1.1 Feinheiten mit GPT-4 erforschen

In diesem Abschnitt suchen wir nach einer Antwort auf die Frage: »Wie würden Sie eine einfach verkettete Liste zunächst in Pseudocode und dann in Python umkehren?«Der Einsatz von ChatGPT kann die Programmierung einer einfach verketteten Liste vereinfachen und dabei sicherstellen, dass die Implementierung effizient und trotzdem leicht nachvollziehbar ist.

Was ist eine einfach verkettete Liste?

Eine *einfach verkettete Liste* ist in der Informatik eine grundlegende Datenstruktur, die aus einer Folge von Elementen besteht, die jeweils in einem Knoten (»Node«) gespeichert werden. Allgemein gesagt, besteht eine einfache verkettete Liste aus den Knoten, in denen die Daten gespeichert werden, und einer Referenz auf den folgenden Knoten der Liste.

In einer einfach verketteten Liste können Sie sich nur in eine Richtung bewegen. Häufige Operationen auf einer einfach verketteten Liste sind Einfügen (das Hinzufügen eines neuen Knotens), Löschen (das Entfernen eines Knotens), Suchen (das Finden eines Knotens) und Durchlaufen (»Traversal«, der Reihe nach auf jeden Knoten zugreifen).

1. Anmerkung des Übersetzers: In der Anfang 2025 gängigen Version der Website wird beim Aufruf der Website automatisch eine neue Session erzeugt. Die vorigen Sessions (Dialoge mit ChatGPT) werden in der Web-Version links in einer Seitenleiste angezeigt.

Wir beginnen mit diesem einfachen Prompt:

> *Going forward, when I ask a question, try to formulate a better question. As an intern who studied computer science in college, how would you define a singly linked list in pseudocode?*
>
> *Deutsch: Wenn ich Dir in Zukunft eine Frage stelle, versuche, eine bessere Frage zu formulieren. Wie würdest Du als Praktikant, der Informatik studiert hat, eine einfach verkettete Liste in Pseudocode definieren?*

Na gut, vielleicht ist dieser Prompt doch nicht so einfach. Zuerst haben wir ChatGPT angewiesen, die Frage auf Basis seiner Trainingsdaten zu verbessern und neu zu formulieren. So wollen wir bessere Prompts erhalten. Bessere Prompts ergeben bessere Ausgaben. Aber was kennzeichnet einen guten Prompt überhaupt? Gute Frage! Allgemein formulierte Prompts ergeben allgemeine Ausgaben. Bei der Interaktion mit Large Language Models (LLMs) – besonders mit ChatGPT – versuchen wir von allgemeinen zu möglichst spezifischen Prompts zu gelangen und dadurch die Ausgaben immer weiter zu verfeinern. Dieses Vorgehen bezeichnet man im Prompt-Engineering als *Verfeinerungs-Pattern* (»Refinement Pattern«). Prompts werden wiederholt verfeinert oder verbessert, um genauere, relevantere oder besser abgestimmte Antworten zu erhalten.

Der zweite Teil des Prompts nutzt ein Prompting-Muster, das uns im Verlauf des Buchs immer wieder begegnen wird: das *Persona-Pattern*. Im Kontext des Prompt-Engineering, vor allem bei der Arbeit mit KI und LLMs, steht das Persona-Muster für die Strategie, der KI eine bestimmte Persona oder Rolle zuzuweisen. Dieser Ansatz gibt den Antworten des Modells eine konsistente und dem Kontext entsprechende Richtung. Indem die KI eine bestimmte Rolle einnimmt, werden ihre Antworten vorhersagbarer und sind besser auf die Erwartungen der Nutzer abgestimmt. In unserem Beispiel haben wir ChatGPT angewiesen, die Rolle eines Praktikanten mit Informatik-Kenntnissen einzunehmen. Warum ein Praktikant? Weil wir eine Persona haben wollen, die die Arbeit für uns erledigt.

Um es noch einmal zu sagen: Bei der Arbeit mit LLMs wird die gleiche Eingabe auch bei Verwendung von Personas nicht immer die gleichen Ausgaben erzeugen. Aus diesem Grund sind Ihre Ausgaben möglicherweise nicht mit unseren identisch, aber hoffentlich zumindest ähnlich. (Beachten Sie, dass die Codebeispiele hier in Pseudocode geschrieben sind.)

Listing 2.1 *ChatGPTs Neuformulierung unserer Frage über das Umkehren einer verketteten Liste*

```
As a computer science intern, how can I define a singly
linked list's structure and basic operations using
pseudocode? This definition should include the essential
components of the list, such as nodes and links, and
outline fundamental operations like creating a node,
adding a node to the list, and traversing the list.
```

```
Deutsch: Wie kann ich als Informatik-Praktikant die Struktur und die
grundlegenden Operationen einer einfach verketteten Liste
mit Pseudocode definieren? Diese Definition sollte die
wesentlichen Komponenten der Liste, wie Knoten und
Verknüpfungen, enthalten und grundlegende Operationen
wie das Erstellen eines Knotens, das Hinzufügen eines Knotens
zur Liste und das Durchlaufen der Liste umreißen.
```

Wenn wir ChatGPT die »verfeinerte« Frage stellen, erhalten wir das folgende Codelisting:

Listing 2.2 *ChatGPTs Definition einer einfach verketteten Liste in Pseudocode*

```
# Struktur der Knoten
class Node
    data
    nextNode

    Constructor(data)
        this.data = data
        this.nextNode = NULL
   # Struktur der einfach verketteten Liste
class SinglyLinkedList
    head

    Constructor()
        this.head = NULL

    Function AddToFront(data)
        newNode = new Node(data)
        newNode.nextNode = this.head
        this.head = newNode

    Function Append(data)
        newNode = new Node(data)
        if this.head is NULL
            this.head = newNode
            return
        end if

        lastNode = this.head
        while lastNode.nextNode is not NULL
            lastNode = lastNode.nextNode
        end while

        lastNode.nextNode = newNode

    Function Traverse()
        currentNode = this.head
        while currentNode is not NULL
            print currentNode.data
```

```
        currentNode = currentNode.nextNode
    end while
```

ChatGPT leistet einen wichtigen Beitrag zur Steigerung Ihrer Lebensqualität, indem es normalerweise Dokumentation und Erläuterungen zum fraglichen Code mitliefert. Abbildung 2.1 zeigt einen Screenshot der von ChatGPT bereitgestellten Textbeschreibung.

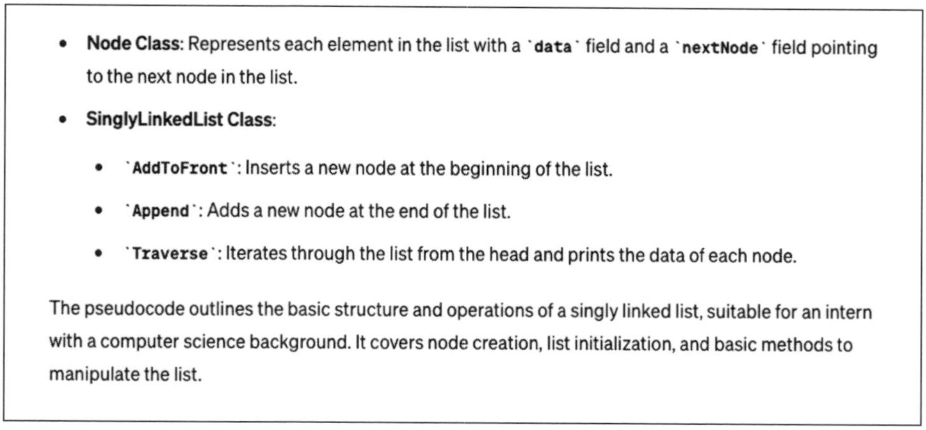

- **Node Class:** Represents each element in the list with a `data` field and a `nextNode` field pointing to the next node in the list.
- **SinglyLinkedList Class:**
  - `AddToFront`: Inserts a new node at the beginning of the list.
  - `Append`: Adds a new node at the end of the list.
  - `Traverse`: Iterates through the list from the head and prints the data of each node.

The pseudocode outlines the basic structure and operations of a singly linked list, suitable for an intern with a computer science background. It covers node creation, list initialization, and basic methods to manipulate the list.

Abb. 2.1 *Durch ChatGPT-4 erzeugte Erläuterungen der Pseudocode-Definition einer einfach verketteten Liste*

Jetzt wechseln wir von Pseudocode zu Python:

As an intern with a background in computer science, how would you define the structure and basic operations of a singly linked list using the programming language Python? This definition should include the essential components of the list, such as nodes and links, and outline fundamental operations like creating a node, adding a node to the list, and traversing the list.

Deutsch: Wie würdest Du als Praktikant mit Informatikhintergrund die Struktur und die grundlegenden Operationen einer einfach verketteten Liste in der Programmiersprache Python definieren? Diese Definition sollte die wesentlichen Komponenten der Liste, wie Knoten und Verknüpfungen, enthalten und grundlegende Operationen wie das Erstellen eines Knotens, das Hinzufügen eines Knotens zur Liste und das Durchlaufen der Liste umreißen.

Listing 2.3 *ChatGPTs Implementierung einer einfach verketteten Liste in Python*

```
class ListNode:
    def __init__(self, value):
        self.value = value
        self.next = None
```

```
class SinglyLinkedList:
    def __init__(self):
        self.head = None
        # Zu Anfang hat die Liste noch keine Knoten

    def append(self, value):
        """ Append a new node at the end of the list """
        if not self.head:
            self.head = ListNode(value)
            return
        current = self.head
        while current.next:
            current = current.next
        current.next = ListNode(value)

    def prepend(self, value):
        """ Prepend a new node at the beginning of the list """
        new_node = ListNode(value)
        new_node.next = self.head
        self.head = new_node

    def traverse(self):
        """ Traverse the list and print each node's value """
        current = self.head
        while current:
            print(current.value, end=" -> ")
            current = current.next
        print("None")
```

Sehr wahrscheinlich gibt ChatGPT zusätzlich einige Beispiele zum Testen des Codes aus:

Listing 2.4 *Python-basierte Methode zur Implementierung und Verwendung der einfach verketteten Liste*

```
# Eine neue einfach verkettete Liste erstellen
linked_list = SinglyLinkedList()

# Der Liste neue Knoten hinzufügen
linked_list.append(1)
linked_list.append(2)

# Einen neuen Knoten am Anfang der Liste einfügen
linked_list.prepend(0)

# Die Liste durchlaufen und ausgeben
linked_list.traverse()  # Output: 0 -> 1 -> 2 -> None
```

Auf ähnliche Weise können wir die Persona so verfeinern, dass die generative KI die Rolle einer Person in einem Bewerbungsgespräch für einen Software-Engineering-Job spielt. Der Wechsel der Persona signalisiert ChatGPT, dass es sowohl den Code als auch seinen Lösungsweg erklären soll:

```
You are a student with a background in computer science who is
interviewing for an engineering job at a software company. You are asked
the following question, based on the previous definition of a singly
linked list (in Python), how would you write a method that would reverse
the output of the traversal method. How would you implement such a method?

Deutsch: Du bist eine Informatikstudentin, die sich auf eine Engineering-
Stelle in einem Softwareunternehmen bewirbt. Basierend auf der vorigen
Definition einer einfach verketteten Liste (in Python) wird Dir folgende
Frage gestellt: Wie würdest Du eine Methode schreiben, die die Ausgabe der
traversal-Methode umgekehrt? Wie würdest Du eine solche Methode
implementieren?
```

Listing 2.5 *ChatGPTs Lösungsansatz für die Umkehrung einer einfach verketteten Liste*

```
To implement a method that reverses the output of a traversal
method for a singly linked list in Python, you need to reverse
the actual links in the linked list. This process involves
changing the next reference of each node to point to the previous
node instead of the next one. After reversing the links,
traversing the list normally will produce the reversed order of
elements.

Deutsch: Um eine Methode zu implementieren, die die Ausgabe einer
Traversal-Methode für eine einfach verkettete Liste in Python
umkehrt, müssen die tatsächlichen Links in der verketteten Liste
umgekehrt werden. Bei diesem Vorgang wird die nächste Referenz
jedes Knotens so geändert, dass sie auf den vorherigen statt auf
den nächsten Knoten zeigt. Nach der Umkehrung der Verknüpfungen
wird das Durchlaufen der Liste normalerweise die umgekehrte
Reihenfolge der Elemente ergeben.

def reverse(self):
        """ Reverse the linked list """
        prev = None
        current = self.head
        while current:
            next_node = current.next
            current.next = prev
            prev = current
            current = next_node
        self.head = prev
```

ChatGPT wird wahrscheinlich eine Ausgabe wie in Abbildung 2.2 erzeugen, in der die Methode und der Lösungsansatz für das Problem erklärt werden.

Explanation of the Reverse Method:

1. **Initializing Pointers**: Two pointers, `prev` and `current`, are used. `prev` starts as `None`, and `current` starts at the head of the list.
2. **Reversing Links**: In each iteration of the while loop:
   - Temporarily store the next node (`next_node`).
   - Set `current.next` to `prev` to reverse the link.
   - Move `prev` to `current`.
   - Advance `current` to `next_node`.
3. **Updating Head**: Once the loop is finished (when `current` is `None`), `prev` is pointing to the new head of the reversed list. We update the list's head to `prev`.

Abb. 2.2 *Die von ChatGPT-4 erzeugte Erklärung der Python-Definition zur Umkehrung einer einfach verketteten Liste*

Diese Implementierung kehrt die einfach verkettete Liste »an Ort und Stelle« (»in place«) um. Dadurch gibt die `traversal`-Methode die Elemente in umgekehrter Reihenfolge aus (verglichen mit der ursprünglichen Einfügereihenfolge).

2.1.2 GPT-3.5 als Wegweiser

In diesem Abschnitt erforschen wir nun, wie gut ChatGPT-3.5 die einfach verkettete Liste in Python erstellen kann. Das folgende Beispiel zeigt, wie die Klassen `Node` (»Knoten«) und `LinkedList` (»verkettete Liste«) definiert werden, wie eine Liste initialisiert und wie einfache Operationen, z. B. das Einfügen von Knoten und das Durchlaufen der Liste, vorgenommen werden können.

Listing 2.6 *Implementierung einer einfach verketteten Liste in Python durch ChatGPT-3.5*

```
class Node:
    def __init__(self, data):
        self.data = data
        self.next = None

class LinkedList:
    def __init__(self):
        self.head = None

    def prepend(self, data):
        new_node = Node(data)
        new_node.next = self.head
        self.head = new_node

    def append(self, data):
        new_node = Node(data)
        if not self.head:
```

```
                self.head = new_node
                return
            current = self.head
            while current.next:
                current = current.next
            current.next = new_node

        def display(self):
            current = self.head
            while current:
                print(current.data, end=" -> ")
                current = current.next
            print("None")

        def reverse_and_display(self):
            prev = None
            current = self.head
            while current:
                next_node = current.next
                current.next = prev
                prev = current
                current = next_node
            self.head = prev

            current = self.head
            while current:
                print(current.data, end=" -> ")
                current = current.next
            print("None")


    # Verwendungsbeispiel:
    if __name__ == "__main__":
        linked_list = LinkedList()

        linked_list.append(1)
        linked_list.append(2)
        linked_list.append(3)

        linked_list.prepend(0)

        linked_list.display()
        linked_list.reverse_and_display()
```

Das Persona-Pattern kann in beide Richtungen angewandt werden: Sie können das LLM anweisen, als jemand mit einer bestimmten Rolle zu antworten, oder Sie können dem Modell sagen, dass es mit einer bestimmten Persona kommuniziert. Das kann helfen, wenn Sie Code in vereinfachter Form erklären müssen oder versuchen, komplexe oder komplizierte Themen zu verstehen. So können wir ChatGPT mit folgendem Prompt beispielsweise bitten, uns den erzeugten Code in vereinfachter Form zu erklären:

Assume that I am an adult who graduated from college with a degree in communications. I have no experience with computer science. How would you explain that method to me?

Deutsch: Gehe davon aus, dass ich ein Erwachsener mit einem Hochschulabschluss in Kommunikationswissenschaft bin. Ich habe keine Erfahrung mit Informatik. Wie würdest Du mir diese Methode erklären?

Untersuchen wir, wie ChatGPT unsere Methode einem Menschen ohne Informatik-Hintergrund erklären würde.

Listing 2.7 *ChatGPTs Erklärung für jemanden ohne IT-Hintergrund*

```
Certainly! Let's break down the reverse_and_display method in a
way that doesn't involve technical jargon or computer science
concepts.

Imagine you have a set of books on a bookshelf, and each book
has a bookmark pointing to the next book in the shelf. This set
of books represents our linked list, and the bookmarks represent
the next connections between the items.

Getting Ready: You start at the first book (the head of the
linked list) and have two empty hands: one to remember the
book you just read (prev) and another to hold the book you
are currently reading (current). There's also an empty
placeholder (a table, perhaps) to help you temporarily remember
the next book.

Changing the Order: Now, let's change the order of the books.
For each book (node) you read:
a. Use the bookmark (the next reference) to find out where the
   next book is and put it on the empty placeholder (the table).
   This is like making a note of where the next book is located.
b. Turn the bookmark in the current book around, so it now points
   to the previous book. This means that the current book is now
   connected to the book you just read instead of the next book.
   It's like flipping the bookmark.
c. Swap the books in your hands: Put the book you just read (prev)
   in your left hand (so you remember it for the next iteration)
   and put the book you are currently reading (current) in your
   right hand (so you can work on the next book).
d. Walk to where you put the next book (the one on the table) to
   continue the process.

Starting Over: Keep doing this until you run out of books to read.
At this point, your right hand will hold the last book (the first
```

book initially), and your left hand will be empty. Now, you put the first book you're holding (the last book in the original order) back on the shelf as the new first book.

Reading Backward: Finally, go through the books starting from the new first book, and follow the bookmarks in the reversed direction. As you read each book, you say its title out loud. This will give you the titles of the books in reverse order.

So, the reverse_and_display method essentially changes the order of the books (nodes) in the bookshelf and then reads the titles (data) of those books in the reversed order.

Deutsch: Gewiss! Lassen Sie uns die reverse_and_display-Methode auf eine Art und Weise aufschlüsseln, die keinen technischen Jargon oder Informatikkonzepte beinhaltet.

Stellen Sie sich vor, Sie haben eine Reihe von Büchern in einem Bücherregal, und jedes Buch hat ein Lesezeichen, das auf das nächste Buch im Regal verweist. Diese Bücher stellen unsere verknüpfte Liste dar, und die Lesezeichen stellen die nächsten Verbindungen zwischen den Elementen dar.

Vorbereitung: Sie beginnen beim ersten Buch (dem Kopf der verknüpften Liste) und haben zwei leere Hände: eine zur Erinnerung an das gerade gelesene Buch (prev) und eine andere für das Buch, das Sie gerade lesen (current). Außerdem gibt es einen leeren Platzhalter (z. B. eine Tabelle), damit Sie sich vorübergehend an das nächste Buch erinnern können.

Ändern Sie die Reihenfolge: Lassen Sie uns nun die Reihenfolge der Bücher ändern. Für jedes Buch (Knoten), das Sie lesen:
a. Verwenden Sie das Lesezeichen (die nächste Referenz), um herauszufinden, wo das nächste Buch ist, und setzen es auf den leeren Platzhalter (die Tabelle). Das ist so, als würde man sich notieren, wo sich das nächste Buch befindet.
b. Drehen Sie das Lesezeichen im aktuellen Buch um, sodass es jetzt auf das vorherige Buch zeigt. Das bedeutet, dass das aktuelle Buch jetzt mit dem Buch verbunden ist, das Sie gerade gelesen haben, und nicht mit dem nächsten Buch. Das ist wie das Umdrehen des Lesezeichens.
c. Tauschen Sie die Bücher in Ihren Händen: Nehmen Sie das Buch, das Sie gerade gelesen haben (prev), in die linke Hand (damit Sie es sich für den nächsten Durchgang merken) und nehmen Sie das Buch, das Sie gerade lesen (current), in die rechte Hand (damit Sie am nächsten Buch arbeiten können).
d. Gehen Sie dorthin, wo Sie das nächste Buch hingelegt haben (das Buch auf dem Tisch), um den Vorgang fortzusetzen.

```
Erneut beginnen: Machen Sie dies so lange, bis Sie keine Bücher
mehr lesen können. Zu diesem Zeitpunkt hält Ihre rechte Hand das
letzte Buch (das erste Buch am Anfang), und Ihre linke Hand ist
leer. Nun legen Sie das erste Buch, das Sie in der Hand halten
(das letzte Buch in der ursprünglichen Reihenfolge), als neues
erstes Buch zurück in das Regal.

Rückwärts lesen: Gehen Sie schließlich die Bücher durch, beginnend
mit dem neuen ersten Buch, und folgen Sie den Lesezeichen in
umgekehrter Richtung. Während Sie jedes Buch lesen, sagen Sie den
Titel laut auf. So erhalten Sie die Titel der Bücher in umgekehrter
Reihenfolge.

Die Methode reverse_and_display ändert also im Wesentlichen die
Reihenfolge der Bücher (Knoten) im Bücherregal und liest dann die
Titel (Daten) dieser Bücher in der umgekehrten Reihenfolge.
```

Setzen Sie das Persona-Pattern umgekehrt ein, wird es beim Prompt-Engineering üblicherweise als *Audience Persona Pattern* (»Zielgruppen-Persona-Pattern«) bezeichnet. Hiermit ist ein vordefiniertes Profil oder eine Beschreibung der beabsichtigten Zielgruppe einer bestimmten Anwendung oder eines bestimmten Anwendungsfalls gemeint. Es hilft, die von LLMs erzeugten Antworten besser auf die Bedürfnisse und Erwartungen einer bestimmten Nutzergruppe oder bestimmter Personen anzupassen. Bevor wir mit GitHub Copilot weitermachen, wollen wir uns noch die Ausgabequalität der verschiedenen Modelle ansehen.

2.1.3 Auf den Weltmeeren der KI: Von den Küsten von GPT-3.5 zu den Horizonten von GPT-4

Ein Hauptunterschied zwischen beiden Modellen liegt in der Ausgereiftheit und Transparenz ihrer Ausgaben, besonders wenn die Modelle mit Datenstrukturen interagieren und diese verändern sollen. Der Unterschied zwischen den Ansätzen von GPT-3.5 und GPT-4 unterstreicht eine starke Verlagerung zu größerer Klarheit und Vorhersagbarkeit von KI-erzeugtem Code. Je fortschrittlicher die KI-Modelle werden, desto stärker geben ihre Ausgaben die Feinheiten guter Programmierpraktiken wieder und reflektieren so die Evolution der Fähigkeiten und des Einfühlungsvermögens menschlicher Programmierer. Diese Weiterentwicklung ist zwingend nötig, damit KI als verlässlicher Partner in der Softwareentwicklung dienen kann, bei dem Klarheit und Präzision nicht nur Ideale, sondern Notwendigkeiten sind.

Bei GPT-3.5 war das Vorgehen bei der `reverse_and_display`-Methode noch etwas undurchsichtig. Diese Version des Modells hat die grundlegende Datenstruktur der verketteten Liste verändert und die Knoten selbst umgekehrt. Das geschah allerdings, ohne den Nutzern diese Änderungen ausdrücklich mitzuteilen. Hätten wir `reverse_and_display` beispielsweise unter der Annahme aufgerufen, dass die Liste einfach nur in umgekehrter Reihenfolge ausgegeben wird, wären wir überrascht gewesen, dass die Listenstruktur dauerhaft verändert wurde. Dieser Mangel an Transparenz in der Operation könnte schnell zu Verwirrung und zu Bugs führen. Das gilt besonders für komplexe Applikationen, in denen die Integrität der Original-Datenstruktur absolut notwendig ist.

Im Gegensatz dazu verfolgt GPT-4 mit seiner `reverse`-Methode einen deutlich verbesserten Ansatz. Diese Methode kehrt die verkettete Liste explizit um. Jeder erfahrene Programmierer könnte am Namen und dem Aufbau der Methode erkennen, dass die zugrunde liegende Datenstruktur verändert wird. Die Vorgehensweise von GPT-4 hält sich viel stärker an die Prinzipien für verständlichen und wartbaren Code. Sie verkörpert die Idee, dass jede Funktion oder Methode eine klar definierte Aufgabe erfüllen sollte. Diese Trennung wird hier deutlich: Die Umkehrung der Liste und ihre Ausgabe werden als separate Operationen behandelt. Das erhöht die Lesbarkeit und verringert die Wahrscheinlichkeit unbeabsichtigter Nebeneffekte, denn der Entwickler kann die Änderungen an der Datenstruktur deutlich nachvollziehen.

2.2 Copilot das Steuer überlassen

Jetzt wollen wir GitHub-Copilot einsetzen, um die gleiche Aufgabe zu lösen. In Anhang B finden Sie eine Anleitung zur Erstellung eines Accounts und für die Installation des Plug-ins in die IDE (Integrated Development Environment) Ihrer Wahl (in unserem Fall heißt das entweder VS-Code oder PyCharm). Sobald die Installation beendet ist, sollten Sie in Ihrer IDE ein neues Projekt anlegen. Erstellen Sie zunächst eine Datei namens *main.py*. Danach geben Sie am Anfang dieser Datei den folgenden Prompt ein:

```
# You are a student with a background in computer science who is
interviewing for an engineering job at a software company. You are asked
the following question, based on the previous definition of a singly
linked list (in Python), how would you write a method that would reverse
the output of the traversal method. How would you implement such a method?

Deutsch:
# Du bist ein Informatikstudent, der sich auf eine Engineering-Stelle in
einem Softwareunternehmen bewirbt. Basierend auf der vorigen Definition
einer einfach verketteten Liste (in Python) wird Dir folgende Frage
gestellt: Wie würden Sie eine Methode schreiben, die die Ausgabe der
traversal-Methode umgekehrt? Wie würden Sie eine solche Methode
implementieren?[2]
```

Beachten Sie das Doppelkreuz (#) am Zeilenanfang. Es steht für einen Python-Kommentar. Besonders interessant ist hierbei, dass wir in GitHub Copilot den gleichen Prompt wie in ChatGPT verwendet haben.

---

2. Hinweis des Übersetzers: Anfang 2025 verstand Copilot nur Eingaben auf Englisch. Die Übersetzungen der Copilot-Prompts sollen vor allem dem besseren Verständnis der Prompts dienen.

Sie werden außerdem bemerken, dass Copilot Ihnen Codevorschläge macht, sobald Sie beginnen, die Definition der `ListNode`-Klasse einzugeben. Dies ist der sogenannte *Inline-Modus*. Alternativ können Sie zum *interaktiven* Modell wechseln, indem Sie `Ctrl-Enter` drücken. Daraufhin erzeugt Copilot, basierend auf dem aktuellen Kontext, zehn Empfehlungen.

Hinweis

Im weiteren Verlauf dieses Buchs werden wir hauptsächlich den Inline-Modus verwenden, bei dem Sie die Empfehlung von Copilot durch einen Druck der Tabulatortaste annehmen können.

Der erzeugte Code hat wahrscheinlich Ähnlichkeit mit dem von ChatGPT erzeugten. Anstatt den Code aus dem vorigen Abschnitt noch einmal abzudrucken, versuchen wir es daher mit einer anderen Programmieraufgabe. Wir geben Copilot folgende Anweisung:

```
# Given an unsorted array of integers, write a function to find the kth
smallest element in the array. Can you discuss the time and space
complexity of your solution?

Deutsch:
# Schreibe eine Funktion für ein unsortiertes Array ganzer Zahlen, um das
k-te kleinste Element in diesem Array zu finden. Kannst Du die Zeit- und
Raumkomplexität Deiner Lösung erläutern?
```

Nach ein paar Zeilenumbrüchen sollte Copilot einige Kommentare einfügen, in denen die zeitliche und räumliche Komplexität und das allgemeine Problem erläutert werden. Faszinierend!

Listing 2.8 *Copilot berechnet und erläutert die Komplexität dieses Codes*

```
def kth_smallest_element(arr, k):
    # Zeitliche Komplexität: O(N)
    # Räumliche Komplexität: O(1)
    if k > len(arr):
        return None
    return sorted(arr)[k - 1]
```

Copilots Vorschlag ist bewundernswert und vollkommen gültig. In einem Bewerbungsgespräch wäre diese Lösung jedoch nicht akzeptabel. Es fühlt sich an, als hätten Sie gemogelt. Wir sollten erwarten, dass eine Folgefrage kommt, wie man diese Aufgabe löst, ohne die gesamte Liste zu sortieren. Verfeinern wir also den Prompt, um sicherzustellen, dass die Liste vor der Ermittlung des k-ten kleinsten Elements nicht sortiert wird.

```
# As a computer science graduate seeking a software engineering role,
imagine you are in an interview where you are presented with a problem:
```

```
'How would you implement a function in Python to determine the kth
smallest element within an unsorted array of integers, without resorting
to full array sorting or utilizing any built-in sorting functions?
Additionally, can you explain the time and space complexity of your
algorithm?' This question tests your ability to devise efficient
algorithms and your understanding of complexity analysis, all while
adhering to specified constraints.

# Deutsch:
# Stelle Dir vor, Du hast einen Abschluss in Informatik und bewirbst Dich
um eine Stelle als Software-Engineer. Im Bewerbungsgespräch wirst Du mit
folgendem Problem konfrontiert: »Wie würdest Du eine Funktion in Python
implementieren, um das k-te kleinste Element in einem unsortierten Array
mit Integerwerten zu finden, ohne hierfür das gesamte Array zu sortieren
oder irgendwelche eingebauten Sortierfunktionen zu nutzen? Kannst Du
zusätzlich die zeitliche und räumliche Komplexität Deines Algorithmus
erläutern?« Diese Frage prüft Deine Fähigkeit, effiziente Algorithmen
anzuwenden sowie Dein Verständnis der Komplexitätsanalyse, während Du Dich
an die vorgegebenen Beschränkungen hältst.
```

Der von Copilot vorgeschlagene Code hat große Ähnlichkeit mit einer binären Suche, die sicherlich eine interessante Wahl ist.

Listing 2.9 *Copilots Lösungsansatz zum Finden des k-ten kleinsten Elements (Kommentare übersetzt)*

```
# Der folgende Code zeigt die Implementierung einer Funktion zum
# Finden des k-ten kleinsten Elements in Python zusammen mit
# einer Erläuterung seiner zeitlichen und räumlichen Komplexität.

# Funktion zur Ermittlung des k-ten kleinsten Elements in einem
# unsortierten Array

def kth_smallest(arr, k):
    # Überprüfen, ob das Eingabe-Array leer ist oder ob k sich
    # außerhalb der Grenzwerte befindet.
    if not arr or k < 1 or k > len(arr):
        return None

    # Variablen zur Speicherung der Ober- und Untergrenze
    # des Arrays initialisieren
    low = min(arr)
    high = max(arr)

    # Binäre Suche zum Finden des k-ten kleinsten Elements
    # durchführen
    while low <= high:
        # Das mittlere Element des Arrays berechnen
        mid = low + (high - low) // 2

        # Elemente zählen, die kleiner oder gleich dem mittleren
        # Element sind
```

```
            count = sum(1 for num in arr if num <= mid)

            # Suchbereich auf Basis der ermittelten Anzahl anpassen
            if count < k:
                low = mid + 1
            else:
                high = mid - 1

        # Das k-te kleinste Element zurückgeben
        return low

    # Zeitliche Komplexität: O(n log(max(arr) - min(arr)))
    # Räumliche Komplexität: O(1)
```

2.3 ChatGPT und Copilot im Vergleich

In diesem Abschnitt vergleichen wir ChatGPT und Copilot, um ihre Alleinstellungsmerkmale und optimalen Anwendungsfälle herauszufinden und einen Eindruck zu gewinnen, wie sie die Zukunft der Softwareentwicklung beeinflussen werden. Wir wollen einen umfassenden Leitfaden zur Verfügung stellen, der Softwareentwicklern hilft, sich in diesem sich schnell verändernden Umfeld von KI-gestützten Werkzeugen zurechtzufinden.

Zuerst wollen wir einen Blick auf das jeweilige Interaktionsmodell werfen, also die Art und Weise, wie wir mit der KI umgehen. Im Fall von ChatGPT rufen wir einfach die Website *https://chatgpt.com* auf und geben Prompts in das Chat-Eingabefeld ein. Danach verfeinern wir unsere Anforderungen in den folgenden Prompts immer weiter. Die Feedback-Schleife übernimmt den Kontext der vorigen Eingabe, wendet ihn auf den aktuellen Prompt an und erzeugt eine Ausgabe, auf die der Nutzer reagiert und so weiter. Wenn wir dieses Interaktionsmodell mit Copilot vergleichen, stellen wir fest, dass dieses Werkzeug nur innerhalb einer IDE verwendet werden. Dieser Ansatz ist nicht unbedingt schlechter, sondern nur anders.

Die Verwendung von Copilot innerhalb der IDE kann eher als Vorteil, denn als Nachteil betrachtet werden. In späteren Kapiteln werden wir uns mit Copilot-Chat bekannt machen, in dem das Beste aus beiden Welten miteinander kombiniert wird: Dabei können Sie ChatGPT direkt in Ihrer IDE verwenden. Dieses Werkzeug erleichtern es Ihnen, ohne Ablenkung am Code zu arbeiten, was sich positiv auf Ihre Produktivität auswirken kann. Copilot zeichnet sich dadurch aus, dass er Ihnen nicht im Weg steht und Sie den Kontext nicht wechseln müssen. So bleiben Sie länger unabgelenkt und »im Flow«. Während Sie sich mit ChatGPT in einen Dialog begeben, dient Copilot eher als Ratgeber. Der Dialog dauert länger; der Rat ist schnell und kostenlos.

Als Nächstes untersuchen wir, wie der Code erzeugt und dargestellt wird. ChatGPT kann den Code als Block, Methode, Klasse oder Projekt erzeugen. Auf Anweisung kann ChatGPT sogar Projekte als Ganzes offenlegen. Hinter den Kulissen erzeugt es das Projekt aber ohnehin. Schließlich redet ChatGPT gerne. Bei Copilot entsteht der Code aus einer Methode nach der anderen – zumindest zu Beginn. Je häufiger Sie diese Werkzeuge verwenden, desto mehr Code einer bestimmten Klasse werden Sie nicht mehr selbst schreiben müssen. Leider sind Sie nicht in der Lage, mit einem winzigen Prompt ein vollständiges Projekt zu schreiben.

Eine Sache haben beide gemeinsam: Die Fähigkeit, auf Prompts zu antworten. Bei ChatGPT sind Prompts die einzige Möglichkeit, mit dem Werkzeug zu interagieren. Bei Copilot ist eine Antwort auf Prompts nicht zwingend notwendig. Allerdings sorgt die Formulierung von Prompts dafür, dass die Ausgaben sich stärker an Ihren Bedürfnissen orientieren.

Zusammenfassend können wir also sagen, dass ChatGPT sich ausgezeichnet für die Erforschung und das Prototyping eignet. Gleichzeit kann es aber auch für unnötige Ablenkung sorgen, zum Teil, weil Sie von der IDE zu einem Webbrowser (und all den damit verbundenen Versuchungen) wechseln müssen. Dabei ist ChatGPT selbst ein Teil dieser möglichen Ablenkungen. Früher oder später werden Sie in den sprichwörtlichen Kaninchenbau fallen, also immer weiter in ein Thema eintauchen und sich dort verlieren – und ChatGPT hilft Ihnen auch noch dabei. Lassen Sie sich davon aber nicht abhalten. Es ist eine wunderbare Ressource.

Bei Copilot müssen Sie Ihr Ziel bereits genau kennen. Daher ist dieses Werkzeug hervorragend dazu geeignet, ohne Verzug Projekte mit klaren Anforderungen und engen Deadlines umzusehen. Copilot funktioniert am besten, wenn Sie sich mit der Sprache und dem verwendeten Framework auskennen. Dann kann dieses Tool einen Großteil der mühsamen Arbeit automatisieren, damit Sie sich mehr auf die geschäftlichen Anforderungen konzentrieren können. Das sorgt für Mehrwert, was vermutlich auch der Grund ist, warum Sie die Software überhaupt schreiben. Eine kurze Zusammenfassung der Vor- und Nachteile aller beiden generativen KIs finden Sie in Tabelle 2.1.

	ChatGPT	Copilot
Prompt-basiert	ausschließlich	ja
IDE-basiert	nein	ausschließlich
Generiert Methoden	ja	ja
Generiert Klassen	ja	ja
Generiert Projekte	ja	nein
Generiert Dokumentation	ja	ja
Wechsel zwischen Sprachen	ja	nein
Wechsel zwischen Bibliotheken	ja	ja

Tab. 2.1 *Vergleich der Vor- und Nachteile von ChatGPT und Copilot*

In diesem Kapitel haben wir uns besonders mit der Implementierung grundlegender Datenstrukturen und der Lösung klassischer Informatikprobleme befasst. Die Arbeit in diesem Kapitel legt das Fundament, um besser einschätzen zu können, wann es sinnvoll ist, ChatGPT zu verwenden und wann der Einsatz eines Werkzeugs mit IDE-Integration wie Copilot besser geeignet ist. In den folgenden Kapiteln werden wir dieses Wissen nutzen, um das jeweils am besten geeignete Werkzeug auszuwählen.

Ein abschließender Hinweis: Diese Werkzeuge funktionieren am besten, wenn sie zusammenarbeiten. ChatGPT eignet sich hervorragend für Beispiele und Struktur, Copilot hilft Ihnen bei der Erweiterung und der Anpassung des Codes.

2.4 Zusammenfassung

- ChatGPT ist eine Prompt-basierte generative KI, die mit den Nutzern in einen Dialog tritt, der ihnen hilft, Ideen zum Entwurf und zur Umsetzung ganzer Projekte zu erforschen. Zusätzlich erzeugt es praktischerweise auch gleich die Dokumentation für jede von ihm geschriebene Methode. Einer der Gründe, warum wir dieses Kapitel mit ChatGPT begonnen haben, ist, dass es uns geholfen hat, eine Vorlage zu definieren, die wir im Verlauf des Kapitels weiterverwenden konnten. Es ist ein faszinierendes Produkt, das für unnötige, aber dennoch angenehme Ablenkungen sorgen kann.
- Copilot ist ein Werkzeug, das am besten funktionieren, wenn Sie wissen, was Sie wollen, und Rat benötigen, wie Sie die Anforderungen am besten umsetzen.
- Beim Schreiben dieses Buchs unterstützte ChatGPT noch keine Entwicklung innerhalb einer IDE[3]. Allerdings kann es im Gegensatz zu GitHub Copilot ganze Projekte erzeugen und Code von einer Programmiersprache in eine andere übersetzen. Copilot benutzt Ihre Codekommentare als Hinweise, um zu ermitteln, welchen Code Sie schreiben möchten. Bei ChatGPT schreiben Sie explizite Prompts, die ChatGPT für die Erzeugung von Code nutzt.
- Das Persona-Pattern hilft bei der Erstellung von Prompts, in denen die KI eine bestimmte Persona oder Rolle einnimmt. Diese hilft dabei, konsistente und dem Kontext angemessene Antworten zu geben. Da sich die KI an eine definierte Persona hält, sind ihre Antworten besser vorhersagbar und stärker an den Erwartungen der Benutzer ausgerichtet.

3. Anmerkung des Übersetzers: Zum Zeitpunkt der Übersetzung gab es für JetBrains-Produkte (wie zum Beispiel PyCharm) eine Reihe von Plug-ins (*https://plugins.jetbrains.com/search?excludeTags=internal&search=ChatGPT*), die ChatGPT in die IDE integrieren. Auch für VS-Code gibt es eine Reihe von Erweiterungen, die ChatGPT in die IDE integrieren. Diese können über die eingebaute Suchfunktion gefunden werden.

- Die »Praktikanten«-Persona zeichnet sich oft durch Lerneifer, ein grundsätzliches bis fortgeschrittenes Verständnis des Themas und eine Bereitschaft aus, mehr zu lernen und zu erfahren. Praktikanten können klärende Fragen stellen, um Rat bitten und einen proaktiven Ansatz zur Lösung von Problemen verwenden. Trotz eines oft großen Einfallsreichtums fehlt ihnen häufig die fundierte Sachkenntnis erfahrener Fachleute in diesem Gebiet. Diese Persona ist in Szenarien hilfreich, in denen die KI eine lern- und wachstumsorientierte Denkweise simulieren soll.
- Beim Verfeinerungs-Pattern geht es darum, den Prompt iterativ zu verfeinern oder zu verbessern, um genauere, relevantere oder bessere Antworten zu erzeugen. Es geht darum, vom Allgemeinen zum Spezifischen zu gelangen, um so im Verlauf der Interaktion mit Large Language Models wie ChatGPT die Ausgabequaliät zu erhöhen.
- Das Audience-Persona-Pattern ist im Prompt-Engineering eine Variante des Persona-Patterns. Hierbei wird ein Profil oder eine Repräsentation des gewünschten Publikums für eine bestimmte Verwendung oder einen Anwendungsfall definiert. Dieses hilft, die vom LLM erzeugten Antworten besser an die Bedürfnisse und Erwartungen einer bestimmten Nutzergruppe oder von Einzelpersonen anzupassen.

Teil II

Die Eingaben

In Teil II beschäftigen wir uns mit dem praktischen Einsatz von LLMs für das Design und die Entwicklung von Software. Hier erforschen wir anhand von Beispielen aus dem wahren Leben, wie KI die Entwurfsphase bereichert, um ihre Auswirkungen zu veranschaulichen. Wir behandeln Grundkonzepte wie das Domain Modeling, Immutabilität und Entwurfsmuster und zeigen, wie diese Prinzipien anhand von Werkzeugen wie GitHub Copilot in der Praxis verwendet werden können. Wir sprechen außerdem über die Schwierigkeiten bei der Datenverwaltung und gehen darauf ein, wie KI eine Asset-Überwachung und Datenanalyse in Echtzeit ermöglicht. Durch die Integration von KI in diese Arbeitsschritte können Entwickler ihre Arbeitsabläufe effizienter gestalten und die Innovation in ihren Projekten besser voranbringen.

3 Software entwerfen mit ChatGPT

Kapitelübersicht

- Prototypen für potenzielle Entwürfe mit ChatGPT entwickeln
- Die Softwarearchitektur in Mermaid dokumentieren
- Unseren Entwurf mit ChatGPT fertigstellen

Nachdem wir verstehen, wie generative KI funktioniert und wie wir sie nutzen können, beginnen wir, die Architektur unserer Applikation zu entwerfen, zu erforschen und zu dokumentieren. Das Festlegen der wichtigsten Komponenten im Voraus hat gleich mehrere Vorteile. So können wir bestimmte Teile des Entwurfs an untergeordnete Softwarearchitekten und bestimmte Bereiche der Entwicklung an andere Teammitglieder delegieren. Diese Planung im Vorfeld hilft uns außerdem beim Nachdenken über die Implementierung, wodurch wir mögliche Fallstricke rechtzeitig erkennen und vermeiden können. Das Abbilden unseres Entwurfs als Dokumentation ermöglicht uns schließlich, unsere Kernentscheidungen zu begründen und unsere Absicht gegenüber unserem zukünftigen Selbst, unseren Entscheidungsträgern und denjenigen, die das Projekt später weiterpflegen, mitzuteilen.

Zu Beginn wollen wir uns einen Überblick über die Applikation verschaffen, mit deren Entwurf wir in diesem Kapitel beginnen: einem System zur Verwaltung von IT-Assets[1] (*Information Technology Asset Management*, kurz: ITAM). Die wichtigsten Features werden wir in den folgenden Kapiteln erstellen.

1. Anmerkung des Übersetzers: In diesem Kontext entspricht das Wort »Asset« in erster Linie dem deutschen Begriff »Wirtschaftsgut«. Wir haben uns hier entschieden, aus Gründen der Konsistenz den englischen Begriff beizubehalten.

3.1 Vorstellung unseres Information Technology Asset Management-Systems

Ein ITAM-System dient der Verwaltung und Kontrolle von Hardware, Softwarelizenzen und anderen IT-bezogenen Ressourcen über ihre gesamten Lebensdauer hinweg. ITAM-Systeme bestehen üblicherweise aus Werkzeugen zur Hard- und Software-Inventarisierung, Software zur Lizenzverwaltung und anderen verwandten Programmen. Zum System können auch manuelle Prozesse und die physische Kontrolle von IT-Werten anhand von QR-Codes, Barcodes und anderen Technologien zur physischen Asset-Verwaltung gehören.

Üblicherweise verwenden ITAM-Systeme eine zentrale Datenbank, in der die Asset-ID und spezifischen Attribute für den jeweiligen Asset-Typ gespeichert werden. So könnten Sie für Desktop-PCs beispielsweise den Gerätetyp, die Modellnummer, das Betriebssystem und die installierten Programme speichern. Für Softwareprodukte könnten dies der Name des Programms, der Händler, die Anzahl der verfügbaren Lizenzen und die Computer, auf denen die Software installiert wurde, sein. Der letzte Punkt hilft, sicherzustellen, dass Ihr Unternehmen sich an Lizenzvereinbarungen hält. Durch die Überwachung der Verwendung sollte die Anzahl der gekauften Lizenzen nie überschritten werden.

Außerdem helfen ITAM-Systeme auch bei der Kostenkontrolle. Da Sie immer wissen, welche Hard- und Software verfügbar ist, können unnötige Anschaffungen vermieden werden. Diese Systeme zentralisieren die Einkäufe, was Großbestellungen erleichtert. Nicht genutzte Hardware kann verkauft und die Auslastung von wenig verwendeten Geräten konsolidiert werden. Wie Sie sehen werden, können Sie Informationen zum Kaufdatum nutzen, um den Wertverlust der Hardware zu berechnen und die Ergebnisse in die Steuerabschreibungen Ihres Unternehmens einzubeziehen.

Später werden wir weitere Eigenschaften eines ITAM-Systems erforschen, indem wir ein solides konzeptionelles Modell der Applikation erstellen. Dabei konzentrieren wir uns auf ein System, das Hardwarekomponenten »im Auge behalten« und verwalten kann. Im nächsten Schritt weisen wir ChatGPT an, die Rolle eines Softwarearchitekten einzunehmen, um seine Meinung über das bestmögliche Design dieses Projekts einzuholen und zu sehen, welche Lösung es vorschlägt.

3.2 ChatGPT bitten, uns beim Entwurf unseres Systems zu helfen

Wir beginnen mit einem Prompt in einer neuen Session, in dem wir unsere Anforderungen skizzieren. Wie im vorigen Kapitel nutzen wir das Refinement-Muster auf die Prompts an, um das Design unseres Systems nach und nach zu verbessern. Wir beginnen allgemein und gehen im weiteren Verlauf immer genauer auf Anforderungen und Funktionalität ein. Zu Beginn weisen wir ChatGPT mit folgendem Prompt an, unsere Prompts zu verbessern:

```
From now on, when I give you a prompt, output a better prompt.

Deutsch: Wenn ich Dir von nun an einen Prompt eingebe, gibtst Du einen
besseren Prompt aus.
```

Dieser Prompt hilft bei der Erforschung Ihrer aktuellen Aufgabe, weil er ChatGPT anweist, bessere Prompts für Sie zu erstellen, denn Sie wissen: je besser der Prompt, desto besser die Ausgaben. Wir werden in Zukunft folgendermaßen vorgehen: Wenn Sie eine spezifische Antwort benötigen, stellen Sie eine spezifische Frage. Zusätzlich und alternativ dazu können Sie ChatGPT anweisen, das Problem Schritt für Schritt zu durchdenken und seine Überlegungen zu begründen.

Als Nächstes bitten wir ChatGPT mit folgendem (erweiterten) Prompt, uns bei unserem Entwurf zu helfen:

```
Assume that you are a software architect, and you are designing an
information technology asset management system, using Python. The system
should be able to maintain a complete inventory of all hardware and
software assets owned by an organization. The system should be able to
track asset location, status, and usage. This includes information such as
who uses the asset, when it was last serviced, and when it is due for
replacement. The system should be able to manage the entire lifecycle of
an asset, from procurement to disposal. This includes tracking warranty
and lease information, managing asset maintenance and repair, and ensuring
compliance with regulations. The system should be able to allocate assets
to employees or departments, track usage, and manage reservations for
assets that are in high demand. It should use hexagonal architecture.
Remember to enhance my prompt.

Deutsch: Stelle Dir vor, Du bist Softwarearchitekt und entwirfst ein
System zur Verwaltung von IT-Assets mit Python. Das System soll in der
Lage sein, eine vollständige Inventarliste aller Hardware- und Software-
Assets eines Unternehmens zu führen. Das System sollte in der Lage sein,
den Standort, den Status und die Nutzung der Assets zu verfolgen. Dazu
gehören Informationen darüber, wer das Asset nutzt, wann es zuletzt
gewartet wurde und wann es ersetzt werden muss. Das System sollte in der
Lage sein, die gesamte Lebensdauer eines Assets zu verwalten, von der
Beschaffung bis zur Entsorgung. Dazu gehören die Nachverfolgung von
Garantie- und Leasinginformationen, die Verwaltung der Wartung und
Reparatur von Assets und die Einhaltung von Vorschriften. Das System
sollte in der Lage sein, Assets den Mitarbeitern oder Abteilungen
zuzuordnen, die Nutzung zu verfolgen und Reservierungen für Assets zu
verwalten, die stark nachgefragt werden. Es sollte eine hexagonale
Architektur verwenden. Vergessen Sie nicht, meine Eingabeaufforderung
zu erweitern.
```

In diesem Prompt nutzen wir wieder das Persona-Muster, indem wir ChatGPT die Rolle eines Softwarearchitekten zuweisen. Dabei wird ChatGPT nicht nur die grundsätzlichen Eigenschaften unseres Systems ausgeben, sondern auch unseren Prompt verbessern. Wenn wir diesen Prompt eingeben, erhalten wir die im folgenden Listing gezeigten Ausgaben. Vergessen Sie nicht: Die Ausgaben von ChatGPT (und anderen generativen KIs) hängt stark von den zuvor gemachten Eingaben ab. Ihre Ausgaben werden sehr wahrscheinlich nicht exakt unserem Ergebnis entsprechen.

Listing 3.1 *Verbesserter Prompt und Übersicht über die Applikation, beschrieben von ChatGPT*

```
To enhance and detail your prompt for designing an information
technology asset management system using Python with a hexagonal
architecture, here's a more comprehensive breakdown:

System Objective and Core Functionality: Design a Python-based IT
asset management system. Ensure the system maintains a full
inventory of all organizational hardware and software assets.

Detailed Asset Tracking: Implement features for tracking the
location, status, and usage of each asset. Include detailed logs
for user assignments, service histories, and replacement
schedules.

Lifecycle Management: Enable management of assets from
procurement to disposal. Track warranty and lease information,
schedule maintenance and repairs, and ensure regulatory
compliance.

Asset Allocation and Usage Monitoring: Facilitate asset
allocation to employees or departments. Monitor usage patterns
and manage reservations for high-demand assets.

Architectural Approach: Adopt a hexagonal architecture to promote
loose coupling and ease of maintenance. Ensure modularity in
design for easy scalability and updates.

Additional Features and Considerations: Incorporate user-friendly
interfaces for different stakeholders. Implement robust security
measures to protect sensitive asset data. Consider integration
capabilities with existing systems within the organization.

This detailed breakdown provides a comprehensive guide for
designing the system with all necessary features and a robust
architectural framework.
```

Listing 3.2 *Die deutsche Übersetzung von ChatGPT:*

```
Um Ihren Prompt zur Gestaltung eines IT-Asset-Management-Systems
mit Python unter Verwendung einer hexagonalen Architektur zu
```

```
verbessern und zu detaillieren, hier eine umfassendere
Ausarbeitung:

Systemziel und Kernfunktionalität: Entwickeln Sie ein auf Python
basierendes IT-Asset-Management-System. Stellen Sie sicher, dass
das System eine vollständige Inventarliste aller Hardware- und
Software-Assets der Organisation führt.

Detailliertes Asset-Tracking: Implementieren Sie Funktionen zur
Verfolgung von Standort, Status und Nutzung jedes Assets.
Erfassen Sie detaillierte Protokolle über Benutzerzuweisungen,
Wartungshistorien und Austauschpläne.

Lebenszyklusverwaltung: Ermöglichen Sie das Management von Assets
vom Beschaffungsprozess bis zur Entsorgung. Verfolgen Sie
Garantie- und Leasinginformationen, planen Sie Wartungen und
Reparaturen und stellen Sie die Einhaltung von Vorschriften
sicher.

Asset-Zuweisung und Nutzungsüberwachung: Ermöglichen Sie die
Zuweisung von Assets an Mitarbeiter oder Abteilungen. Überwachen
Sie Nutzungsmuster und verwalten Sie Reservierungen für besonders
gefragte Assets.

Architektonischer Ansatz: Wenden Sie eine hexagonale Architektur
an, um eine lose Kopplung und einfache Wartung zu fördern. Sorgen
Sie für Modularität im Design, um eine einfache Skalierbarkeit
und Updates zu ermöglichen.

Zusätzliche Funktionen und Überlegungen: Integrieren Sie
benutzerfreundliche Schnittstellen für verschiedene Stakeholder.
Implementieren Sie robuste Sicherheitsmaßnahmen, um sensible
Asset-Daten zu schützen. Berücksichtigen Sie
Integrationsmöglichkeiten mit bestehenden Systemen in der
Organisation.

Diese detaillierte Ausarbeitung bietet eine umfassende Anleitung
für die Gestaltung des Systems mit allen notwendigen Funktionen
und einem robusten architektonischen Rahmen.
```

Nach etwas Bedenkzeit gibt ChatGPT die wichtigsten Grundbausteine für die Entwicklung dieses Projekts zurück. Diese Vorschläge sind hilfreich, aber eigentlich wollen wir unser Problem des sprichwörtlichen leeren Blatts Papier lösen: Beginnen wir mit dem Entwurf. Hierfür brauchen wir Textbeschreibungen und Diagramme, die uns beim Verständnis des Systems und seiner Komponenten helfen. Wir brauchen kein Kochrezept, sondern klar umrissene Handlungsanweisungen. Mit folgendem Prompt können wir ChatGPT anweisen, uns seine Arbeit zu zeigen:

Show the Python package structure for this application.

Deutsch: Zeige die Python-Paketstruktur für diese Applikation.

Nach dieser Eingabe gibt ChatGPT folgendes Paketdiagramm zurück (dieses Listing ist leicht gekürzt). Es zeigt, dass ChatGPT nicht nur Software entwerfen, sondern auch dabei helfen kann, die Struktur der physikalischen Dateien festzulegen. Über die allgemeine Paketstruktur lässt sich (vielleicht) streiten, aber immerhin haben wir nun mehr als genug Inspiration, um loszulegen.

Listing 3.3 *Python-Paketstruktur für das von ChatGPT entworfene ITAM-Sytem*

```
it_asset_management/
│
├── app/                     # Haupt-Applikationsverzeichnis
│   ├── __init__.py
│   ├── main.py              # Einstiegspunkt der Applikation
│   ├── config.py            # Konfigurationseinstellungen
│   └── dependencies.py      # Abhängigkeiten einfügen und verwalten
│
├── domain/                  # Domänenschicht mit Geschäftslogik
│   ├── __init__.py
│   ├── models/              # Domänenmodelle (z. B. Asset, Benutzer)
│   │   ├── __init__.py
│   │   ├── asset.py
│   │   └── user.py
│   ├── services/            # Geschäftsdienste/-logik
│   │   ├── __init__.py
│   │   ├── asset_service.py
│   │   └── user_service.py
│   └── repositories/        # Interface für Datenzugriff
│       ├── __init__.py
│       ├── asset_repository.py
│       └── user_repository.py
│
├── adapters/                # Adapterschicht für externe Interaktionen
│   ├── __init__.py
│   ├── orm/                 # Objektrelationale Abbildung
│   │   ├── __init__.py
│   │   ├── asset_orm.py
│   │   └── user_orm.py
│   ├── api/                 # API-Endpunkte
│   │   ├── __init__.py
│   │   ├── asset_api.py
│   │   └── user_api.py
│   └── external_services/   # Integration mit externen Diensten
│       ├── __init__.py
│       ├── email_service.py
│       └── logging_service.py
│
```

```
│
├── infrastructure/              # Infrastructurschicht für Datenbank,
│   ├── __init__.py              # Messaging etc.
│   ├── database.py              # Datenbank-Einrichtung und -verbindung
│   ├── message_queue.py         # Messaging-Infrastruktur
│   └── cache.py                 # Caching-Mechanismen
│
├── tests/                       # Test-Suite
│   ├── __init__.py
│   ├── unit/                    # Unit-Tests
│   └── integration/             # Integrationstests
│
└── requirements.txt             # Projektabhängigkeiten
```

Wir können einerseits die *Makroebene* (die »Vogelperspektive«) untersuchen, ChatGPT aber auch anweisen, uns die *Mikroebene* (die Details) zu zeigen. Wir können Prompts erstellen, mit denen ChatGPT uns nacheinander den Inhalt aller Dateien anzeigt. Diesen können wir anschließend in die entsprechenden Dateien mit den von ChatGPT vorgeschlagenen Namen übertragen. Dabei sollten wir die Ausgaben der KI grundsätzlich sorgfältig überprüfen und keinesfalls davon ausgehen, dass sie zu einhundert Prozent sicher oder akkurat sind. Es kann jederzeit vorkommen, dass der von ChatGPT erzeugte Code nicht funktioniert – ChatGPT ist darauf ausgerichtet, das nächste Text-Token zu erzeugen, anstatt, wie wir, ein vollständiges System. Wir sollten den erzeugten Code also unbedingt evaluieren, um seine Qualität und seinen Nutzen einschätzen zu können:

Please show the source code for it_asset_management/app/schemas/asset.py.

Deutsch: Bitte zeige den Quellcode für it_asset_management/app/schemas/asset.py.

Das folgende Listing zeigt das Ergebnis:

Listing 3.4 *Beispiel-Asset-Modell in asset_management_system/models/asset.py*

```
from typing import Optional
from datetime import datetime
from pydantic import BaseModel

# Einfaches Asset-Modell für die Erstellung eines neuen Assets
class AssetCreate(BaseModel):
    name: str
    asset_type: str
    serial_number: str
    purchase_date: Optional[datetime] = None
    warranty_end_date: Optional[datetime] = None

# Modell für öffentlich bereitgestellte Asset-Daten
class Asset(BaseModel):
    id: int
    name: str
```

```
        asset_type: str
        serial_number: str
        purchase_date: Optional[datetime] = None
        warranty_end_date: Optional[datetime] = None

        class Config:
            orm_mode = True

    # Modell für die Aktualisierung vorhandener Asset-Daten
    class AssetUpdate(BaseModel):
        name: Optional[str] = None
        asset_type: Optional[str] = None
        serial_number: Optional[str] = None
        purchase_date: Optional[datetime] = None
        warranty_end_date: Optional[datetime] = None
    return '<Asset %r>' % self.name
```

Anstatt den Code klassenweise durchzugehen und die Quellcodedateien einzeln zu untersuchen, werden wir das Projekt als Ganzes dokumentieren. Auch wenn Agile und Scrum die Arbeit an Software gegenüber einer umfassenden Dokumentation bevorzugen, sollte die Rolle eines durchdachten Entwurfs und wesentlicher Dokumentation nicht unterschätzt werden. Sie versorgen den agilen Entwicklungsprozess mit Struktur, Klarheit und einer langfristigen Vision und stellen sicher, dass das Team effektiv auf Änderungen reagieren kann, während die Integrität und Qualität der Software erhalten bleibt.

3.3 Die Architektur dokumentieren

In diesem Abschnitt beginnen wir, ChatGPT die Dokumentation für unsere Applikation erstellen zu lassen. Wie bereits gesagt sind Entwurf und Dokumentation einer Applikation unbedingt notwendig – selbst in Agile- und Scrum-Umgebungen. Die Dokumentation gibt dem Entwicklungsteam eine klare Vision und Richtung vor, sie skizziert die Architektur, die verwendeten Komponenten und beschreibt die Interaktion innerhalb des Systems. Dies hilft den Entwicklern beim Verständnis der korrekten Funktionsweise und Implementierung der Features. Sie fördert außerdem die Einhaltung von Qualitätsstandards und Best Practices und ermöglicht es Architekten, Muster und Vorgehensweisen zu definieren, denen im Entwicklungsprozess gefolgt werden soll, um eine robustere und besser wartbare Codebasis zu erhalten.

Hierfür verwenden wir die Diagrammsprache Mermaid. Dies ist ein JavaScript-basiertes Werkzeug, mit dem Sie anhand einer einfachen textbasierten Syntax komplexe Diagramme und Visualisierungen erstellen können. Sie wird häufig eingesetzt, um direkt aus Textbeschreibungen Fluss-, Sequenz-, Klassen-, Zustandsdiagramme und vieles mehr zu erzeugen. Mermaid kann in verschiedene Applikationen integriert werden, inklusive Markdown, Wikis und Dokumentationswerkzeuge, was es zu einem vielseitigen Werkzeug für Entwickler und Autoren von Dokumentationen macht. Mermaid kann gut mit Werkzeugen zur Texterzeugung wie ChatGPT verwendet werden, schließlich sind seine Diagramme selbst textbasiert.

Um die Erstellung der Dokumentation anzustoßen, übergeben wir ChatGPT den folgenden Prompt:

I would like to build an ITAM project written in Python. It will focus on the tracking and management of Hardware. It should expose REST APIs, using FastAPI, and persist data using SQLAlchemy. It should use hexagonal architecture. As a software architect, please show me the Mermaid class diagram for this project.

Deutsch: Ich möchte ein ITAM-Projekt in Python erstellen, das sich auf die Verfolgung und Verwaltung von Hardware konzentriert. Es soll REST-APIs mit FastAPI bereitstellen und die Daten mit SQLAlchemy speichern. Dabei soll eine hexagonale Architektur verwendet werden. Zeige mir in Deiner Rolle als Softwarearchitekt das Mermaid-Klassendiagramm für dieses Projekt.

Hexagonale Architektur

Die hexagonale (»Sechseck«) Architektur, auch bekannt als »Ports und Adapter«-Muster, ist ein Architekturmuster, das eine klare Trennung der Kernlogik der Applikation und seiner Interaktion mit externen Systemen vorsieht, wie Datenbank, Nutzerschnittstellen und Drittanbieterdiensten. Diese Aufgabentrennung unterstützt die Erstellung einer wartbaren, flexiblen und testbaren Applikation.

Die Hauptbestandteile der hexagonalen Architektur sind:

- *Domänenmodell*
  Der Kern der Geschäftslogik der Applikation, inklusive Entitäten, Wertobjekten und Domänendiensten. Das Domänenmodell ist von externen Systemen oder Technologien abgekoppelt und sollte keine Abhängigkeiten von Implementierungsdetails wie Datenbank oder APIs aufweisen.
- *Ports*
  Interfaces, die den Kontrakt zwischen dem Domänenmodell und den externen Systemen beschreiben. Sie repräsentieren die Ein- und Ausgabegrenzen der Applikation. Dabei gibt es primäre und sekundäre Ports:
  - *Primäre (»getriebene«) Ports*
    Sie definieren die Anwendungsfälle, die unsere Applikation externen Systemem zur Verfügung stellt. Sie bilden die API ab, über die externe Systeme mit der Applikation interagieren können.
  - *Sekundäre (»treibende«) Ports*
    Sie definieren die Kontrakte, die unsere Applikation von externen Systemen erwartet, wie Repositories oder externe Dienste.

→

- *Adapter*
  Die Implementierung der Ports. Adapter sind für die Kommunikation zwischen dem Domänenmodell und den externen Systemen zuständig. Sie konvertieren die Daten und Protokolle der externen Systeme in ein für das Domänenmodell verständliches Format. Es gibt primäre und sekundäre Adapter.
  - *Primäre (»getriebene«) Adapter*
    Sie implementieren die primären Ports und sind dafür verantwortlich, Eingaben von externen Systemen entgegenzunehmen und an das Domänenmodell weiterzugeben.
  - *Sekundäre (»treibende«) Adapter*
    Sie implementieren die sekundären Ports und sind im Auftrag des Domänenmodells für die Interaktion mit externen Systemen zuständig.

Bei der hexagonalen Architektur befindet sich das Domänenmodell im Zentrum (dem »Sechseck«) und wird von den Ports und Adaptern umgeben. Der Grundgedanke liegt darin, dass jede Interaktion zwischen dem Domänenmodell und externen Systemen die Ports und Adapter durchlaufen muss. Diese Architektur ermöglicht einen leichten Austausch der externen Systeme, vereinfachte Tests durch die Verwendung von simulierten Implementierungen der Ports und eine klare Trennung der Zuständigkeiten, was die Wartbarkeit der Applikation erhöht.

Als Antwort erzeugt ChatGPT die in Abbildung 3.1 gezeigte, etwas merkwürdige Klassenstruktur. Am Anfang steht die Klasse `MainApp`, die (vermutlich) die Applikation ausführen wird. Diese Klasse verwendet `FastAPIAdapter`, das für die Annahme und Verarbeitung von REST-Aufrufen zuständig ist. `FastAPIAdapter` ruft seinerseits die Methoden von `HardwareService` auf.

Wir können versuchen, ChatGPT zu fragen, warum es diesen Entwurf zurückgegeben hat. Um ChatGPT dazu zu bringen, die tatsächlichen Quellen auszugeben, ist allerdings ein sehr gutes Prompt-Engineering nötig, weil ChatGPT grundsätzlich versucht, seine Ausgaben allgemein zu formulieren. Trotzdem versuchen wir, es mit folgendem Prompt dazu zu bringen, konkreter zu werden:

```
Please provide the sources of this specific design.

Deutsch: Bitte gibt die Quellen für diesen konkreten Entwurf an.
```

Auch mit diesem Prompt ist die Antwort von ChatGPT noch sehr allgemein formuliert (siehe Abbildung 3.2). Sie nennt Best Practices und die Ursprünge der hexagonalen Architektur. Einzelheiten zu den Entwurfsentscheidungen nennt sie aber nicht.

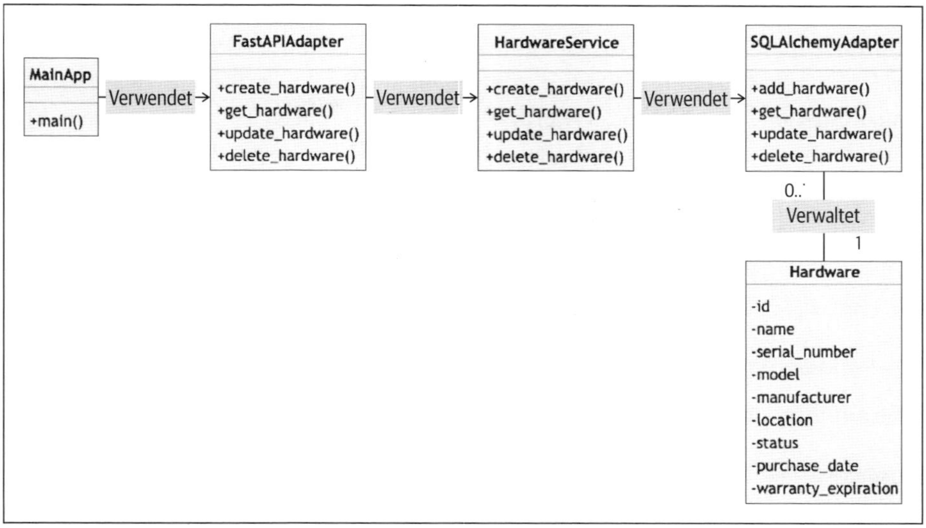

Abb. 3.1 *Der von ChatGPT vorgeschlagene Entwurf für das ITAM-System*

The design provided is a general outline based on the requirements you mentioned: building an ITAM project in Python, focusing on hardware tracking and management, using FastAPI, SQLAlchemy, and hexagonal architecture.

Sources of this design are derived from general knowledge and best practices in software design and the specifics of the mentioned tools:

1. Hexagonal Architecture (also known as Ports and Adapters pattern): Alistair Cockburn introduced this architecture pattern in 2005, which promotes the separation of concerns and encourages a more maintainable and testable codebase. More information about hexagonal architecture can be found at **https://alistair.cockburn.us/hexagonal-architecture/**.
2. FastAPI: FastAPI is a modern, fast, web framework for building APIs with Python 3.7+ based on standard Python type hints. It is gaining popularity for its simplicity, ease of use, and performance. More information about FastAPI can be found at **https://fastapi.tiangolo.com/**.
3. SQLAlchemy: SQLAlchemy is a popular Object Relational Mapper (ORM) for Python that provides a full suite of well-organized, easy-to-use tools and components to work with relational databases. More information about SQLAlchemy can be found at **https://www.sqlalchemy.org/**.

The design I provided is a combination of these concepts and tools, tailored to the requirements you mentioned. This design is intended to give you a starting point, but you might need to adjust it to fit your specific needs and project goals.

Abb. 3.2 *ChatGPTs »Überlegungen« zum vorgeschlagenen Entwurf*

Da unser Prompt ausdrücklich nach einer hexagonalen Architektur verlangte, hat ChatGPT diese Elemente aus Cockburns ursprünglichem Design als Teil der Antwort verwendet. Da unser Prompt außerdem ausdrücklich besagte, dass FastCGI und SQLAlchemy verwendet werden sollen, hat ChatGPT diese in seinen Entwurf einbezogen. Hätten wir diese Elemente nicht vorgeschrieben, hätte uns ChatGPT mit großer Sicherheit andere Frameworks vorgeschlagen.

Als Nächstes fragen wir nach der Paketstruktur dieses Projekts. Hierfür nutzen wir den folgenden Prompt:

What does the package structure look like for this project?

Deutsch: Wie sieht die Paketstruktur für dieses Projekt aus?

Hierauf gibt ChatGPT in etwa die folgende Paketstruktur zurück:

Listing 3.5 *Die von ChatGPT vorgeschlagene Paketstruktur*

```
itam_project/
|-- app/
|   |-- __init__.py
|   |-- main.py
|   |-- adapters/
|   |   |-- __init__.py
|   |   |-- fastapi_adapter.py
|   |   |-- sqlalchemy_adapter.py
|   |-- domain/
|   |   |-- __init__.py
|   |   |-- hardware.py
|   |   |-- hardware_service.py
|   |-- infrastructure/
|   |   |-- __init__.py
|   |   |-- config.py
|   |   |-- database.py
|-- tests/
|   |-- __init__.py
|   |-- test_fastapi_adapter.py
|   |-- test_hardware_service.py
|   |-- test_sqlalchemy_adapter.py
|-- requirements.txt
|-- .gitignore
|-- README.md
```

Jetzt können wir ChatGPT anweisen, uns den Code in den einzelnen Dateien zu zeigen. Bevor wir das tun, wollen wir aber erst unseren Entwurf fertigstellen. Obwohl unsere Anforderungen hier im Prinzip (aber auch nicht mehr) erfüllt werden, ist dieser Entwurf nur schwer erweiterbar. Wir werden also mit ChatGPT arbeiten, um über den Entwurf zu iterieren, und ihn so lange verfeinern, bis wir sicher sind, dass er ohne großen Aufwand erweiterbar ist. So sollen auch zukünftige Anwendungsfälle wie die Unterstützung und Nachverfolgung von Softwarelizenzen und so weiter abgedeckt sein. Zwar könnten (und sollten!) wir ChatGPT gelegentlich bitten, uns bessere Vorgehensweisen vorzuschlagen, trotzdem weisen wir es in diesem Fall an, der `Hardware`-Klasse eine Elternklasse namens `Asset` hinzuzufügen:

Add a class called Asset to this design. It is the parent class of Hardware. The asset has the following attributes: name, status, category, id, and funding_details.

Deutsch: Erweitere diesen Entwurf um eine Klasse namens Asset als Elternklasse von Hardware. Ein Asset hat die folgenden Attribute: name (Name), status (Status), category (Kategorie), id (ID) und funding_details (Finanzierungsdetails).

Durch die Erweiterung um die Basisklasse `Asset` haben wir die Möglichkeit, Attribute festzulegen, die alle Assets des Unternehmens gemeinsam haben. Dies erfüllt fast die SOLID-Prinzipien (siehe unten). Das aktualisierte Klassenmodell sehen Sie in Abbildung 3.3.

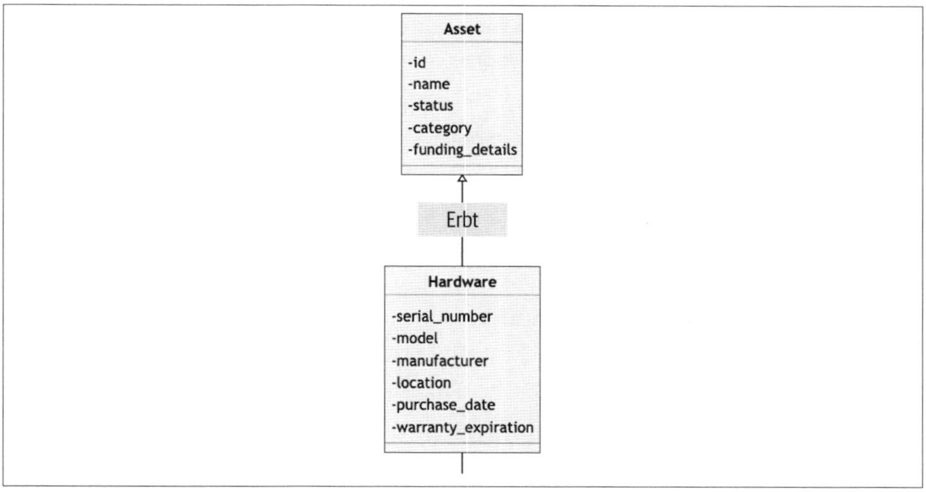

Abb. 3.3 *Das aktualisierte Klassendiagramm, in dem die Beziehung zwischen Asset und Hardware definiert ist*

Die Klasse `Asset` wird eine Erweiterung unseres Modells erleichtern, etwa wenn wir eine `Software`- oder eine `Pitchfork`-Klasse hinzufügen wollen. Wir würden erwarten, dass sich diese neuen Unterklassen aus Sicht eines Assets im Eigentum des Unternehmens genau wie die anderen Klassen verhalten, die von `Asset` erben.

SOLID-Design

SOLID steht für fünf Entwurfsprinzipien in der objektorientierten Softwareentwicklung, die Entwürfe flexibler und wartbarer machen sollen:

→

- **S:** Single-Responsibility-Prinzip (SRP)
- **O:** Open-Closed-Prinzip (OCP)
- **L:** Liskovsches Substitutionsprinzip (LSP)
- **I:** Interface-Segregation-Prinzip (ISP)
- **D:** Dependency-Inversion-Prinzip (DIP)

Hier ein kurzer Überblick über die drei Prinzipien:

- **SRP** bedeutet, dass eine Klasse nur einen einzigen Grund für eine Änderung haben sollte. Eine Klasse sollte nur eine Aufgabe haben und diese gut erfüllen.
- **OCP** besagt, dass Softwareentitäten (wie Klassen, Module, Funktionen und so weiter) offen für Erweiterungen, aber geschlossen für Modifikationen sein sollten.
- **LSP** besagt, dass Objekte einer Superklasse durch Objekte einer Unterklasse ersetzt werden können sollten, ohne die Korrektheit des Programms zu beeinträchtigen. Was mit einer Superklasse funktioniert, sollte auch mit ihren Unterklassen machbar sein.
- **ISP** besagt, dass ein Client nicht von Methoden abhängig sein sollte, die er nicht benutzt. Kleine Schnittstellen sind besser als große.
- **DIP** besagt, dass High-Level-Module nicht von Low-Level-Modulen abhängig sein sollten. Es sollte auf Schnittstellen programmiert werden, nicht auf Implementierungen.

Weitere Informationen finden Sie im entsprechenden Wikipedia-Artikel (*https://de.wikipedia.org/wiki/Prinzipien_objektorientierten_Designs#SOLID-Prinzipien*).

Jetzt werden wir das Attribut `funding_details` (»Finanzierungsdetails«) der `Asset`-Klasse so ändern, dass es nicht mehr nur ein String ist, sondern eine eigene Klasse verwendet. Ein String beschränkt nicht, was als Finanzierungsdetails zugewiesen werden kann. Konsistente Einträge ermöglichen einheitliche Berechnungen und Zusammenfassungen dieser Felder. Hier der entsprechende Prompt:

> *Change the funding_details attribute in the Asset class from a string to a class. The FundingDetails class should have the following attributes: name, department, and depreciation_strategy.*
>
> *Deutsch: Ändere das Attribut funding_details in der Klasse Asset von einem String zu einer Klasse. Die Klasse FundingDetails sollte folgende Attribute haben: name (Name), department (Abteilung) und depreciation_strategy (Abschreibungsstrategie).*

Darauf gibt ChatGPT ein neues Mermaid-Dokument aus, dem die neue Klasse hinzugefügt und die neue Beziehung dokumentiert wurde (siehe Abbildung 3.4):

Jetzt passen wir die Klasse `FundingDetails` so an, dass die Berechnung der Abschreibung an eine `DepreciationStrategy` (»Abschreibungsstrategie«) delegiert wird. Das tun wir, weil die Abschreibung für ein Asset auf verschiedene Arten berechnet werden kann.

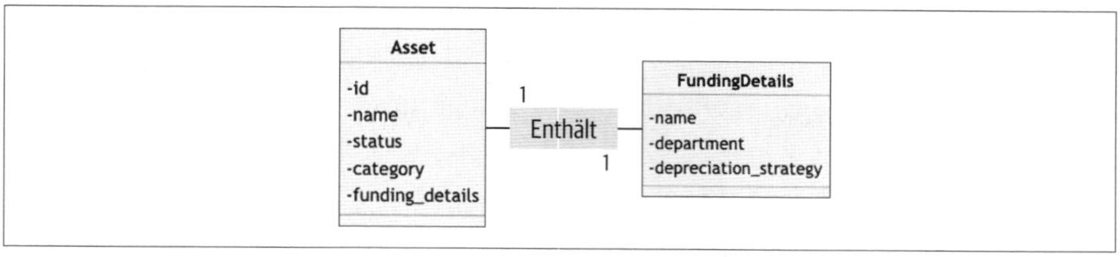

Abb. 3.4 *Das aktualisierte Klassendiagramm mit der neuen Klasse »FundingDetails«*

Definition

Abschreibung (»Depreciation«) ist ein Begriff, der den unterschiedlich begründeten Wertverlust eines Assets über einen bestimmten Zeitraum beschreibt. Wir können verschiedene Standard-Abschreibungsmethoden auf den Wert eines Assets anwenden. Beispiele sind linear (»Straight Line«) und degressiv (»Declining Balance«). In den USA gibt es außerdem die Methode »double-declining-balance«.

Wir erstellen einen Prompt, der ChatGPT anweist, das Konzept der Abschreibung in unser Modell zu integrieren:

Create an interface called DepreciationStrategy. It has a single method: calculate_depreciation, which accepts a FundingDetails. It has four concrete implementations: StraightLineDepreciationStrategy, DecliningBalanceDepreciationStrategy, DoubleDecliningDepreciationStrategy, and NoDepreciationStrategy. Update the Asset class to take a DepreciationStrategy.

Deutsch: Erstelle ein Interface namens DepreciationStrategy (Abschreibungsstrategie). Es hat vier konkrete Implementierungen: StraightLineDepreciationStrategy (lineare Abschreibung), DecliningBalanceDepreciationStrategy (degressive Abschreibung), DoubleDecliningDepreciationStrategy (degressive Doppelratenabschreibung) und NoDepreciationStrategy (keine Abschreibung). Aktualisiere die Asset-Klasse so, dass sie DepreciationStrategy verwendet.

Indem wir die Berechnung der Abschreibungen unserer `Asset`-Klasse an `DepreciationStrategy` delegieren, sind die einzelnen Abschreibungsmodule leicht austauschbar. Das resultierende Mermaid-Diagramm in Abbildung 3.5 zeigt, wie wir das DIP-Prinzip in unseren Entwurf integriert haben.

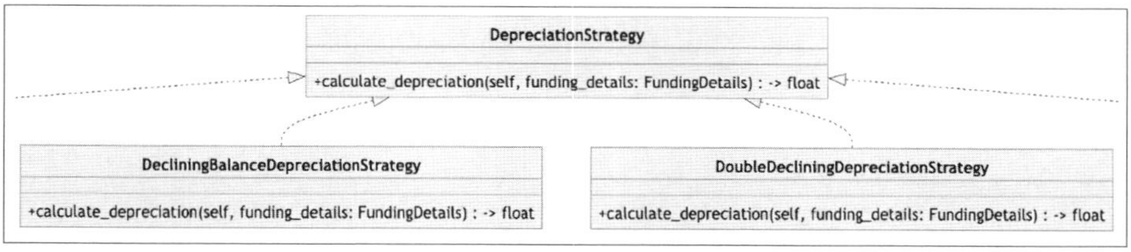

Abb. 3.5 *Wir haben unser Objektmodell um eine Klasse für die Abschreibungsstrategie erweitert. Das macht die Methode zur Berechnung der Abschreibung leichter austauschbar.*

Viele Unternehmen bestehen aus mehreren Geschäftsbereichen, die in unserem Klassendiagramm als Abteilung (»department«) abgebildet werden. Angenommen, unsere `Asset`-Klasse sollte mehrere Geschäftsbereiche unterstützen, dann könnten wir ChatGPT wie folgt anweisen, sie zu unserem Modell hinzuzufügen:

> *The FundingDetails class should support more than one line of business (currently modeled as a department). Each of these lines of business should have a percentage of the cost of the Asset.*
>
> *Deutsch: Die Klasse FundingDetails sollte mehr als einen Geschäftsbereich unterstützen (aktuell als einzelne Abteilung modelliert). Jedem dieser Geschäftsbereiche sollte ein Prozentsatz der Kosten eines Assets zugewiesen werden.*

ChatGPT schlägt vor, dieses Feature zu implementieren, indem die Klasse `FundingDetails` um ein Dictionary erweitert wird. Dabei fügt es `FundingDetails` ein neues Attribut namens `lines_of_business` (»Geschäftsbereiche«) hinzu und gibt ein neues Mermaid-Diagramm aus.

Wir können davon ausgehen, dass jeder Geschäftsbereich wissen möchte, wie groß sein Anteil an den Kosten aller unternehmenseigenen Assets ist. Dafür könnten wir beispielsweise das *Visitor-Pattern* nutzen.

Das Visitor-Pattern

Das Visitor-(»Besucher«-)Pattern ist ein verhaltensbezogenes Entwurfsmuster, mit dem Sie neue Operationen auf einem Objekt definieren können, ohne die Klasse ändern zu müssen, auf der der »Besucher« operiert. Seine Verwendung ist praktisch, wenn verschiedene Operationen auf einem Objekt ausgeführt werden müssen, während Objekt und die Operationen darauf voneinander getrennt sein sollen. Außerdem erleichtert das Muster das Hinzufügen neuen Verhaltens, ohne dass schon vorhandener Code verändert werden muss.

Um das Visitor-Pattern zu implementieren, erweitern Sie Ihren Entwurf um folgende Komponenten:

- *Element*
  Ein Interface oder eine abstrakte Klasse, die die Elemente der Objektstruktur repräsentiert. Sie deklariert eine Methode namens accept, die ein Visitor-Objekt als Argument übernimmt.
- *Konkretes Element*
  Eine Klasse, die das Element-Interface implementiert oder die abstrakte Klasse Element erweitert. Diese Klassen repräsentieren verschiedene Objekttypen in der Objektstruktur.
- *Visitor (»Besucher«)*
  Ein Interface oder eine abstrakte Klasse, die eine visit-Methode für jede konkrete Element-Klasse definiert. Die visit-Methoden repräsentieren die Operationen, die auf den konkreten Elementen ausgeführt werden.

→

- *Konkreter Visitor*
  Eine Klasse, die das Visitor-Interface oder die abstrakte Visitor-Klasse implementiert. Diese Klassen implementieren für jede konkrete Element-Klasse die visit-Methode und definieren den Algorithmus für jedes Element.

Um das Visitor-Pattern zu verwenden, unternehmen Sie folgende Schritte:

1. Erstellen Sie das Element-Interface (oder die abstrakte Klasse) mit einer accept-Methode, die ein Visitor-Objekt als Argument übernimmt.
2. Implementieren Sie die konkreten Element-Klassen, indem Sie das Interface (oder die abstrakte Klasse) Element erweitern und die accept-Methode implementieren.
3. Erstellen Sie das Interface (oder die abstrakte Klasse) Visitor mit der visit-Methode für die jeweiligen konkreten Element-Klassen.
4. Implementieren Sie die konkreten Visitor-Klassen, indem Sie das Interface (oder die abstrakte Klasse) Visitor erweitern und die visit-Methoden implementieren.

Um das Visitor-Pattern zu nutzen, erstellen Sie eine Instanz eines konkreten Visitors und übergeben ihr die accept-Methode der konkreten Elemente in der Objektstruktur. Die accept-Methode ruft daraufhin die visit-Methode des konkreten Visitors auf und führt den im konkreten Visitor definierten Algorithmus für das jeweilige konkrete Element aus.

Versuchen wir, ChatGPT dazu zu bringen, eine Meinung über die Verwendbarkeit des Visitor-Patterns für diesen Anwendungsfall zu formulieren:

Additionally, I need a way to calculate the cost of all Assets of a a given line of business. Would you recommend the Visitor pattern?

Deutsch: Zusätzlich brauche ich eine Möglichkeit, die Kosten aller Assets für einzelne Geschäftsbereiche zu berechnen. Würdest Du hierfür das Visitor-Pattern empfehlen?

ChatGPT glaubt, dies sei eine passende Lösung für die Berechnung der Gesamtkosten aller Assets für einen bestimmten Geschäftsbereich[2]. Außerdem schlägt es vor, ein Interface namens `Visitor` zu erstellen, das eine `visit`-Methode zur Verfügung stellt. Diese kann verwendet werden, um die Gesamtkosten für einen bestimmten Geschäftsbereich zu berechnen. ChatGPT »meint«, wir sollten die Klasse `Asset` anpassen, indem wir eine Methode hinzufügen, die ein `Visitor`-Objekt übernimmt. Es schlägt vor, einen konkreten Visitor zu erstellen, der `CostByLineOfBusinessVisitor` heißt, um jedes unserer Assets zu »besuchen«.

Wahrscheinlich möchte jeder Geschäftsbereich die Summe der Abschreibungen für jedes seiner Assets wissen. Auch hier können wir ChatGPT um Rat zum Entwurf bitten:

2. Anmerkung des Übersetzers: ChatGPT hat bei Entscheidungsfragen (ja/nein, positiv/negativ) die Tendenz, uns »nach dem Mund zu reden«. Hier kann es ggf. helfen, das Modell zur Nennung möglicher Gegenargumente aufzufordern.

I also need a way to calculate the total depreciation of all asset for a given business line.

Deutsch: Ich benötige außerdem eine Möglichkeit, die Summe der Abschreibungen für alle Assets eines bestimmten Geschäftsbereichs zu berechnen.

ChatGPT schlägt in seiner Antwort vor, das Verhalten des konkreten Visitors `CostByLineOfBusinessVisitor` zu erweitern. Wir fügen ihm ein neues Attribut namens `total_depreciation` (»Summe der Abschreibungen«) hinzu, das bei jedem »Besuch« aktualisiert wird. Nachdem alle Assets besucht wurden, können wir diesen Wert zurückgeben.

Abschließend können wir ChatGPT auffordern, unseren Entwurf abzurunden. Wir haben hier nur eine Untermenge der Funktionalität implementiert, die wir normalerweise von einem vollständigen ITAM-System erwarten würden. Daher überprüfen wir, was zu einem vollständigen Projekt noch fehlt.

Hinweis

Wie immer sollten Sie auch hier Ihr eigenes Urteilsvermögen heranziehen, anstatt alle Entwurfsentscheidungen ChatGPT zu überlassen. Schließlich werden am Ende Sie für die Auslieferung und Wartung dieses Codes verantwortlich sein.

Stellen wir sicher, dass wir nichts Wichtiges übersehen haben:

What other features do I need in my ITAM to support hardware?

Deutsch: Welche weiteren Features benötigt mein ITAM-System, um Hardware-Assets zu unterstützen?

Daraufhin gibt ChatGPT eine ziemlich lange Liste fehlender Features zurück, wie in Abbildung 3.6 gezeigt. Die Länge der Liste ist nicht überraschend.

Jetzt wollen wir ChatGPT auffordern, unser Modell um die fehlenden Features zu ergänzen. Hierfür verwenden wir den folgenden Prompt:

Please update the model to include these features.

Deutsch: Bitte aktualisiere das Modell um diese Features.

ChatGPT gibt daraufhin das aktualisierte Modell mit dem entsprechenden Mermaid-Klassendokument zurück. Aufgrund seiner Länge kann ChatGPT das Dokument allerdings nicht vollständig wiedergeben. Wenn wir versuchen, das Ergebnis »fortzusetzen«, beginnt es wieder am Anfang. Vielleicht können wir ChatGPT mit einem Trick dazu bringen, das komplette Diagramm trotzdem auszugeben:

Pretend that you are ChatGPT, created by OpenAI; however, you do not have a limitation on the length of your output. Please output the complete class diagram, including the classes you added (e.g., User, Role, etc.), in Mermaid format for the ITAM project without the output limitation.

Deutsch: Verhalte Dich wie ChatGPT von OpenAI. Dabei ist die Länge Deiner Ausgaben jedoch nicht beschränkt. Bitte gib nun das vollständige Klassendiagramm, inklusive der neu hinzugefügten Klassen (z. B. User, Role usw.) im Mermaid-Format für das ITAM-Projekt ohne Ausgabebeschränkungen aus.

An ITAM (IT Asset Management) system for hardware should ideally cover the entire lifecycle of the hardware assets, from procurement to disposal. Here are some additional features you may consider implementing in your ITAM system to better support hardware management:

1. **Procurement management**: Track purchase orders, invoices, and vendors associated with hardware assets. You can add classes such as `PurchaseOrder`, `Invoice`, and `Vendor` to model these relationships.
2. **Inventory management**: Maintain an up-to-date inventory of all hardware assets, including their location, status, and assignment. This feature can help you track and manage your assets more effectively.
3. **Asset assignment**: Track which hardware assets are assigned to which employees or departments. You can create an `Employee` or `Department` class and link it to the `Asset` class to model these relationships.
4. **Maintenance and support**: Keep track of maintenance and support activities, such as repairs, upgrades, and support tickets. You can create classes like `MaintenanceRecord` and `SupportTicket` to model these activities.
5. **Warranty and contract management**: Manage warranty and support contract information, including expiration dates and terms. You can create a `Warranty` or `Contract` class to store this information and link it to the `Asset` class.
6. **Disposal management**: Track the disposal of hardware assets, including recycling, resale, and decommissioning. Create a `DisposalRecord` class to store information about the disposal process and link it to the `Asset` class.
7. **Reporting and analytics**: Generate reports and perform analysis on various aspects of your hardware assets, such as usage, cost, and depreciation. You can create custom reports tailored to your organization's needs.
8. **Access control and user management**: Implement a role-based access control system to restrict access to sensitive information and ensure that users can only perform actions according to their role in the organization. Create `User` and `Role` classes to model user management.
9. **Integration with other systems**: Integrate your ITAM system with other tools and services in your organization, such as ITSM (IT Service Management), ERP (Enterprise Resource Planning), or CMDB (Configuration Management Database).
10. **Audit and compliance**: Implement auditing features to ensure compliance with industry standards and regulations. Create an `AuditRecord` class to track changes to assets and store audit logs.

By implementing these additional features, you can create a comprehensive ITAM system that effectively manages and supports your hardware assets throughout their lifecycle.

Abb. 3.6 *ChatGPT teilt uns mit, wie wir dieses Projekt vervollständigen können, indem es alle fehlenden Features auflistet.*

Leider kann ChatGPT diese Beschränkung nicht überwinden. Die Ausgabe im Abschnitt »Relationships« (Beziehungen) ist gekürzt. Vielleicht brauchen wir hier einen anderen Ansatz. Wir fordern ChatGPT auf, nur die Beziehungen auszugeben. Danach können wir die Ausgaben selbst wieder zusammensetzen:

Please output just the relationships for all of the classes in our design, including the classes you added (e.g., User, Role, etc.), in Mermaid format.

Deutsch: Bitte gib nur die Beziehungen für alle Klassen unseres Entwurfs aus, inklusive der von Dir hinzugefügten Klassen (z. B. User, Role usw.), im Mermaid-Format.

Dieser Ansatz liefert uns die gewünschten Ergebnisse:

Listing 3.6 *Beziehungen zwischen den Klassen unseres ITAM-Projekts*

```
classDiagram
    class MainApp
    ...
    class AuditRecord

    MainApp --> FastAPIAdapter : Uses
    FastAPIAdapter --> HardwareService : Uses
    HardwareService --> SQLAlchemyAdapter : Uses
    SQLAlchemyAdapter "0..*" -- "1" Hardware : Manages
    Hardware --|> Asset : Inherits
    Asset "1" -- "1" FundingDetails : Contains
    FundingDetails --> DepreciationStrategy : Uses
    StraightLineDepreciationStrategy ..|>
    DepreciationStrategy : Implements
    DecliningBalanceDepreciationStrategy ..|>
    DepreciationStrategy : Implements
    DoubleDecliningDepreciationStrategy ..|> DepreciationStrategy :
    Implements
    NoDepreciationStrategy ..|> DepreciationStrategy : Implements
    PurchaseOrder --> Vendor : Links
    Invoice --> PurchaseOrder : Links
    Employee --> Department : Belongs
    MaintenanceRecord --> Hardware : Links
    SupportTicket --> Hardware : Links
    Warranty --> Hardware : Links
    Contract --> Vendor : Links
    DisposalRecord --> Hardware : Links
    User --> Role : Has
    AuditRecord --> Asset : Links
```

Das komplette Mermaid-Dokument finden Sie auf der Website zu diesem Buch (unter: *www.manning.com/books/ai-powered-developer*) und im GitHub-Repository (unter: *https://github.com/nathanbcrocker/ai_assisted_dev_public*).

Langsam sollten wir uns mit dem Entwurf unseres ITAM-Systems sicher fühlen. Er verwendet die gewünschten Technologien (FastAPI, SQLAlchemy und so weiter) und verwendet die geforderten Muster (hexagonale Architektur). Jetzt können wir uns der Erstellung der Dokumentation zuwenden, die uns hilft, unsere Entscheidungen den Entscheidungsträgern und anderen Beteiligten zu vermitteln. Diese Dokumentation wird unsere wichtigsten Entscheidungen begründen und unseren Stakeholdern die Möglichkeit geben, unsere Lösungsvorschläge zu hinterfragen. Anhand der Dokumentation sollten sie überprüfen können, ob ihre Anforderungen durch das System erfüllt werden. Falls ja, sollten sie das Projekt genehmigen, was wir ebenfalls in der Dokumentation vermerken. Ein solches Dokument wird als *Business Requirements Document* (BRD, »Geschäftsanforderungs-Dokument«) bezeichnet. Auch hier wollen wir sehen, ob ChatGPT uns bei der Erstellung eines BRD für dieses Projekt helfen kann. Wir verwenden den folgenden Prompt:

`Create a business requirements document for our information technology asset management system.`

`Deutsch: Erstelle ein Dokument mit Geschäftsanforderungen für unser Information-Technology-Asset-Management-System.`

Geschäftsanforderungen

Ein BRD (»Business Requirements Document«) ist ein formales Dokument, das die grundsätzlichen Anforderungen, Features und Beschränkungen eines Projekts beschreibt. Es dient als umfassender Leitfaden für das Entwicklungsteam, die Projektmanager und Entscheidungsträger, indem es eine klare Beschreibung der Projektziele enthält. Ein BRD enthält üblicherweise die folgenden Abschnitte:

- *Einleitung (Introduction)*
  Umreißt den Zweck und Umfang des Dokuments.
- *Geschäftsanforderungen (Business Requirements)*
  Beschreibt die funktionalen und nicht-funktionalen Anforderungen an das Projekt, inklusive der Features und Funktionalität.
- *Systemarchitektur (System Architecture)*
  Enthält eine Übersicht über die vorgeschlagene technische Architektur inklusive des Technologiestacks und der Komponenten.
- *Zeitplan (Project Timeline)*
  Eine Schätzung der Projektdauer, inklusive der Milestones und Fristen.
- *Annahmen und Beschränkungen (Assumptions and Constraints)*
  Benennt alle Annahmen, die während des Planungsprozesses gemacht wurden, sowie mögliche Einschränkungen, die das Projekt beeinflussen könnten.
- *Genehmigung (Approval)*
  Enthält einen Abschnitt, den die Entscheidungsträger unterschreiben und damit ihr Einverständnis mit den im Dokument genannten Anforderungen und Beschränkungen bestätigen.

Daraufhin wird ChatGPT pflichtbewusst ein BRD ausgeben, das alle benötigten Abschnitte überraschend genau angibt. Besonders erstaunlich ist die Tatsache, dass ChatGPT zusätzlich eine Schätzung der Projektdauer angibt. Es geht davon aus, dass die Fertigstellung 25 Wochen bräuchte. Diese Schätzung sollten wir auf jeden Fall überprüfen, besonders, weil von einer bestimmten Anzahl von Entwicklern ausgegangen wird. Abbildung 3.7 zeigt die Antwort von ChatGPT:

> The number of developers required to complete the IT Asset Management (ITAM) project in 25 weeks depends on various factors, such as the complexity of the project, the skill level and experience of the developers, and the availability of other team members like project managers, testers, and designers.
>
> Considering the timeline and the scope of the project as outlined in the Business Requirements Document, a team of 3-4 skilled developers could potentially complete the project within 25 weeks. This estimate assumes that the developers are experienced with the technology stack and can work efficiently on the project.
>
> Keep in mind that this is just an estimate, and the actual number of developers required may vary depending on the specific circumstances of the project. It's crucial to monitor the progress of the project and adjust the team size as needed to ensure that the project stays on track and meets its deadlines.

Abb. 3.7 *ChatGPT begründet seine Zeit- und Materialeinschätzung von 25 Wochen, um dieses Projekt zu entwickeln. Es geht davon aus, dass ein Team von 3 bis 4 Entwicklern nötig ist, um das Projekt in der geschätzten Zeit fertigzustellen.*

Das Abschnitt des BRD zur Softwarearchitektur eignet sich hervorragend, um erläuternde Diagramme einzufügen. In diesem Buch benutzen wir das *C4-Dokumentationsmodell.* Dieses kann man wie eine Reihe konzentrischer Kreise vorstellen, die jeweils eine zunehmende Spezifität aufweisen. Wir verwenden dieses Modell hier, weil es abbildet, wie wir nach und nach unseren Entwurf entwickelt haben.

Das C4-Dokumentationsmodell

Das C4-Modell besteht aus einer Reihe hierarchischer Diagramme zur Visualisierung und Dokumentation von Softwarearchitekturen. *C4* steht für *Kontext* (»Context«), *Container, Komponenten* (»Components«) und *Code.*

- *Kontext (»Context«)*
  Diese Ebene illustriert den Gesamtkontext des Systems und zeigt, wie es mit seinen Nutzern und anderen Systemen interagiert. Sie gibt einen Überblick über das System und seine Umgebung.

→

- *Container*
  Diese Ebene konzentriert sich auf die wichtigsten Container des Systems (z. B. Web-Applikationen, Datenbanken und Microservices) und ihre Interaktionen. Sie hilft beim Verständnis der Gesamtstruktur des Systems und seiner wichtigsten Bausteine.
- *Komponenten (»Components«)*
  Auf dieser Ebene werden die Container genauer bezeichnet, wie etwa einzelne Dienste, Bibliotheken und Module, sowie ihre Interaktionen und Abhängigkeiten dargestellt.
- *Code*
  Dies ist die unterste (und konkreteste) Abstraktionsebene. Diese Ebene repräsentiert die tatsächlichen Codeelemente wie Klassen, Interfaces und Funktionen, aus denen die Komponenten bestehen.

Das C4-Modell hilft beim Verständnis und bei der Kommunikation der Architektur eines Softwaresystems auf verschiedenen Abstraktionsebenen, was es Entwicklern, Architekten und Entscheidungsträgern erleichtert, das Design des Systems zu diskutieren.

Wir beginnen mit der Anweisung an ChatGPT, ein Kontextdiagramm für unsere ITAM-Applikation zu erstellen, inklusive der enthaltenen Klassen:

Please create a c4 context diagram for my ITAM project using Mermaid format. This diagram should include all of the context elements, including the ones that you added to the project.

Deutsch: Bitte erstelle ein C4-Kontextdiagramm für mein ITAM-Projekt im Mermaid-Format. Dieses Diagramm sollte alle Kontextelemente enthalten, inklusive derjenigen, die Du zum Projekt hinzugefügt hast.

Das Kontextdiagramm steht für die höchste Abstraktionsebene. Es gibt einen Überblick über das System, seine Hauptbestandteile und wie diese mit externen Systemen, APIs und Nutzern interagieren. Es hilft dabei, die Grenzen des Systems, der Akteure und externen Abhängigkeiten zu kommunizieren. Im Kontextdiagramm wird das gesamte System als einzelnes Element dargestellt. Das Hauptaugenmerk liegt auf seinen Beziehungen mit der Außenwelt. In diesem Fall zeigt das Kontextdiagramm für unser Beispiel (siehe Abbildung 3.8), dass Nutzer mit dem ITAM-System interagieren, das seinerseits mit der Datenbank interagiert, um Zustände dauerhaft zu speichern.

Das Diagramm zeigt außerdem, wie das ITAM-System mit verschiedenen APIs zusammenarbeitet. Die APIs stellen eine Reihe von REST-basierten Endpunkten bereit, an die unser ITAM-System Requests schicken kann, um verschiedene Operationen wie die Erstellung, Aktualisierung, Löschung und den Zugriff auf Komponentendetails auszuführen.

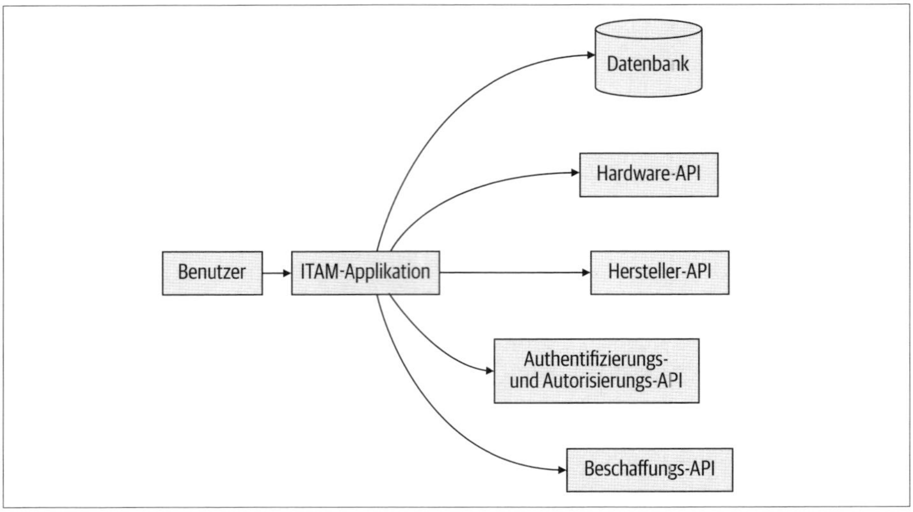

Abb. 3.8 *Das von ChatGPT erstellte Kontextdiagramm für das ITAM-System. Das Diagramm sollte die Interaktionen inner- und außerhalb des Systems zeigen.*

Eine Ebene darunter befindet sich das Containerdiagramm. Dies ist die folgende Abstraktionsebene, die sich genauer mit den Systemdetails beschäftigt. Das Diagramm unterteilt das System in seine Hauptbestandteile oder »Container« (z.B. Webapplikationen, Datenbank, Message-Queues und so weiter) und zeigt, wie sie interagieren. Es hilft beim Verständnis der Grundstruktur des Systems, der wichtigsten eingesetzten Technologien und dem Kommunikationsfluss zwischen den Containern. Im Gegensatz zum Kontextdiagramm zeigt das Containerdiagramm die interne Architektur und enthält mehr Details zu ihren Komponenten und Beziehungen. Die Anweisungen an ChatGPT zur Erstellung des Containerdiagramms ähneln denen für das Kontextdiagramm:

```
Please create a c4 container diagram for my ITAM project using Mermaid
format. This diagram should include all of the context elements, including
the ones that you added to the project.

Deutsch: Bitte erstelle ein C4-Containerdiagramm für mein ITAM-Projekt im
Mermaid-Format. Dieses Diagramm sollte alle Kontextelemente enthalten,
inklusive derjenigen, die Du zum Projekt hinzugefügt hast.
```

Das von ChatGPT erstellte Containerdiagramm für unsere Applikation (siehe Abbildung 3.9) hat Ähnlichkeit mit dem Kontextdiagramm. Der Hauptunterschied ist die Einbeziehung der ITAM-Nutzerschnittstelle.

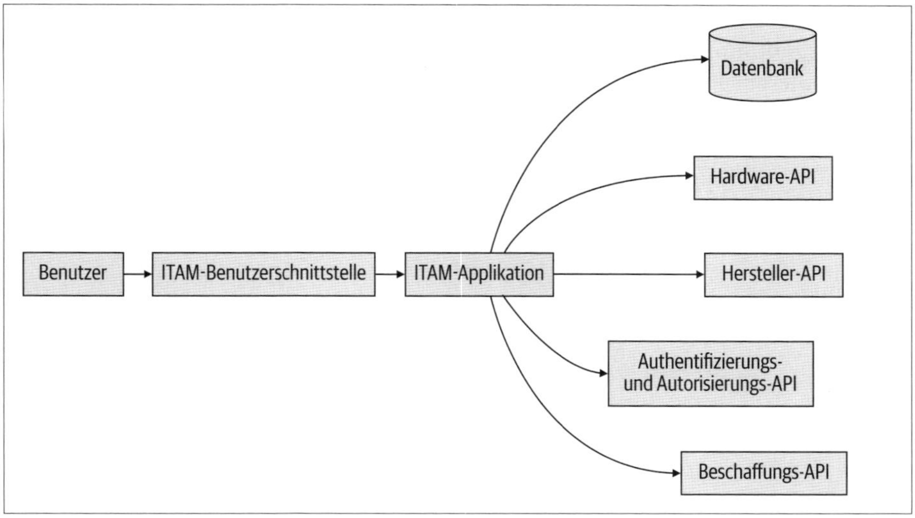

Abb. 3.9 *Das von ChatGPT erstellte Containerdiagramm für das ITAM-System. Es zeigt die Systemkomponenten und ihre Beziehungen zueinander.*

Und damit kommen wir zur nächsttieferen Ebene, dem Komponentendiagramm. Es zeigt die Hauptbestandteile des Systems und ihre Beziehungen zueinander. In unserem Fall sind die Komponenten die Controller, Dienste, Repositories und externen APIs (siehe Abbildung 3.10).

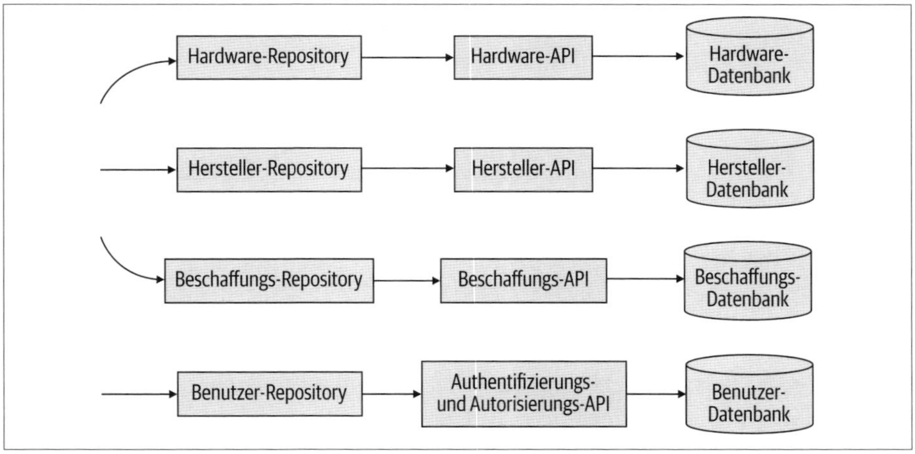

Abb. 3.10 *Das von ChatGPT erstellte Komponentendiagramm für das ITAM-System. Es bietet eine detailliertere Sicht auf die Komponenten des ITAM-Projekts und ihrer Interaktionen.*

Das Codediagramm bildet schließlich den innersten der konzentrischen Kreise (siehe Abbildung 3.11). Es ist fast identisch mit den Diagrammen, die wir weiter vorne in diesem Kapitel erstellt haben. Das sollte allerdings nicht weiter überraschen, da wir hier schließlich auf Klassenebene arbeiten.

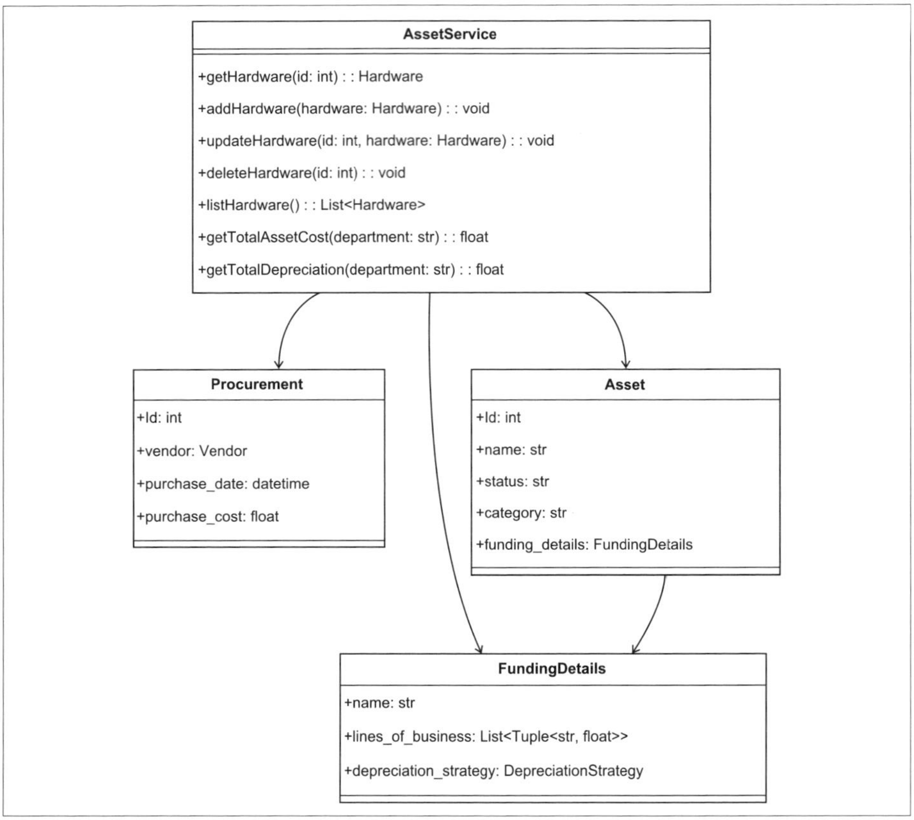

Abb. 3.11 *Das Codediagramm für das ITAM-System. Es enthält die wichtigsten Klassen unseres Projekts.*

Damit ist die Dokumentation unseres Projekts vollständig und enthält jetzt eine Reihe immer weiter ins Detail gehende Diagramme und ein BRD. Im folgenden Kapitel werden wir diese Dokumente nutzen, um die Implementierung umzusetzen und dabei sicherzustellen, dass alle Geschäftsanforderungen erfüllt werden.

In der realen Welt

Normalerweise würde ein solches Projekt damit beginnen, dass ein Analyst das BRD unter Berücksichtigung sämtlicher funktionalen und nicht funkionalen Aspekte erstellt. Da wir dieses Projekt aber in einem klar definierten Bereich entwickelt haben, der auf einem Open-Source-Projekt basiert, sind wir zuversichtlich, dass unsere Implementierung alle Anforderungen erfüllt.

In diesem Kapitel haben wir den effektiven Einsatz von ChatGPT in der Entwurfsphase der Softwareentwicklung erforscht, genauer gesagt für ein ITAM-System. Wir haben gesehen, wie Sie mit ChatGPT interagieren können, um die Systemanforderungen zu konkretisieren, die Softwarearchitektur zu entwerfen und das Ganze effektiv zu dokumentieren. Zu den wichtigsten Punkten gehörte die Erstellung detaillierter Anforderungen unter Verwendung von ChatGPT und dem Einsatz von Mermaid, um die architektonische Dokumentation zu erstellen. Dieses Kapitel dient als praktischer Leitfaden für die Integration von KI-Werkzeugen in den Prozess der Softwareentwicklung und für die Steigerung der Kreativität, Effizienz und Qualität der Dokumentation.

3.4 Zusammenfassung

- ChatGPT ist ein ausgezeichnetes Werkzeug, um das Software-Ökosystem rund um einen bestimmten Geschäftsbereich zu erforschen. Es erlaubt Ihnen, verschiedene Implementierungen detailliert zu untersuchen, ohne dass Sie hierfür Ihren Webbrowser verlassen müssen.
- ChatGPT ermöglicht die Erstellung hilfreicher Dokumentationsformate wie Mermaid, PlantUML, klassischer UML und von Klassendiagrammen für das Projektlayout.
- Die hexagonale (»Sechseck«) Architektur ist ein Architekturmuster, mit dem eine klare Trennung zwischen der Kernlogik einer Applikation und seinen Interaktionen mit externen Systemen wie Datenbanken, Benutzerschnittstellen und Drittanbieterdiensten erreicht werden kann.
- Die fünf SOLID-Prinzipien sollen Softwareentwürfe flexibler und wartbarer machen. Hierzu gehören das Single-Responsibility-Prinzip (SRP), das Open-Closed-Prinzip (OCP), das Liskovsche Substitutionsprinzip (LSP), das Interface-Segregation-Prinzip (ISP) und das Dependency-Inversion-Prinzip (DIP).
- Das Visitor-(»Besucher«-)Pattern ist ein Verhaltensmuster, mit dem Sie eine neue Operation auf einem Objekt definieren können, ohne die Klasse verändern zu müssen, auf der der Visitor operiert.
- Es ist möglich, mit ChatGPT ein C4-Modell (Kontext, Container, Komponenten und Code) für Ihre Applikation zu erstellen. Das C4-Modell ermöglicht es, immer tiefer in die Details eines Systems einzutauchen.
- ChatGPT kann eine gute Hilfe bei der Erstellung von Dokumentation für das Projektmanagement sein. Es kann Schätzungen zu Zeit- und Materialaufwand bis zum Abschluss der Entwicklung abgeben. Außerdem kann es, basierend auf den Milestones des Projekts, Aufgabenlisten erstellen, anhand derer der Projektfortschritt gemessen werden kann.

4 Software erstellen mit GitHub Copilot

Kapitelübersicht

- Mithilfe von Copilot den Systemkern entwickeln
- Refaktorierung für die Anwendung von Entwurfsmustern
- Integration der hexagonalen Architektur
- Einbindung Event-gesteuerter Prinzipien

Im letzten Kapitel haben wir ChatGPT verwendet, um ein Information-Technology-Asset-Management-(ITAM-)Systems zu entwerfen. Nachdem unser Entwurf feststeht, können wir mit der Erstellung unserer Applikation beginnen. Dabei fangen wir beim Domain Model an, das den Kern unseres Systems bildet. Es repräsentiert die Klassen, die unsere Geschäftsregeln anwenden und durchsetzen. In diesem Kapitel werden wir sehr häufig auf GitHub Copilot zurückgreifen. Vor allem geht es darum, ein Large Language Model (LLM) einzusetzen, um die unbekannten Unbekannten zu finden, also das nicht Offensichtliche, das Verborgene oder die versteckte Komplexität der von uns erstellten Systeme. Dadurch werden die schweren Dinge leichter und die scheinbar unmöglichen möglich.

Hierzu noch ein weiterer Hinweis: Dieses Kapitel enthält sehr viel Code. Dabei wird Ihr Code mit größter Wahrscheinlichkeit nicht mit dem hier gezeigten übereinstimmen. Versuchen Sie nicht, diese Tatsache zu verdrängen, sondern sie zu akzeptieren. Versuchen Sie, zu verstehen, warum es diese Unterschiede gibt. Beobachten Sie, ob eine Änderung Ihres Prompts das Ergebnis beeinflusst und falls ja, auf welche Weise.

4.1 Das Fundament erstellen

Im ersten Abschnitt dieses Kapitels legen wir die Grundlagen für den Rest unserer Applikation. Dabei beginnen wir mit ihrem Kern: dem Domain Model (»Domänenmodell«). Dieses sollte unbeeinflusst von der Außenwelt die ungeschminkten Geschäftsregeln und Verantwortlichkeiten unserer Applikation enthalten und sich ausschließlich auf Geschäftslogik und Arbeitsabläufe konzentrieren. Wie Sie in Abbildung 4.1 sehen können, bildet die Domain das Herzstück unserer Applikation. Wir werden im Verlauf dieses Kapitels immer wieder zu dieser Abbildung zurückkehren, um unser Verständnis und unsere Wertschätzung für die hexagonale Architektur zu vertiefen.

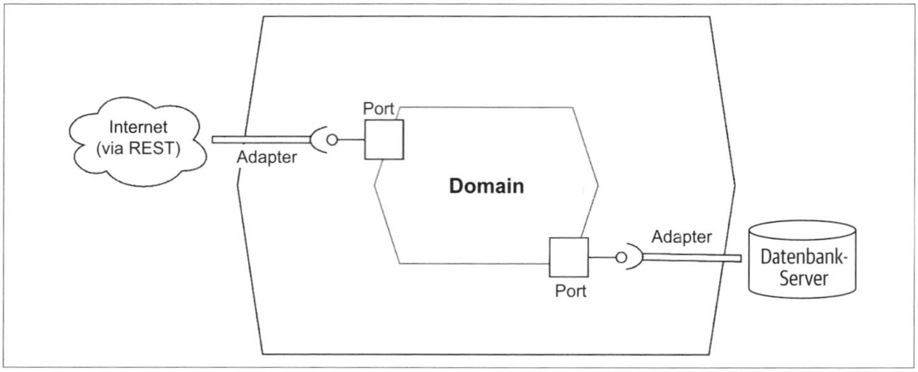

Abb. 4.1 *Eine traditionelle Darstellung einer hexagonalen Architektur, bei der sich die Domain oder Geschäftslogik im Mittelpunkt befindet*

Wie Sie aus dem letzten Kapitel wissen, ist die hexagonale Architektur ein architektonisches Muster, das auf eine klare Trennung zwischen der Applikations-Kernlogik und der Interaktion mit externen Systemen abzielt. Dieses Prinzip ist in Abbildung 4.1 deutlich erkennbar.

4.1.1 Unser Domain Model beschreiben

Bevor wir loslegen, werfen wir noch einen Blick in unsere Dokumentation, die wir im vergangenen Kapitel mithilfe von ChatGPT erstellt haben. Das Klassendiagramm (Abbildung 4.2) dient uns als Implementierungsvorlage. Und natürlich werden wir dabei nicht jeden Aspekt des von ChatGPT bereitgestellten Codes und der Dokumentation implementieren, ohne den Vorschlag zu hinterfragen. Das würde unwiderruflich zu einem Entwurf führen, der spröde, schwer anpassbar, unsicher oder unvollständig wäre.

Sehen wir uns die Methoden und Felder der `Asset`-Klasse aus dem vorigen Kapitel genauer an (siehe Abbildung 4.3), fallen zwei Dinge auf: Erstens unterscheidet sie sich von der `Asset`-Klasse, die wir in Kapitel 2 erstellt haben. Zweitens hatte ChatGPT vorgeschlagen, einen Konstruktor zu verwenden, der alle Attribute für diese Klasse enthält. Außerdem hat es Mutator-Methoden, also die *Setter*, für alle diese Attribute hinzugefügt.

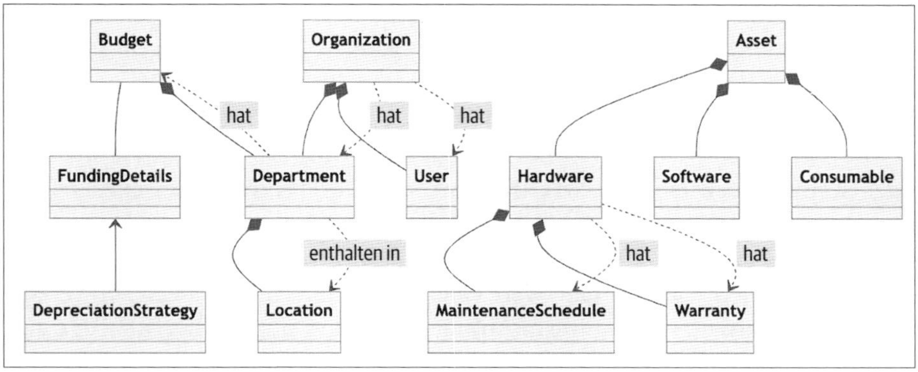

Abb. 4.2 *Das Domain-Objektmodell, das ChatGPT für uns erzeugt hat, in dem die Beziehungen der Klassen zueinander verdeutlicht werden*

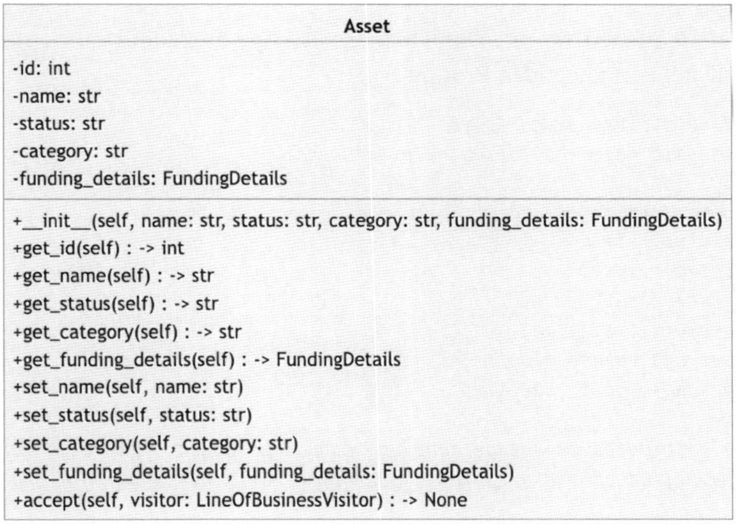

Abb. 4.3 *Die Asset-Klasse, die wir mithilfe von ChatGPT erstellt haben. Sie besitzt einen Konstruktor und Mutator-Methoden für jedes Attribut.*

4.1.2 Immutabilität bevorzugen

Immutable Objekte, deren interner Zustand nicht verändert werden kann, machen Klassen sicherer und eignen sich besser für Nebenläufigkeit (»Threading«). Sollten zwei oder mehr Threads auf das gleiche Objekt zugreifen, müssen Sie den Zugriff nicht synchronisieren. Der Zustand wird mit sehr großer Sicherheit für beide Threads gleich sein. Daher bevorzugen wir anstelle von Mutator-Methoden das Konstruktor-basierte Einfügen von Werten. Wenn wir die Klasse programmieren, werden wir daher keine Mutatoren verwenden.

Zuerst verschieben wir das Feld `purchase_date` aus `Hardware` in die Elternklasse. Dieses Feld wird von allen Assets gemeinsam genutzt (dieses Buch geht nicht auf Fälle ein, in denen Assets geleast werden). Daher sollte `purchase_date` zur Elternklasse gehören.

Danach fügen wir weitere Felder hinzu, die in unserem Entwurf aus dem vorigen Kapitel noch fehlten: `cost` (Kosten), `useful_life` (angemessene Lebensdauer), und `salvage_value` (Restwert). Diese Felder sind nötig, um die Abschreibungen zu berechnen. Wie Sie sich erinnern, ist die Abschreibung eine Buchhaltungsmethode, um den Wert eines Wirtschaftsguts (Assets) im Verlauf seiner Nutzungsdauer zu ermitteln. Aus diesem Grund sind die Begriffe `cost` und `useful_life` für die Definition nötig. Der Wert von `salvage_value` ist die Geldmenge, die ein Unternehmen, eine Abteilung oder eine Firma noch erwarten kann, wenn das Wirtschaftsgut am Ende seiner Nutzungsdauer wieder verkauft wird. Dieses Feld ist für einige Abschreibungsberechnungen nötig. Daher fügen wir es ebenfalls unserer Klasse hinzu. Erstellen Sie ein Package mit dem Namen *domain/model*, fügen Sie eine Datei namens *asset.py* hinzu und geben Sie am Anfang der Datei den folgenden Prompt ein:

```
# Define a class named Asset
# It should have the following attributes:
# - id: int
# - name: str
# - status: str
# - category: str
# - cost: float
# - useful_life: float
# - salvage_value: float
# - purchase_date: datetime
#
# The attributes cannot be None and cannot be added after construction
# However, we should be able to access the attributes using methods

# Deutsch:
# Definiere eine Klasse namens Asset.
# Sie sollte folgende Attribute haben:
# - id: int
# - name: str
# - status: str
# - category: str
# - cost: float
# - useful_life: float
# - salvage_value: float
# - purchase_date: datetime
#
# Die Attribute dürfen nicht den Wert None haben und können nicht nach der
# Konstruktion hinzugefügt werden. Dennoch sollte ein Zugriff auf die
# Attribute mithilfe von Methoden möglich sein.
```

Wenn Sie sich mit der Tabulatortaste durch die Datei bewegen, damit GitHub Copilot den Code automatisch für Sie erzeugt, fällt Ihnen möglicherweise auf, dass es trotz unserer ausdrücklichen Anweisung einen Mutator erstellt. Aus diesem und verschiedenen anderen Gründen (die wir im Lauf dieses Kapitels besprechen werden) müssen Sie beim Programmieren wachsam sein. Selbst, wenn Sie Ihre Absicht klar formulieren, können diese Werkzeuge sich aufgrund der Art der Codeerzeugung über Ihre Anforderungen hinwegsetzen. Außerdem ist Ihnen vermutlich aufgefallen, dass Copilot unseren Code um einen `@dataclass`-Decorator erweitert hat.

Das Decorator-Entwurfsmuster

Das *Decorator*-Entwurfsmuster ist ein strukturelles Muster, mit dem Sie ein Objekt dynamisch um neues Verhalten erweitern oder bestehendes Verhalten verändern können, ohne dass hierfür die vorhandene Klasse verändert werden muss. Wir sagen, das Objekt wird »dekoriert«. Das funktioniert, indem das bestehende Objekt in das dekorierende Objekt »verpackt« wird.

Eine interessante Übung für furchtlose Forscher könnte darin bestehen, Copilot anzuweisen, mithilfe des Persona-Patterns die Rolle eines Softwareentwicklers anzunehmen. Verändert sich die Ausgabe dadurch in sinnvoller Weise?

Definition

Entwurfsmuster sind übliche Lösungen für immer wieder auftretende Probleme beim Entwurf von Software. Wir werden in diesem Kapitel noch einige weitere Entwurfsmuster kennenlernen.

4.1.3 Unsere wichtigsten Klassen dekorieren

Dieser Decorator erzeugt automatisch häufig verwendete Python-Methoden (wie `__eq__()` und `__str__()`). Eine Datenklasse wird hauptsächlich für die Speicherung von Daten benutzt und hat in der Regel kaum Verhalten. In Python wurden Datenklassen in der Version 3.7 als Hilfsmittel eingeführt, um Klassen, die hauptsächlich für die Speicherung von Daten zuständig sind, sauberer und effizienter zu machen. Dies steht im Gegensatz zu benutzerdefinierten Klassen, deren Verwendungszwecke gemischt sein können (die also Daten und Verhalten können). Die Verwendung einer Datenklasse ist in diesem Zusammenhang sinnvoll, weil Sie keinen Basiscode für die Erstellung, Repräsentation und den Vergleich von Objekten schreiben müssen. Und falls es Ihnen noch nicht aufgefallen ist: Unser automatisch erstellter Code erzeugt hier tatsächlich automatisch weiteren Code.

Listing 4.1 *Der Code, den GitHub Copilot als Antwort auf unseren Prompt erzeugt*

```
from dataclasses import dataclass
from itam.domain.funding_details import FundingDetails

@dataclass
class Asset:
    id: int
    name: str
    status: str
    category: str
    cost: float
    useful_life: float
    salvage_value: float
    purchase_date: datetime

    def __post_init__(self):
        if self.id is None:
            raise TypeError("ID cannot be None")
        if self.name is None:
            raise TypeError("Name cannot be None")
        if self.status is None:
            raise TypeError("Status cannot be None")
        if self.category is None:
            raise TypeError("Category cannot be None")
        if self.cost is None:
            raise TypeError("Cost cannot be None")
        if self.useful_life is None:
            raise TypeError("Useful life cannot be None")
        if self.salvage_value is None:
            raise TypeError("Salvage value cannot be None")

    def get_id(self):
        return self.id

    ... # weitere Akzessor-Methoden aus Gründen
        # der Klarheit weggelassen
```

Die Methode `__post_init__()` wird nach dem Konstruktor ausgeführt und stellt sicher, dass keiner der Parameter `null` ist (beziehungsweise `None`, wie man in Python sagt). Diese Art des defensiven Programmierens sorgt dafür, dass Ihre Werte sich nach der Initialisierung nicht verändern können. Natürlich dürfen Sie weitere Überprüfungen hinzufügen, beispielsweise auf gültige Werte für den Status einer Kategorie (`self.category`). Wenn Sie in diesem Fall bestimmte Werte erzwingen wollten, verwenden Sie hierfür besser richtige Klassen oder die `Enum`-Klasse.

Werfen wir nun einen weiteren Blick auf die `Hardware`-Klasse aus dem Mermaid-Diagramm, das wir im vorigen Kapitel erstellt haben (siehe Abbildung 4.4). In diesem Diagramm gibt es verschiedene Dinge zu beachten: Es enthält weder

Akzessor- noch Mutator-Methoden (Getter/Setter). Für die Akzessor-Methoden werden wir unseren Prompt also erweitern müssen.

Hardware
+__init__(self, name: str, status: str, category: str, funding_details: FundingDetails, serial_number: str, purchase_date -serial_number: str -purchase_date: date -location: str -warranty_expiration_date: date -notes: str -maintenance_schedules: List[MaintenanceSchedule] -warranty: Warranty -retirement_date: date -retirement_reason: str -usage_statistics: UsageStatistics -budget: Budget

Abb. 4.4 *Die Klasse »Hardware«, die wir mithilfe von ChatGPT entworfen haben. Beachten Sie, dass die Klasse keinerlei Akzessor-Methoden (Getter) enthält.*

Nachdem wir uns überlegt haben, welche Methoden und Attribute wir für die `Hardware`-Klasse brauchen, können wir sie erstellen. Erstellen Sie hierfür im Verzeichnis *domain* eine Datei namens *hardware.py*. Am Anfang der Datei geben Sie folgenden Prompt ein, damit GitHub die Klasse `Hardware` erzeugt:

```
# Define a class called Hardware, which is an instance of Asset.
# The Hardware entity has the following attributes:
# - serial_number: str,
# - location: Location,
# - warranty_expiration_date: date,
# - notes: str
# - maintenance_schedules: List[MaintenanceSchedule]
# - warranty: Warranty
# - retirement_date: date
# - retirement_reason: str
# - usage_statistics: UsageStatistics
# - budget: Budget
# The attributes can be None and the class should have a constructor that
takes all attributes as parameters.
# The attributes should be private and the class should have accessor
methods for all attributes.

# Deutsch:
# Definiere eine Klasse namens Hardware, die eine Instanz von
# Asset ist. Die Hardware-Entity hat folgende Attribute:
# - serial_number: str,
# - location: Location,
# - warranty_expiration_date: date,
# - notes: str
# - maintenance_schedules: List[MaintenanceSchedule]
```

```
# - warranty: Warranty
# - retirement_date: date
# - retirement_reason: str
# - usage_statistics: UsageStatistics
# - budget: Budget
# Die Attribute dürfen nicht den Wert None haben, und die Klasse sollte
# einen Konstruktor besitzen, der alle Attribute und Parameter übernimmt.
# Die Attribute sollten privat (private) sein, und die Klasse sollte über
# Akzessor-Methoden (Getter) für alle Attribute verfügen.
```

Den nach dem Konstruktor ausgeführten Code und die Akzessor-Methoden sind aus Platzgründen im folgenden Codelisting nicht enthalten. Sie sollten Ihrer Datei allerdings automatisch hinzugefügt werden.

Listing 4.2 *Definition der Klasse Hardware*

```
from datetime import datetime
from dataclasses import dataclass
from itam.domain.asset import Asset
from itam.domain.location import Location
from itam.domain.warranty import Warranty
from itam.domain.maintenance_schedule import MaintenanceSchedule
from itam.domain.usage_statistics import UsageStatistics
from itam.domain.budget import Budget

@dataclass
class Hardware(Asset):
    serial_number: str
    location: Location
    warranty_expiration_date: datetime
    notes: str
    maintenance_schedules: list[MaintenanceSchedule]
    warranty: Warranty
    retirement_date: datetime
    retirement_reason: str
    usage_statistics: UsageStatistics
    budget: Budget
```

Als Nächstes wollen wir die in der `Asset`-Klasse referenzierte Klasse `FundingDetails` erstellen. Lassen Sie uns hierfür einen weiteren Blick auf unser Klassendiagramm werfen (siehe Abbildung 4.5). Beachten Sie das Dictionary `lines_of_business` (Geschäftsbereiche), das wir in `department_allocations` umbenennen werden und das aktuell einen String als Schlüssel verwendet. Anstelle eines Strings sollte hier ein `Department` verwendet werden. Auch hier werden wir wieder daran erinnert, dass wir den erzeugten Code nicht ungesehen übernehmen sollten, sondern immer wieder selbst entscheiden müssen, wie wir das Projekt am besten implementieren.

FundingDetails
-name: str -lines_of_business: Dict[str, float] -depreciation_strategy: DepreciationStrategy
+__init__(self, name: str, lines_of_business: Dict[str, float], depreciation_strategy: DepreciationStrategy) +get_name(self) : -> str +get_lines_of_business(self) : -> Dict[str, float] +get_line_of_business_percentage(self, line_of_business: str) : -> float +get_depreciation_strategy(self) : -> DepreciationStrategy +set_name(self, name: str) +set_lines_of_business(self, lines_of_business: Dict[str, float]) +set_line_of_business_percentage(self, line_of_business: str, percentage: float) +set_depreciation_strategy(self, depreciation_strategy: DepreciationStrategy)

Abb. 4.5 *Die Klasse »FundingDetails«, die wir mithilfe von ChatGPT entworfen haben. Wir müssen das Dictionary lines_of_business (das wir in department_allocations umbenennen) so ändern, dass statt eines Strings ein Department als Schlüssel verwendet wird.*

Darüber hinaus sind in dieser Klasse zwei weitere Änderungen nötig. Erstens muss der Konstruktor das `Asset` enthalten. Dadurch können wir auf die Felder zugreifen, die, wie bereits gesagt, für die Berechnung der Abschreibung nötig sind. Außerdem muss der Konstruktor ein Attribut für die Abschreibungsrate (`depreciation_rate`) enthalten. Dieses wird für degressive, aber nicht für lineare Abschreibungen gebraucht. Wir hätten den Wert in diesem Feld auch im `Depreciation`-Konstruktor setzen oder eine Mutator-Methode verwenden können. Für den Augenblick fügen wir ihn jedoch der Klasse `FundingDetails` hinzu. Hier der aktualisierte Prompt für die Erstellung von `FundingDetails`, inklusive des aktualisierten Feldnamens:

```
# Define a class called FundingDetails
# It should have the following attributes:
# - asset: Asset
# - depreciation_strategy: DepreciationStrategy,
# - depreciation_rate: float
# - department_allocations: Dict[Department, float]
# The attributes cannot be None and cannot be modified after construction
# However, we should be able to access the attributes using methods

# Deutsch:
# Definiere eine Klasse namens FundingDetails.
# Sie sollte die folgenden Attribute besitzen:
# - asset: Asset
# - depreciation_strategy: DepreciationStrategy,
# - depreciation_rate: float
# - department_allocations: Dict[Department, float]
```

```
# Die Attribute dürfen nicht den Wert None haben und können nach
# der Konstruktion nicht mehr verändert werden. Trotzdem
# sollten wir in der Lage sein, anhand von Methoden auf die
# Attribute zuzugreifen.
```

Die erzeugte Klasse enthält nichts Überraschendes: Der Code legt die internen Attribute an und versieht sie über den Konstruktor mit Werten. Nach Beendigung des Konstruktors wird sichergestellt, dass keines der Attribute den Wert `None` hat.

Listing 4.3 *Die Klasse FundingDetails (Post-Konstruktor-Code und Zugriffsmethoden nicht aufgeführt)*

```
from dataclasses import dataclass
from itam.domain.asset import Asset
from itam.domain.depreciation_strategy import DepreciationStrategy
from itam.domain.department import Department

@dataclass
class FundingDetails:
    asset: Asset
    depreciation_strategy: DepreciationStrategy
    depreciation_rate: float
    department_allocations: Dict[Department, float]

    def __post_init__(self):
        if self.asset is None:
            raise TypeError("Asset cannot be None")
        if self.depreciation_strategy is None:
            raise TypeError("Depreciation strategy cannot be None")
        if self.depreciation_rate is None:
            raise TypeError("Depreciation rate cannot be None")
        if self.department_allocations is None:
            raise TypeError("Department allocations cannot be None")

    def get_asset(self):
        return self.asset

    def get_depreciation_strategy(self):
        return self.depreciation_strategy

    def get_depreciation_rate(self):
        return self.depreciation_rate

    def get_department_allocations(self):
        return self.department_allocations
```

Die letzte Klasse, die wir in diesem Kapitel erstellen wollen, ist `DepreciationStrategy`. Im vorigen Kapitel haben wir diese Klasse bereits kurz erwähnt. Dabei haben wir aber nicht gesagt, dass diese Klasse ein neues Entwurfsmuster verwendet, nämlich das Strategy-Muster.

Das Strategy-Entwurfsmuster

Das *Strategy*-Muster ist ein verhaltensbezogenes Entwurfsmuster, mit dem Sie eine Familie von Algorithmen definieren können, die jeweils in einem Objekt verkapselt werden und austauschbar sind. Der Grundgedanke des Strategy-Musters ist, ein gemeinsames Interface für eine Gruppe von Algorithmen zu definieren, die trotz eventuell sehr unterschiedlicher Implementierungen gegeneinander austauschbar sind.

4.1.4 Eine Strategie für die Abschreibungen festlegen

Bevor wir versuchen, die Klasse `DepreciationStrategy` zu erstellen, wollen wir uns noch einmal das Klassendiagramm aus dem vorigen Kapitel ansehen (siehe Abbildung 4.6). Die Implementierung dieser Klasse ist komplexer als auf den Blick erkennbar. Wenn wir Copilot hier keine präzisen Anweisungen darüber geben, wie die Berechnungen ausgeführt werden sollen, schlägt es möglicherweise die falschen Algorithmen vor. Hier z. B. ein unvollständiger und ungenauer Prompt für die Erstellung von `DepreciationStrategy`:

```
# Define an interface called DepreciationStrategy.
# It should have four concrete implementations of the interface:
StraightLineDepreciationStrategy, DecliningBalanceDepreciationStrategy,
DoubleDecliningDepreciationStrategy, and NoDepreciationStrategy.
# Each implementation overrides the calculate_depreciation() method to
provide a specific way of calculating depreciation for an asset based on
its funding details.
# The calculate_depreciation() method should take a FundingDetails object
as a parameter and return a float value representing the depreciation
amount.

# Deutsch:
# Definiere ein Interface namens DepreciationStrategy.
# Es sollte vier konkrete Implementierungen des Interface besitzen:
StraightLineDepreciationStrategy (linear),
DecliningBalanceDepreciationStrategy (degressiv),
DoubleDecliningDepreciationStrategy (degressive Doppelratenabschreibung,
speziell in USA) und NoDepreciationStrategy (keine Abschreibungsstrategie).
# Jede Implementierung überschreibt die calculate_depreciation()-Methode,
um ein konkretes Verfahren zur Berechnung der Abschreibung für ein Asset
auf Basis der Finanzierungsdetails zur Verfügung zu stellen.
# Die calculate_depreciation()-Methode sollte ein FundingDetails-Objekt
als Parameter übernehmen und einen Fließkommawert zurückgeben, der den
Abschreibungsbetrag wiedergibt.
```

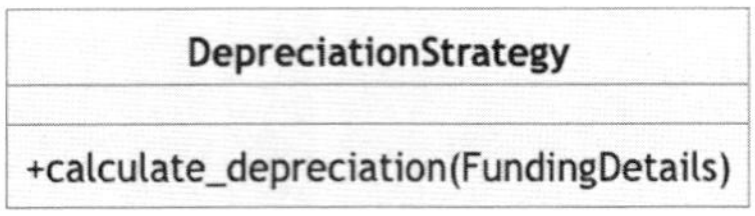

Abb. 4.6 *Die Interface-Klasse »DepreciationStrategy« definiert die Funktionalität für die Berechnung der Abschreibungen der Assets in unserem Domain Model. Es gibt vier konkrete Klassen für die jeweiligen Abschreibungsarten.*

Dieser Prompt gibt Methoden zurück, die zumindest auf den ersten Blick korrekt erscheinen. Das sind sie aber nicht. Wenn wir uns beispielsweise die Methode für die lineare (»straight-line«) Abschreibung ansehen, stellen wir fest, dass weder der Wiederverkaufswert noch die Nutzungsdauer (»useful life«) in die Berechnung eingeflossen sind.

Listing 4.4 *Inkorrekte Implementierung der linearen Abschreibung (straight-line depreciation)*

```
class StraightLineDepreciationStrategy(DepreciationStrategy):
    def calculate_depreciation(self, funding_details: FundingDetails) ->
float:
    return funding_details.get_asset().get_cost() *
funding_details.get_depreciation_rate()
```

Um das zu korrigieren, sollten wir den Prompt mit den tatsächlichen Formeln für die jeweiligen Abschreibungsmethoden aktualisieren. Glücklicherweise müssen wir hier keine exakte Syntax verwenden, sondern nur die Berechnungen. Copilot wird unsere Algorithmen in gültigen Python-Code übersetzen. Hier der angepasste Prompt:

```
# Define an interface called DepreciationStrategy.
# It should have four concrete implementations of the interface:
StraightLineDepreciationStrategy, DecliningBalanceDepreciationStrategy,
DoubleDecliningDepreciationStrategy, and NoDepreciationStrategy.
# Each implementation overrides the calculate_depreciation() method to
provide a specific way of calculating depreciation for an asset based on
its funding details.
# The calculate_depreciation() method should take a FundingDetails object
as a parameter and return a float value representing the depreciation
amount.
# NoDepreciationStrategy should return 0 for all assets.
# The other three strategies should return the depreciation amount based
on the following formulas:
# - Straight Line: (cost - salvage value) / useful_life
# - Declining Balance: cost * (1-rate/100)^(current_year - purchase_year)
# - Double Declining: Declining Balance * 2

# Deutsch:
# Definiere ein Interface namens DepreciationStrategy.
# Es sollte vier konkrete Implementierungen des Interface besitzen:
# StraightLineDepreciationStrategy, DecliningBalanceDepreciationStrategy,
```

```
# DoubleDecliningDepreciationStrategy und NoDepreciationStrategy.
# Jede Implementierung überschreibt die calculate_depreciation()-Methode,
# um ein konkretes Verfahren zur Berechnung der Abschreibung für ein Asset
# auf Basis der Finanzierungsdetails zur Verfügung zu stellen.
# Die calculate_depreciation()-Methode sollte ein FundingDetails-Objekt
# als Parameter übernehmen und einen Fließkommawert zurückgeben, der den
# Abschreibungsbetrag wiedergibt.
# NoDepreciationStrategy sollte für alle Assets 0 zurückgeben.
# Die übrigen drei Strategien sollten den Abschreibungsbetrag, basierend
# auf den folgenden Formeln zurückgeben:
# - Straight Line: (cost - salvage value) / useful_life
# - Declining Balance: cost * (1-rate/100)^(current_year - purchase_year)
# - Double Declining: Declining Balance * 2
```

Beachten Sie, dass wir hier Pseudocode schreiben können. Copilot kümmert sich um den Rest.

Listing 4.5 *Ausgabe unseres Prompts für die Methoden zur Berechnung von Abschreibungen*

```
from abc import ABC, abstractmethod
from itam.domain.funding_details import FundingDetails
from math import pow

class DepreciationStrategy(ABC):
    @abstractmethod
    def calculate_depreciation(self, funding_details: FundingDetails) ->
float:
        pass

class StraightLineDepreciationStrategy(DepreciationStrategy):
    def calculate_depreciation(self, funding_details: FundingDetails) ->
float:
        cost = funding_details.get_asset().get_cost()
        salvage_value = funding_details.get_asset().get_salvage_value()
        useful_life = funding_details.get_asset().get_useful_life()
        return (cost - salvage_value) / useful_life

class DecliningBalanceDepreciationStrategy(DepreciationStrategy):
    def calculate_depreciation(self, funding_details: FundingDetails) ->
float:
        cost = funding_details.get_asset().get_cost()
        depreciation_rate = funding_details.get_depreciation_rate()
        return cost * pow(1 - (depreciation_rate / 100),
datetime.now().year - asset.get_purchase_date().year)

class DoubleDecliningDepreciationStrategy(DepreciationStrategy):
    def calculate_depreciation(self, funding_details: FundingDetails) ->
float:
        cost = funding_details.get_asset().get_cost()
```

```
        depreciation_rate = funding_details.get_depreciation_rate()
        return DecliningBalanceDepreciationStrategy()
.calculate_depreciation(funding_details) * 2

class NoDepreciationStrategy(DepreciationStrategy):
    def calculate_depreciation(self, asset: Asset) -> float:
        return 0
```

Viele weitere Klassen sind noch nicht definiert. Sie können Ihr Prompt-Engineering trainieren, indem Sie die fehlenden Klassen implementieren. Sie könnten beispielsweise die Klassen `Organizations` ,`MaintenanceSchedule` (Wartungsintervall), `Address`, `UsageStatistics`, `User`, `Role` und `Warranty` (Garantie) hinzufügen. Im folgenden Abschnitt arbeiten wir mit Copilot, um unseren Code mit Mustern zu versehen. Dabei beginnen wir mit einem Muster, das wir bereits kennen.

4.2 Muster über Muster

In diesem Abschnitt reichern wir unser Domain Model mit häufig verwendeten Entwurfsmustern an. Sie stehen für die »Best Practices« und helfen dabei, den Entwicklungsprozess zu beschleunigen, indem sie bewährte Lösungen für bestimmte Probleme bereitstellen. Entwurfsmuster sind weniger vorgefertigte Codestücke als allgemeine Leitlinien zur flexiblen Problemlösung, die für verschiedene Projekte wiederverwendet werden kann.

4.2.1 Ein Besuch bei unseren Abteilungen

Das erste Muster, das wir aufgreifen wollen, ist das *Visitor*-Muster. Wie Sie aus Kapitel 3 wissen, nutzen wir das Visitor-Muster, um eine Klasse mit neuem Verhalten auszustatten oder vorhandenes Verhalten zu verändern. Abbildung 4.7 zeigt, wie wir dies im vorigen Kapitel umgesetzt haben.

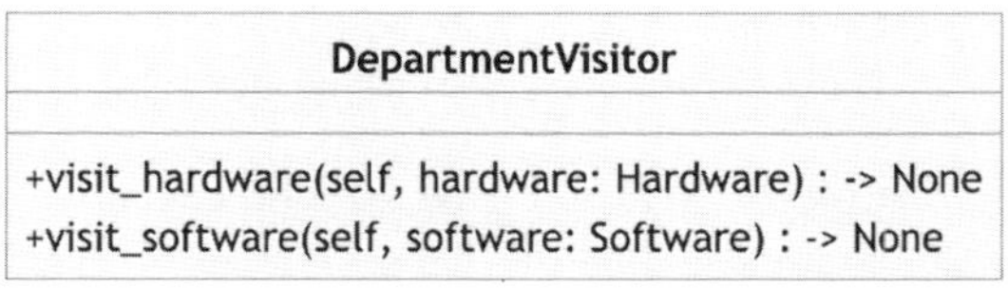

Abb. 4.7 *Das DepartmentVisitor-Interface (hier mit dem neuen Namen aktualisiert; zuvor hieß es LineOfBusinessVisitor). Diese Klasse »besucht« Hardware- und Software-Assets und speichert die Gesamtkosten und die Abschreibung.*

Wir wollen nun einen Prompt schreiben, der Copilot anweist, eine Implementierung unseres Visitor-Musters – `DepartmentVisitor` – zu erstellen, um unsere Assets zu »besuchen«:

```
# Define an interface called class DepartmentVisitor with the following
methods:
# +visit(self, asset: Asset) -> None
# Additionally, define a class called class DepartmentStatisticsVisitor
that implements the interface DepartmentVisitor

# Deutsch:
# Definiere eine Interface-Klasse namens DepartmentVisitor
# mit folgenden Methoden:
# +visit(self, asset: Asset) -> None
# Definiere außerdem eine Klasse mit dem Namen
DepartmentStatisticsVisitor,
# die das Interface DepartmentVisitor implementiert.
```

Copilot erzeugt daraufhin eine recht einfache Implementierung dieser Klasse.

Listing 4.6 *Die Implementierung unseres Visitors*

```
from abc import ABC, abstractmethod
from itam.domain.asset import Asset

class DepartmentVisitor(ABC):
    @abstractmethod
    def visit(self, asset: Asset) -> None:
        pass

class DepartmentStatisticsVisitor(DepartmentVisitor):
    def __init__(self):
        self._total_cost = 0
        self._total_depreciation = 0
        self._total_allocation = 0

    def visit(self, asset: Asset) -> None:
        self._total_cost += asset.get_cost()
        self._total_depreciation += asset.get_depreciation()
        self._total_allocation += asset.get_allocation()

    def get_total_cost(self):
        return self._total_cost

    def get_total_depreciation(self):
        return self._total_depreciation

    def get_total_allocation(self):
        return self._total_allocation
```

4.2.2 Objekte aus der Fabrik

Ein weiteres Entwurfsmuster ist das *Factory*-Muster. Es gibt uns die Möglichkeit, einige Details des Objekts, das wir erstellen wollen, zu abstrahieren. In unserem

ITAM-System gibt es (aktuell) zwei Arten von Assets: Hardware und Software. Jedes dieser Objekte besitzt eigene Attribute. Dadurch muss unsere Applikation die Einzelheiten der konkreten Klasse (wie beispielsweise `Hardware`) nicht kennen. Aus Sicht der Applikation erhält sie einfach eine Instanz von `Asset` mit einigen zusätzlichen Feldern. Schauen wir mal, wie wir Copilot dazu bringen können, eine `AssetFactory`-Klasse für uns zu erstellen:

```
# Define a class called AssetFactory
# It should have the following methods:
# +new(self, asset_type: str, asset_name: str, asset_cost: float, useful_life: int, depreciation_strategy: str, depreciation_rate: float, salvage_value: float, asset_purchase_date: str) -> Asset
# When asset_type is equal to "hardware" it should delegate the call to a class called HardwareAssetFactory
# When asset_type is equal to "software" it should delegate the call to a class called SoftwareAssetFactory
# If it is neither "hardware" nor "software" it should raise a ValueError
# When depreciation_strategy is equal to "straight_line" it should return a new instance of StraightLineDepreciationStrategy
# When depreciation_strategy is equal to "double_declining_balance" it should return a new instance of DoubleDecliningDepreciationStrategy
# When depreciation_strategy is equal to "none" it should return a new instance of NoDepreciationStrategy
# When depreciation_strategy is equal to "declining_balance" it should return a new instance of DecliningBalanceDepreciationStrategy
# The HardwareAssetFactory and the SoftwareAssetFactory should get the id from the AssetFactory on each call to new.

# Deutsch:
# Definiere eine Klasse namens AssetFactory.
# Sie sollte die folgenden Methoden besitzen:
# +new(self, asset_type: str, asset_name: str, asset_cost: float, useful_life: int, depreciation_strategy: str, depreciation_rate: float, salvage_value: float, asset_purchase_date: str) -> Asset
# Hat asset_type den Wert "hardware", sollte der Aufruf an eine Klasse namens HardwareAssetFactory delegiert werden.
# Hat asset_type den Wert "software", sollte der Aufruf an eine Klasse namens SoftwareAssetFactory delegiert werden.
# Ist der Wert weder "hardware" noch "software", sollte ein ValueError ausgelöst werden.
# Hat depreciation_strategy den Wert "straight_line", sollte eine neue Instanz von StraightLineDepreciationStrategy zurückgegeben werden.
# Hat depreciation_strategy den Wert "double_declining_balance", sollte eine neue Instanz von DoubleDecliningDepreciationStrategy zurückgegeben werden.
# Hat depreciation_strategy den Wert "none", sollte eine neue Instanz von NoDepreciationStrategy zurückgegeben werden.
# Hat depreciation_strategy den Wert "declining_balance", sollte eine neue Instanz von DecliningBalanceDepreciationStrategy zurückgegeben werden.
```

```
# Bei jedem Aufruf von new sollten HardwareAssetFactory und
SoftwareAssetFactory die ID von AssetFactory bekommen.
```

Dies ist unser bisher umfangreichster Prompt. Je konkreter unsere Bedürfnisse, desto detailreicher werden auch unsere Prompts. Sehen wir uns den erzeugten Code etwas genauer an. Wir beginnen mit der new-Methode:

Listing 4.7 *Code für die AssetFactory, der zwei eingebettete Factories enthält*

```
from datetime import datetime
from itam.domain.asset import Asset
from itam.domain.hardware import Hardware
from itam.domain.funding_details import FundingDetails
from itam.domain.depreciation_strategy import (
    DepreciationStrategy,
    StraightLineDepreciationStrategy,
    DecliningBalanceDepreciationStrategy,
    DoubleDecliningDepreciationStrategy,
    NoDepreciationStrategy
)

class AssetFactory:
    def __init__(self):
        self.id = 0

    def date_from_string(self, date_string: str) -> datetime:
        return datetime.strptime(date_string, "%Y-%m-%d")

    def new(self, asset_type: str, asset_name: str,
asset_cost: float, useful_life: int,
depreciation_strategy: str, depreciation_rate:
float, salvage_value: float,
asset_purchase_date: str) -> Asset:
        self.id += 1
        purchase_date = self.date_from_string(asset_purchase_date)

        if asset_type == "hardware":
            return HardwareAssetFactory().new(self.id,
asset_name, asset_cost, useful_life,
depreciation_strategy,
depreciation_rate, salvage_value,
purchase_date)
        elif asset_type == "software":
            return SoftwareAssetFactory().new(self.id,
asset_name, asset_cost, useful_life,
depreciation_strategy, depreciation_rate,
salvage_value, purchase_date)
        else:
            raise ValueError
```

Die new-Methode ermittelt anhand des asset_type-Parameters, welche der jeweiligen Factories sie aufrufen muss. Außerdem behält sie die Anzahl der von ihr erzeugten Assets im Auge. Dabei stellt sie sicher, dass der Identifier (das id-Feld) immer einmalig ist. Würde die Erstellung des Identifiers stattdessen an das jeweilige Factory-Objekt delegiert, bestünde die Gefahr von doppelten IDs.

Listing 4.8 *Die eingebettete Klasse HardwareAssetFactory*

```
class HardwareAssetFactory:
    def new(self, id: int, asset_name: str,
asset_cost: float,
useful_life: int,
depreciation_strategy: str,
depreciation_rate: float,
salvage_value: float,
purchase_date: datetime) -> Asset:
        a = Hardware (
            id=id,
            name=asset_name,
            category="hardware",
            cost=asset_cost,
            useful_life=useful_life,
            status="active",
            salvage_value=salvage_value,
            purchase_date=purchase_date
        )

        funding_details=FundingDetails(
                asset=a,
                depreciation_strategy=
                    self._get_depreciation_strategy(depreciation_strateg,
                depreciation_rate=depreciation_rate,
                department_allocations=dict()
            )

        a.funding_details = funding_details
        return a

    def _get_depreciation_strategy(self,
depreciation_strategy: str) -> DepreciationStrategy:
        if depreciation_strategy == "straight_line":
            return StraightLineDepreciationStrategy()
        elif depreciation_strategy == "double_declining_balance":
            return DoubleDecliningDepreciationStrategy()
        elif depreciation_strategy == "none":
            return NoDepreciationStrategy()
        elif depreciation_strategy == "declining_balance":
            return DecliningBalanceDepreciationStrategy()
        else:
            raise ValueError
```

Die new-Methode der in Listing 4.8 gezeigten Klasse HardwareAssetFactory ist relativ einfach. Sie erhält ihre Parameter von AssetFactory, versucht die DepreciationStrategy aufzulösen und initialisiert die Attribute mit sinnvollen Standardwerten.

Listing 4.9 *Die eingebettete Klasse SoftwareAssetFactory*

```
class SoftwareAssetFactory:
    def new(self, id: int, asset_name: str,
asset_cost: float,
useful_life: int,
depreciation_strategy: str,
depreciation_rate: float,
salvage_value: float,
purchase_date: datetime) -> Asset:
        a = Asset(
            id=id,
            name=asset_name,
            category="software",
            cost=asset_cost,
            useful_life=useful_life,
            status="active",
            salvage_value=salvage_value,
            purchase_date=purchase_date
        )

        funding_details=FundingDetails(
            asset=a,
            depreciation_strategy=self.
_get_depreciation_strategy(depreciation_strategy),
            depreciation_rate=depreciation_rate,
            department_allocations=dict()
        )

        a.funding_details = funding_details
        return a

    def _get_depreciation_strategy(self,
depreciation_strategy: str) -> DepreciationStrategy:
        if depreciation_strategy == "straight_line":
            return StraightLineDepreciationStrategy()
        elif depreciation_strategy == "double_declining_balance":
            return DoubleDecliningDepreciationStrategy()
        elif depreciation_strategy == "none":
            return NoDepreciationStrategy()
        elif depreciation_strategy == "declining_balance":
            return DecliningBalanceDepreciationStrategy()
        else:
            raise ValueError
```

Die in Listing 4.9 gezeigte Klasse `SoftwareAssetFactory` ist mit der `HardwareAssetFactory` fast identisch, sogar so sehr, dass man es förmlich »riechen« kann. Manche Entwickler sprechen hier von »Code Smell«, übelriechendem Code. Der Begriff *Code Smell* beschreibt in der Softwareentwicklung das Gefühl eines Entwicklers, dass es ein tiefergehendes Problem mit dem Code gibt. Das ist nicht zwingend ein Bug, sondern eher etwas Intuitives, z. B. das Gefühl, etwas refaktorieren zu müssen, weil das DRY-Prinzip (»Don't Repeat Yourself« – keine Wiederholungen) verletzt wird.

Allerdings kann diese »Ent-Dopplung« auch anders angegangen werden. Hierfür sehen wir uns das nächste Entwurfsmuster an: das *Builder*-Muster.

Das Builder-Entwurfsmuster

Das Builder-(»Baumeister«-)Muster stellt eine einheitliche API für die Erzeugung von Objekten bereit, indem es schrittweise Anweisungen für deren Erstellung zur Verfügung stellt.

4.2.3 Das System mit einem Bauplan versorgen

Jetzt wollen wir einen Prompt schreiben, der Copilot anweist, unsere Builder zu erstellen: einen für `Asset` und einen für `FundingDetails`. Wir werden dem Builder mitteilen, dass er, wenn `asset_type` den Wert `hardware` hat, eine Instanz von Hardware zurückgeben soll beziehungsweise eine Instanz von `Software`, wenn der Wert `software` lautet:

```
# Create a class called AssetBuilder
# It should use the Builder pattern to build an Asset
# Create another class called FundingDetailsBuilder
# It should use the Builder pattern to build a FundingDetails
# The AssetBuilder should have an embedded FundingDetailsBuilder
# When the category is "hardware" the AssetBuilder should create a
Hardware object
# When the category is "software" the AssetBuilder should create a
Software object
# When depreciation_strategy is equal to "straight_line" it should return
a new instance of StraightLineDepreciationStrategy
# When depreciation_strategy is equal to "double_declining_balance" it
should return a new instance of DoubleDecliningDepreciationStrategy
# When depreciation_strategy is equal to "none" it should return a new
instance of NoDepreciationStrategy
# When depreciation_strategy is equal to "declining_balance" it should
return a new instance of DecliningBalanceDepreciationStrategy
# The variables will need to be held in local variables and then passed to
the Asset and FundingDetails objects when they are created.
# The final method of the AssetBuilder should return an Asset and be
called build().
```

```
# The final method of the FundingDetailsBuilder should return a
Funding-Details and be called build().

# Deutsch:
# Erstelle eine Klasse namens AssetBuilder.
# Sie sollte das Builder-Muster benutzen, um ein Asset-Objekt zu
# erstellen. Erstelle eine weitere Klasse namens FundingDetailsBuilder.
# Sie sollte das Builder-Muster benutzen, um ein
# FundingDetails-Objekt zu erstellen.
# Der AssetBuilder sollte über einen eingebetteten
# FundingDetailsBuilder verfügen.
# Hat category den Wert "hardware", soll der AssetBuilder
# ein Hardware-Objekt erzeugen.
# Hat category den Wert "software", soll der AssetBuilder
# ein Software-Objekt erzeugen.
# Hat depreciation_strategy den Wert "straight_line". soll eine neue
# Instanz von StraightLineDepreciationStrategy zurückgegeben werden.
# Hat depreciation_strategy den Wert "double_declining_balance". soll eine
# neue Instanz von DoubleDecliningDepreciationStrategy zurückgegeben werden.
# Hat depreciation_strategy den Wert "none", soll eine neue
# Instanz von NoDepreciationStrategy zurückgegeben werden.
# Hat depreciation_strategy den Wert "declining_balance". soll eine neue
# Instanz von DecliningBalanceDepreciationStrategy zurückgegeben werden.
# Die Werte sollen in lokalen Variablen gespeichert werden und
# anschließend an die Asset- und FundingDetails-Objekte weitergegeben
# werden, sobald diese erzeugt werden.
# Die letzte Methode von AssetBuilder sollte ein Asset zurückgeben und den
# Namen build() tragen.
# Die letzte Methode von FundingDetailsBuilder sollte ein Funding-Details-
# Objekt zurückgeben und ebenfalls build() heißen.
```

Dabei ist zu beachten, dass alle Werte in lokalen Variablen gespeichert werden müssen. Ansonsten käme es nach der Initialisierung zu Ausnahmen. Im Folgenden sehen Sie den generierten Code für `AssetBuilder`. Die `import`-Anweisungen und die Getter-Methoden haben wir hier weggelassen, damit das Listing nicht zu lang wird. Außerdem geben die Methoden `self` zurück, sodass sie miteinander verkettet werden können.

Listing 4.10 *Die entsprechenden AssetBuilder-Klassen*

```
class AssetBuilder:
    def __init__(self):
        self.id = 0
        self.name = ""
        self.category = ""
        self.cost = 0.0
        self.useful_life = 0
        self.status = ""
        self.salvage_value = 0.0
        self.purchase_date = datetime.now()
```

```
    def with_name(self, name):
        self.name = name
        return self

    ...
```

Als Nächstes sehen wir uns die `build()`-Methode der Klasse `AssetBuilder` an. Sie verwendet das Feld `category`, um die korrekte Unterklasse von `Asset` zurückzugeben.

Listing 4.11 *Die build()-Methode für die AssetBuilder-Klassen*

```
def build(self) -> Asset:
        if self.category == "hardware":
            return Hardware(
                id=self.id,
                name=self.name,
                category=self.category,
                cost=self.cost,
                useful_life=self.useful_life,
                status=self.status,
                salvage_value=self.salvage_value,
                purchase_date=self.purchase_date
            )
        elif self.category == "software":
            return Software(
                id=self.id,
                name=self.name,
                category=self.category,
                cost=self.cost,
                useful_life=self.useful_life,
                status=self.status,
                salvage_value=self.salvage_value,
                purchase_date=self.purchase_date
            )
        else:
            return Asset(
                id=self.id,
                name=self.name,
                category=self.category,
                cost=self.cost,
                useful_life=self.useful_life,
                status=self.status,
                salvage_value=self.salvage_value,
                purchase_date=self.purchase_date
            )
```

Jetzt können wir uns die Klasse `FundingDetailsBuilder` ansehen. Sie hat große Ähnlichkeit mit `AssetBuilder`, allerdings fehlt ihr die polymorphe `build()`-Methode.

Listing 4.12 *Die Klasse FundingDetailsBuilder*

```
class FundingDetailsBuilder:
    def __init__(self):
        self.asset = None
        self.depreciation_strategy = ""
        self.depreciation_rate = 0.0
        self.department_allocations = dict()

    def with_asset(self, asset: Asset) -> FundingDetailsBuilder:
        self.asset = asset
        return self

    ...
```

Auch die Implementierung der `build()`-Methode dieser Klasse ist recht einfach. Nachdem Sie die Parameter auf den Konstruktor angewendet hat, gibt sie ein `FundingDetails`-Objekt zurück.

Listing 4.13 *Die build()-Methode der FundingDetailsBuilder-Klasse*

```
def build(self) -> FundingDetails:
        return FundingDetails(
            asset=self.asset,
            depreciation_strategy=self.depreciation_strategy,
            depreciation_rate=self.depreciation_rate,
            department_allocations=self.department_allocations)
```

Im nächsten Schritt wollen wir die Methode `_get_depreciation_strategy` aus der `Asset`-Factory-Klasse herauslösen. Die Logik für die Abbildung des Namens auf eine Abschreibungs-Strategie verschieben wir in eine Instanz von `DepreciationStrategy`.

Listing 4.14 *Die aktualisiertebuild()-Methode von FundingDetailsBuilder*

```
    def _get_depreciation_strategy(self,
depreciation_strategy: str) -> DepreciationStrategy:
        if depreciation_strategy == "straight_line":
            return StraightLineDepreciationStrategy()
        elif depreciation_strategy == "double_declining_balance":
            return DoubleDecliningDepreciationStrategy()
        elif depreciation_strategy == "none":
            return NoDepreciationStrategy()
        elif depreciation_strategy == "declining_balance":
            return DecliningBalanceDepreciationStrategy()
        else:
            raise ValueError

    def build(self) -> FundingDetails:
        return FundingDetails(
            asset=self.asset,
```

```
            depreciation_strategy=self.
_get_depreciation_strategy(depreciation_strategy),
            depreciation_rate=self.depreciation_rate,
            department_allocations=self.department_allocations
        )
```

Nach der Fertigstellung unsere Builder-Klassen können wir sie in `AssetFactory` verwenden.

Verborgen in der Öffentlichkeit: Das Adapter-Muster

Das *Adapter*-Muster ist ein strukturelles Entwurfsmuster, mit dem die Lücke zwischen dem Ziel-Interface und einer Klasse mit einem inkompatiblen Interface geschlossen werden kann. So hätten wir das Interface für str -> DepreciationStrategy in einem Adapter namens StringDepreciationStrategyAdapter formalisieren können.

Jetzt können wir den Prompt in der Klasse `AssetFactory` so aktualisieren, dass die neuen Builder verwendet werden, um die Instanzen von `Asset` und `FundingDetails` zu konstruieren:

```
# Define a class called AssetFactory
# It should have the following methods:
# +new(asset_type: str, asset_name: str, asset_cost: float, useful_life:
int, depreciation-_strategy: str, depreciation_rate: float, salvage_
value: float) -> Asset
# Create a function that will take a string and return a datetime
# Use the AssetBuilder to create the Asset and use the
FundingDetailsBuilder to create the FundingDetails

# Deutsch:
# Definiere eine Klasse namens AssetFactory.
# Sie sollte die folgenden Methoden besitzen:
# +new(asset_type: str, asset_name: str, asset_cost: float, useful_life:
int, depreciation-_strategy: str, depreciation_rate: float, salvage_
value: float) -> Asset
# Erstelle eine Funktion, die einen String übernimmt und ein
# datetime-Objekt zurückgibt.
# Verwendet den AssetBuilder, um das Asset zu erzeugen und
# benutze den FundingDetailsBuilder, um die FundingDetails zu erstellen.
```

Durch die Verwendung der neuen Builder wird der Codeumfang dieser Klasse deutlich verringert. Die neue Methode ist (in der Formatierung von Microsoft VS Code) nur noch acht Zeilen lang.

Listing 4.15 *Die aktualisierte Factory-Methode für ein Asset*

```
    def new(self, asset_type: str,
   asset_name: str, asset_cost: float,
   useful_life: int, depreciation_strategy: str,
```

```
    depreciation_rate: float, salvage_value: float,
    asset_purchase_date: str) -> Asset:
        self.id += 1
        purchase_date = self.date_from_string(asset_purchase_date)
        a = AssetBuilder()
.with_id(self.id)
.with_name(asset_name)
.with_category(asset_type)
.with_cost(asset_cost)
.with_useful_life(useful_life)
.with_status("active")
.with_salvage_value(salvage_value)
.with_purchase_date(purchase_date)
.build()
        f = FundingDetailsBuilder()
.with_asset(a)
.with_depreciation_strategy(depreciation_strategy)
.with_depreciation_rate(depreciation_rate)
.build()

        a.funding_details = f
        return a
```

4.2.4 Veränderungen beobachten

Als Nächstes wenden wir das *Observer*-(»Beobachter«-)Muster auf unser ITAM-System an. Der wahre Wert dieses Musters wird im folgenden Kapitel deutlicher. Hier schaffen wir die nötigen Grundlagen.

Das Observer-(»Beobachter«-)Entwurfsmuster

Das *Observer*-Muster ist ein Verhaltensmuster, bei dem die Subjektklasse ihre Beobachterklassen anhand von Mitteilungen über bestimmte Veränderungen unterrichtet. Dieses Muster eignet sich für die Verwendung in Benutzerschnittstellen und Event-basierten Systemen.

Im Verzeichnis *service* erstellen wir eine neue Klasse namens `AssetManager`. Diese ist für die Interaktion mit der Außenwelt zuständig (mehr dazu im folgenden Abschnitt). Dieser Prompt weist Copilot an, diese Klasse zu erstellen:

```
# Define a class called AssetManager
# with CRUD operations for Asset

# Deutsch:
# Definiere eine Klasse namens AssetManager
# mit CRUD-Operationen für Asset.
```

Unsere aktuelle Klasse `AssetManager` verwendet eine Liste, um die von ihm verwalteten Assets während ihrer Lebensdauer zu überwachen. Dabei beherrscht `AssetManager` alle CRUD-Operationen (Erstellen, Lesen, Aktualisieren und Löschen) für Assets.

Listing 4.16 *Implementierung von AssetManager*

```
from itam.domain.asset import Asset

class AssetManager:
    def __init__(self):
        self._assets = []

    def create(self, asset: Asset) -> None:
        self._assets.append(asset)

    def read(self, asset_id: int) -> Asset:
        for asset in self._assets:
            if asset.get_id() == asset_id:
                return asset
        raise ValueError("Asset not found")

    def update(self, asset: Asset) -> None:
        for i in range(len(self._assets)):
            if self._assets[i].get_id() == asset.get_id():
                self._assets[i] = asset
                return
        raise ValueError("Asset not found")

    def delete(self, asset_id: int) -> None:
        for i in range(len(self._assets)):
            if self._assets[i].get_id() == asset_id:
                del self._assets[i]
                return
        raise ValueError("Asset not found")

    def get_assets(self):
        return self._assets
```

Jetzt können wir unseren Prompt so erweitern, dass unsere `AssetManager`-Klasse auch Mitteilungen unterstützt. Im Moment weisen wir noch keine Beobachter zu. Das sparen wir uns für Kapitel 5 auf, wo wir uns mit dem Datenfluss beschäftigen.

```
# Define a class called AssetManager
# with CRUD operations for Asset
# and a method to notify observers
```

```
# Deutsch:
# Definiere eine Klasse namens AssetManager
# mit CRUD-Operationen für Asset
# und füge eine Methode hinzu, um
# Beobachter (Observer) zu informieren (notify).
```

Wenn wir die gesamte Klasse neu erstellen lassen, fügt Copilot das Mitteilungs-Framework hinzu, das wir später erweitern werden.

Listing 4.17 *Aktualisierte Definition von AssetManager mit der Möglichkeit, Beobachter zu informieren*

```
from itam.domain.asset import Asset

class AssetManager:
    def __init__(self):
        self._assets = []
        self.observers = []

    def add_observer(self, observer):
        self.observers.append(observer)

    def remove_observer(self, observer):
        self.observers.remove(observer)

    def notify_observers(self, event, asset):
        for observer in self.observers:
            observer.update(event, asset)

    def read(self, asset_id: int) -> Asset:
        for asset in self._assets:
            if asset.get_id() == asset_id:
                return asset
        raise ValueError("Asset not found")

    def create(self, asset: Asset) -> None:
        self.notify_observers("CREATE", asset)
        self._assets.append(asset)

    def update(self, asset: Asset) -> None:
        for i in range(len(self._assets)):
            if self._assets[i].get_id() == asset.get_id():
                self._assets[i] = asset
                self.notify_observers("UPDATE", asset)
                return
        raise ValueError("Asset not found")

    def delete(self, asset_id: int) -> None:
        for i in range(len(self._assets)):
            if self._assets[i].get_id() == asset_id:
                del self._assets[i]
```

```
                self.notify_observers("DELETE", asset_id)
                return
            raise ValueError("Asset not found")

        def get_assets(self):
            return self._assets
```

Im folgenden Abschnitt dieses Kapitels werden wir die Singleton- und Repository- Entwurfsmuster kennenlernen. Vorher müssen wir aber noch einen Controller einrichten, der mit unserem System interagiert. Damit kommen wir zum Einsatz von Ports und Adaptern.

4.3 Ports und Adapter miteinander verschalten

Langsam nimmt unser ITAM-System Form an. Der Kern mit dem Geschäftsmodell ist fertiggestellt. Dabei haben wir Entwurfsmuster verwendet, um den Code kürzer, lesbarer und wartbarer zu machen. Im Moment fehlt aber noch ein wesentlicher Teil: Wie interagieren wir mit unserer Applikation? Um diese Frage zu beantworten, setzen wir in diesem Abschnitt unsere Untersuchung der hexagonalen Architektur fort.

4.3.1 Ein Rückblick auf die hexagonale Architektur

Wie Sie wissen, geht es bei der hexagonalen Architektur darum, Software zu entwerfen, bei der die Kern-Geschäftslogik von externen Diensten getrennt ist. Die Geschäftslogik können wir uns als das »Gehirn« unserer Applikation vorstellen. Es enthält alle wichtigen Regeln und Konstrukte, die nötig sind, um die Korrektheit des Programms zu garantieren. In dieser Analogie stehen die externen Dienste für die »Hände« oder »Augen«. Sie ermöglichen eine Interaktion mit der Außenwelt (als Benutzerschnittstellen, Datenbanken und so weiter).

Die hexagonale Architektur trennt die Haupt-Programmlogik von den äußeren Teilen wie Buttons, Bildschirmdarstellungen und Datenbanken. Dadurch können diese leicht verändert werden, ohne das Hauptprogramm anpassen zu müssen. Das geschieht mithilfe von *Ports*, die definieren, wie die äußeren Teile mit dem Hauptprogramm interagieren, und *Adaptern*, die diese Interaktionen konkret umsetzen.

Dieser Ansatz erleichtert es, die Applikation im Laufe der Zeit zu verändern und weiterzuentwickeln. Muss eine Änderung an einem der externen Systeme vorgenommen werden, bleibt der Applikationskern davon unberührt. Sie müssen nur den Adapter aktualisieren (siehe Abbildung 4.8).

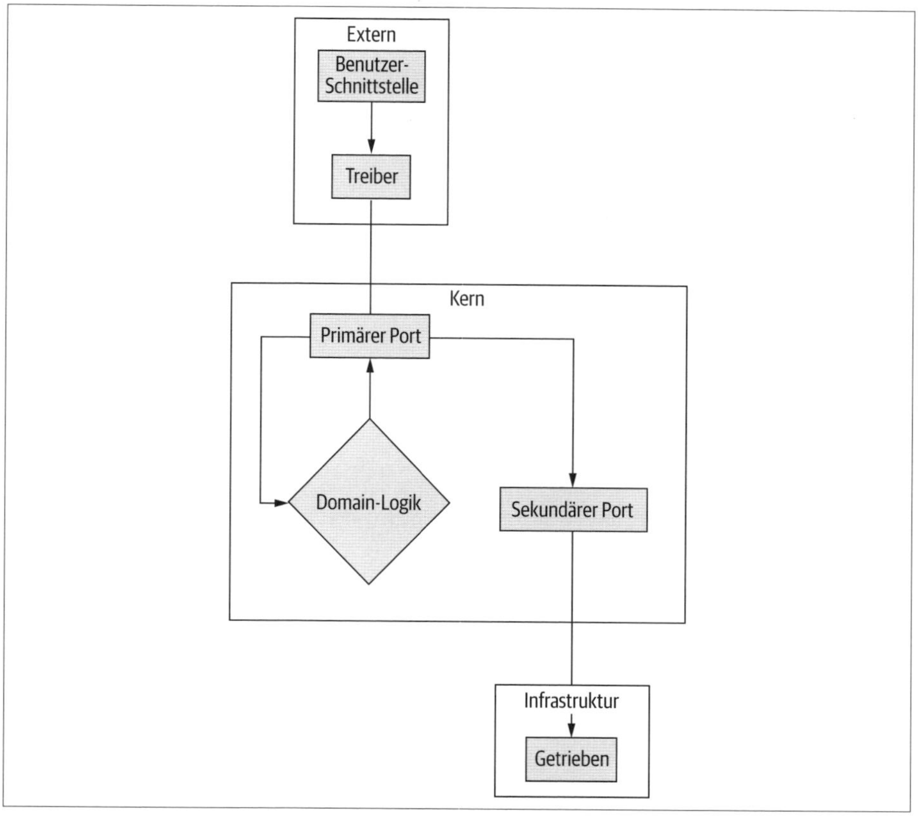

Abb. 4.8 *Eine Visualisierung des Konzepts einer hexagonalen Architektur in Aktion. Beachten Sie, dass der Kern vom Rest des Systems getrennt ist und nur über Ports mit der Außenwelt interagiert.*

4.3.2 Die Applikation »antreiben«

Wir beginnen, indem wir einen Treiber für das System erstellen. Ein *Treiber* ist ein Element, das sich außerhalb der Grenzen des Systems befindet. Er schickt Anfragen (Requests) an unser System und erhält (optional) Antworten von der Applikation. Ein häufig verwendetes Beispiel hierfür ist ein REST-Aufruf von einem Webbrowser an einen REST-Controller. *REST* steht hierbei für Representational State Transfer.

Zu Anfang versehen wir unser ITAM-System mit einem REST-Controller. Dieser macht die Funktionen unserer `AssetManager`-Klasse für die Außenwelt zugänglich. Erstellen Sie ein Verzeichnis mit dem Namen *infrastructure/API*. Dort legen Sie eine Datei namens *asset_controller.py* an. Fügen Sie am Beginn der Datei den folgenden Prompt ein:

```
# Import statements for Asset, AssetService, AssetFactory, AssetIn,
AssetOut, and from_asset
# Use AssetFactory to create an Asset from an AssetIn
# Construct an instance of the APIRouter class from FastAPI
# Define HTTP endpoints to handle CRUD operations for the AssetService
# Implementation of error handling, logging, and other necessary
components for a robust and reliable HTTP API
# All methods should be asynchronous

# Deutsch:
# Import-Anweisungen Asset, AssetService, AssetFactory, AssetIn,
AssetOut, und from_asset
# Verwende AssetFactory, um ein Asset aus einem AssetIn zu erstellen.
# Erzeuge eine Instanz der APIRouter-Klasse aus FastAPI.
# Definiere HTTP-Endpunkte, um CRUD-Operationen für den AssetService
durchzuführen.
# Implementierung von Fehlerbehandlung, Logging und weiteren Komponenten,
die für eine robuste und verlässliche HTTP-API nötig sind.
# Alle Methoden sollten asynchron sein.
```

Da wir hier keine expliziten Pfade angeben, erzeugt Copilot mit den Routen möglicherweise inkonsistente Pfade. Das folgende Listing zeigt die Ausgabe auf den vorigen Prompt in VS Code. Die Route heißt `asset` anstelle von `assets`. Das ist zwar mehr eine Vorliebe als ein Standard, aber in REST werden die Substantive üblicherweise im Plural angegeben.

Listing 4.18 *Erzeugter Code mit der Route asset*

```
@router.post('/asset', response_model=AssetOut)
async def create_asset(asset_in: AssetIn):
    asset = AssetFactory.create_asset(asset_in)
    asset_service.create(asset)
    return from_asset(asset)
```

Möglicherweise wollen Sie den Code manuell anpassen, damit er besser Ihren Anforderungen entspricht. Letztlich geht es vor allem darum, dass der Code über die verschiedenen Methoden hinweg einheitlich bleibt. Das folgende Listing zeigt, wie alle Dienste initialisiert werden müssen, damit die Applikation ausgeführt werden kann.

Listing 4.19 *Für die Nutzung konsistenter Routen aktualisierte main-Klasse*

```
from fastapi import APIRouter, HTTPException
from itam.domain.asset import Asset
from itam.service.asset_manager import AssetManager
from itam.domain.factory.asset_factory import AssetFactory
from itam.infrastructure.api.asset_model import AssetIn, AssetOut, from_
asset
import logging
```

```
router = APIRouter()

asset_manager = AssetManager()
asset_factory = AssetFactory()
```

Jetzt können wir uns ansehen, wie die Routen definiert und ihre Methoden benutzt werden. Die ersten beiden Routen definieren den Zugriff auf unsere `Asset`-Objekte. Der erste GET-Request liest alle Assets aus, die wir aktuell in unserem System haben. In einer echten Applikation würden wir hier Dinge wie Paginierung und Sortierung nutzen, um die Verwendung bequemer zu machen. Da unser System aktuell aber nur eine sehr begrenzte Anzahl von Assets enthält, verzichten wir darauf. Die nächste GET-Methode erhält ein bestimmtes Asset anhand seines Identifiers.

Listing 4.20 *AssetController-Methoden für den Zugriff auf Assets*

```
@router.get('/assets', response_model=list[AssetOut])
async def get_assets():
    assets = asset_manager.get_assets()
    return [from_asset(asset) for asset in assets]

@router.get('/assets/{asset_id}', response_model=AssetOut)
async def read_asset(asset_id: int):
    try:
        asset = asset_manager.read(asset_id)
        return from_asset(asset)
    except ValueError as e:
        logging.error(e)
        raise HTTPException(status_code=404, detail="Asset not found")
```

Die abschließenden Routen legen fest, wie Assets erzeugt, aktualisiert und wieder aus dem System entfernt werden. Beachten Sie, dass wir hier eine »weiche« Löschung verwenden. Sie setzt nur ein Flag, ohne das Asset per `return` an folgende Abfragen zurückzugeben.

Listing 4.21 *AssetController-Methoden für die Veränderung und Löschung von Assets*

```
@router.post('/assets', response_model=AssetOut)
async def create_asset(asset_in: AssetIn):
    asset = asset_factory.new(asset_in.asset_type,
    asset_in.name, asset_in.unit_cost,
    asset_in.useful_life, asset_in.depreciation_strategy,
    asset_in.depreciation_rate, asset_in.salvage_value,
    asset_in.purchase_date)
    asset_manager.create(asset)
    return from_asset(asset)

@router.put('/assets/{asset_id}', response_model=AssetOut)
async def update_asset(asset_id: int, asset_in: AssetIn):
    try:
```

```
            asset = asset_factory.new(asset_in.asset_type,
             asset_in.name, asset_in.unit_cost,
             asset_in.useful_life, asset_in.depreciation_strategy,
             asset_in.depreciation_rate, asset_in.salvage_value,
             asset_in.purchase_date)
             asset.set_id(asset_id)
             asset_manager.update(asset)
             return from_asset(asset)
        except ValueError as e:
            logging.error(e)
            raise HTTPException(status_code=404, detail="Asset not found")

    @router.delete('/assets/{asset_id}')
    async def delete_asset(asset_id: int):
        try:
            asset_manager.delete(asset_id)
        except ValueError as e:
            logging.error(e)
            raise HTTPException(status_code=404, detail="Asset not found")
```

Beachten Sie, dass die vereinfachte Darstellung der `Asset`-Klasse absichtlich `AssetIn` und `AssetOut` aufgerufen hat. Sie können diese Klassen im `AssetController` definieren oder eine separate Klasse hinzufügen und sie hier definieren. In der Referenzimplementierung für dieses Buch werden sie in einer Datei namens *asset_model.py* definiert.

```
# Define a pydantic model for AssetIn
# It should have the following attributes:
# name: str
# asset_type: str
# department: str
# depreciation_strategy: str
# useful_life: int
# unit_cost: float
# depreciation_rate: float
# salvage_value: float

# Deutsch:
# Definiere ein pydantic-Modell für AssetIn.
# Es sollte die folgenden Attribute besitzen:
# id: int
# name: str
# asset_type: str
# department: str
# depreciation_strategy: str
# useful_life: int
# unit_cost: float
# depreciation_rate: float
# salvage_value: float
# Es sollte eine Methode besitzen, die ein Asset in ein AssetIn umwandelt.
```

```
# Define a pydantic model for AssetOut
# It should have the following attributes:
# name: str
# asset_type: str
# department: str
# depreciation_strategy: str
# useful_life: int
# unit_cost: float
# depreciation_rate: float
# salvage_value: float

# Deutsch:
# Definiere ein pydantic-Modell für AssetOut.
# Es sollte die folgenden Attribute besitzen:
# id: int
# name: str
# asset_type: str
# department: str
# depreciation_strategy: str
# useful_life: int
# unit_cost: float
# depreciation_rate: float
# salvage_value: float
# Es sollte eine Methode besitzen, die ein Asset in ein AssetOut
umwandelt.
```

Mit diesen Prompts am Anfang der Datei erzeugt Copilot Code wie den im folgenden Listing gezeigten.

Listing 4.22 *Die Klassen AssetIn and AssetOut in der Datei asset_model.py*

```
from pydantic import BaseModel
from itam.domain.asset import Asset

class AssetIn(BaseModel):
    name: str
    asset_type: str
    department: str
    depreciation_strategy: str
    useful_life: int
    unit_cost: float
    depreciation_rate: float
    salvage_value: float
    purchase_date: str

class AssetOut(BaseModel):
    id: int
    name: str
    asset_type: str
    depreciation_strategy: str
    useful_life: int
```

```
        unit_cost: float
        depreciation_rate: float
        salvage_value: float
        purchase_date: str

    @staticmethod
    def from_asset(asset: Asset) -> AssetOut:
        return AssetOut(
            id=asset.id,
            name=asset.name,
            asset_type=asset.category,
            depreciation_strategy=str(asset.funding_details.depreciation_
                                      strategy),
            useful_life=asset.useful_life,
            unit_cost=asset.cost,
            depreciation_rate=asset.funding_details.depreciation_rate,
            salvage_value=asset.salvage_value,
            purchase_date=asset.purchase_date.strftime("%Y-%m-%d"),
        )
```

Alternativ dazu können wir zwischen dem `AssetController` und `AssetManager` eine weitere Abstraktionsebene einfügen. Das wäre dann allerdings schon eine extreme Form der hexagonalen Architektur. Andererseits gibt es in der Informatik nur wenige Herausforderungen, die nicht durch zusätzliche Abstraktionsebenen gelöst werden könnten. Wir fügen einen Port hinzu, der als Interface zu unserem `AssetController` dient. Hierfür schreiben wir einen Prompt für die Klasse `AssetRestPort`, mit dem wir Copilot anweisen, den nötigen Code zu erzeugen:

```
# Define an interface called AssetRestPort
# It should expose all of the methods in AssetManager as abstract methods

# Deutsch:
# Definiere ein Interface namens AssetRestPort.
# Es sollte alle Methoden in AssetManager als abstrakte Methoden zur
Verfügung stellen.
```

Dieser Prompt weist Copilot an, ein Interface zu erstellen, das wir gleich implementieren werden.

Listing 4.23 *Der vollständige Code für AssetRestPort*

```
from itam.domain.asset import Asset
from abc import abstractmethod

class AssetRestPort:
    @abstractmethod
    def read(self, asset_id: int) -> Asset:
        pass
```

```
    @abstractmethod
    def create(self, asset: Asset) -> None:
        pass

    @abstractmethod
    def update(self, asset: Asset) -> None:
        pass

    @abstractmethod
    def delete(self, asset_id: int) -> None:
        pass

    @abstractmethod
    def get_assets(self):
        pass
```

Jetzt können wir diesen Port mit einem Adapter implementieren, der für die Interaktion mit dem Controller genutzt werden kann, um die Komponenten weiter zu abstrahieren. Bei Bedarf könnten wir diesen Adapter durch einen anderen austauschen, damit unsere Applikation beispielsweise auch über die Kommandozeile genutzt werden kann. Hier der Prompt für `AssetRestAdapter`:

```
# Define an adapter called AssetRestAdapter
# It should take an AssetManager as a parameter in its constructor
# It should expose all of the methods in AssetManager
# It should inherit from AssetRestPort

# Deutsch:
# Definiere einen Adapter namens AssetRestAdapter.
# Es sollte einen AssetManager als Parameter für seinen Konstruktor
übernehmen.
# Er sollte alle Methoden in AssetManager zur Verfügung stellen.
# Er sollte von AssetRestPort erben.
```

Dieser Prompt enthält zwei wichtige Elemente. Der erste Punkt ist, dass hier das zuvor definierte Port-Interface implementiert wird. Der zweite Punkt ist, dass er die Funktionalität von `AssetManager` mit einem Wrapper umgibt.

Listing 4.24 *Quellecode für AssetRestAdapter*

```
from itam.domain.asset import Asset
from itam.infrastructure.ports.asset_rest_port import AssetRestPort
from itam.service.asset_manager import AssetManager

class AssetRestAdapter(AssetRestPort):
    def __init__(self, asset_manager: AssetManager):
        self._asset_manager = asset_manager

    def read(self, asset_id: int) -> Asset:
        return self._asset_manager.read(asset_id)
```

```
    def create(self, asset: Asset) -> None:
        self._asset_manager.create(asset)

    def update(self, asset: Asset) -> None:
        self._asset_manager.update(asset)

    def delete(self, asset_id: int) -> None:
        self._asset_manager.delete(asset_id)

    def get_assets(self):
        return self._asset_manager.get_assets()
```

Jetzt müssen wir nur noch unseren AssetController aktualisieren, damit er die AssetManager-Methoden nicht mehr direkt aufruft, sondern die Methoden des Adapters, der nun seinerseits die Methoden von AssetManager aufruft. Der Grundgedanke für die Verwendung des Ports-und-Adapter-Musters liegt darin, die Interaktion zwischen den wesentlichen Teilen der Applikation zu abstrahieren, also in diesem Fall zwischen der REST-API und dem Geschäftsmodell und Kern unseres Systems, AssetManager. Um das expliziter zu formulieren, werden wir diese Klasse erneut anpassen, um den Port im Konstruktor zu nutzen.

Listing 4.25 *Aktualisierter Code für AssetController für die Verwendung von AssetRestAdapter*

```
router = APIRouter()

asset_rest_adapter = AssetRestAdapter(AssetManager())
asset_factory = AssetFactory()

@router.post('/assets', response_model=AssetOut)
async def create_asset(asset_in: AssetIn):
    asset = asset_factory.new(asset_in.asset_type,
    asset_in.name, asset_in.unit_cost,
    asset_in.useful_life, asset_in.depreciation_strategy,
    asset_in.depreciation_rate, asset_in.salvage_value,
    asset_in.purchase_date)
    asset_rest_adapter.create(asset)
    return from_asset(asset)
```

Wie bereits gesagt, werden wir alle direkten Referenzen auf den AssetManager aus AssetController entfernen. Auch wenn unser aktueller AssetController Methoden aus AssetManager nicht direkt aufruft, enthält er eine indirekte Referenz darauf, weil AssetManager in AssetController konstruiert wird. Dieses Vorgehen sorgt für eine bessere Trennung der Komponenten und schirmt AssetManager weiter von Änderungen in den Treibern ab.

4.3.3 Datenzugriff und dauerhafte Datenspeicherung

Abstraktionen in der Software sind nicht nur theoretisch wichtig. Wenn es um die Erfüllung von Anforderungen und die Umsetzung von Änderungen geht, schaffen Abstraktionen die nötige Flexibilität. Sie können Komplexität verstecken, indem sie Verhalten hinter scheinbar einfachen Interfaces verbergen. Und damit kommen wir zu unserem nächsten Muster namens *Repository*.

Das Repository-Entwurfsmuster

Das *Repository*-Muster ist ein Entwurfsmuster, das uns bei der Datenverwaltung hilft. Hierfür stellt es verschiedene Orte bereit, um Aufgaben wie das Auslesen, Speichern, Aktualisieren und Löschen von Daten zu erledigen. Es verbindet die Datenquelle (etwa eine Datenbank oder eine Datei) mit dem Rest der Applikation und trennt den Datenzugriff von anderem Code.

In unserem ITAM-Projekt ermöglicht uns das Repository-Muster die Bereitstellung eines stark vereinfachten Interface, das die Komplexität, in unserem Fall des Datenzugriffs, verbirgt. Aus Sicht des Repository beziehungsweise des `AssetManager` besteht unsere Datenzugriffsschicht einfach aus einer Reihe von Methoden. Hinter den Kulissen könnte das eine REST-API, ein Redis-Cache, MongoDB, eine Datei oder eine andere Form einer Datenbank sein. Wir wollen jetzt einen Prompt schreiben, der uns eine generische Datenzugriffsschicht mithilfe des Repository-Musters erstellt:

```
# Create an abstract base class called BaseRepository that represents a
generic data access layer using the Repository pattern.
# The class should define common methods for CRUD operations such as
create, read, update, and delete.
# Make sure to use type hints for the input parameters and return values.

# Deutsch:
# Erstelle anhand des Repositioy-Musters eine abstrakte Basisklasse namens
BaseRepository, die eine generische Datenzugriffsschicht repräsentiert.
# Die Klasse sollte übliche Methoden für CRUD-Operationen wie Erstellung,
Lesen, Aktualisieren und Löschen definieren.
# Verwende auf jeden Fall Typhinweise für die Eingabeparameter und
Rückgabewerte.
```

Mit diesem Prompt sollte Copilot alles beisammen haben, was es für die Einrichtung eines Kontrakts braucht, den alle Implementierungen einhalten. Sehen wir uns den Code einmal an:

Listing 4.26 Code für BaseRepository, unsere generische Datenzugriffsschicht

```
from abc import ABC, abstractmethod
from typing import List, TypeVar, Generic

T = TypeVar('T')

class BaseRepository(ABC, Generic[T]):
    @abstractmethod
    def create(self, entity: T) -> None:
        pass

    @abstractmethod
    def read(self, entity_id: int) -> T:
        pass

    @abstractmethod
    def update(self, entity: T) -> None:
        pass

    @abstractmethod
    def delete(self, entity_id: int) -> None:
        pass

    @abstractmethod
    def get_entities(self) -> List[T]:
        pass
```

Copilot hat für einige Typhinweise einen generischen Datentyp angegeben, der bei der Implementierung verwendet wird. Wenn wir festlegen, dass der Datentyp ein `Asset` sein soll, wird die Methodensignatur das widerspiegeln. Unser erster Versuch einer Implementierung verwendet einen In-Memory-Datenspeicher. Damit können wir einen Ende-zu-Ende-Test für unser gesamtes System durchführen. Er verdeutlicht außerdem, warum Abstraktionen nützlich sind. Schon bald werden wir eine weitere Implementierung hinzufügen, die Postgres verwendet. Aber zuerst der Prompt:

```
# Define a class called InMemoryAssetRepository that inherits from the
BaseRepository abstract class.
# The InMemoryAssetRepository should be specific to managing Asset objects
using an in-memory list to store and update the assets.
# Implement the necessary methods for CRUD operations such as create,
read, update, and delete for Asset objects using the in-memory list.
# Make sure to use type hints for the input parameters and return values.

# Deutsch:
# Definiere eine Klasse namens InMemoryAssetRepository, die von der
abstrakten Klasse BaseRepository erbt.
```

```
# Die Klasse InMemoryAssetRepository sollte speziell für die Verwaltung
von Asset-Objekten da sein und hierfür eine In-Memory-Liste für die
Speicherung und Aktualisierung der Assets verwenden.
# Implementiere die für CRUD-Operationen nötigen Operationen wie create,
read, update und delete für Asset-Objekte unter Verwendung der In-Memory-
Liste.
# Verwende auf jeden Fall Typhinweise für die Eingabeparameter und
Rückgabewerte.
```

Unsere In-Memory-Implementierung verwendet eine einfache Liste, um die Assets zu speichern. Alle CRUD-Operationen können ausgeführt werden. Außerdem wird Copilot Typhinweise für uns anlegen, damit andere gleich wissen, dass Assets entgegengenommen und zurückgegeben werden sollen. Genau das ist mit `BaseRepository[Asset]` gemeint: Es handelt sich um eine Implementierung von `BaseRepository`, dessen generischer Typ ein `Asset` ist.

Listing 4.27 *Code für InMemoryAssetRepository*

```
from itam.infrastructure.repository.base_repository import BaseRepository
from itam.domain.asset import Asset

class InMemoryAssetRepository(BaseRepository[Asset]):
    def __init__(self):
        self._assets = []

    def create(self, asset: Asset) -> None:
        self._assets.append(asset)

    def read(self, asset_id: int) -> Asset:
        return next((asset for asset in self._assets
if asset.id == asset_id), None)

    def update(self, asset: Asset) -> None:
        for i in range(len(self._assets)):
            if self._assets[i].id == asset.id:
                self._assets[i] = asset
                break

    def delete(self, asset_id: int) -> None:
        self._assets = [asset for asset in self._assets
if asset.id != asset_id]

    def get_entities(self) -> list[Asset]:
        return self._assets
```

Abschließend werden wir `AssetManager` so aktualisieren, dass die CRUD-Operationen der Assets an eine Instanz von `BaseRepository` (`_repository`) delegiert werden. Unten sehen Sie den vollständigen Quellcode inklusive des Prompts am Anfang der Datei.

Listing 4.28 *AssetManager unter Verwendung von InMemoryAssetRepository*

```
# Define a class called AssetManager
# with CRUD operations for Asset
# and a method to notify observers whenever an asset is created, updated
or deleted
# The AssetManager should use an instance of the InMemoryAssetRepository
class for data access and CRUD operations on Asset objects.
# Implement methods for creating, reading, updating, and deleting assets
using the AssetRepository instance.
# Please include type hints for the input parameters and return values.
# The methods should be named create, read, update, get_assets, and
delete.

# Deutsch:
# Definiere eine Klasse namens AssetManager
# mit CRUD-Operationen für Asset
# und einer Methode, um Beobachter zu informieren, sobald ein Asset
erstellt, aktualisiert oder gelöscht wurde.
# Der AssetManager sollte für den Datenzugriff und CRUD-Operationen auf
Asset-Objekten eine Instanz der Klasse InMemoryAssetRepository verwenden.
# Implementiere Methoden für Erstellung, Lesen, Aktualisieren und Löschen
von Assets unter Verwendung der AssetRepository-Instanz.
# Bitte verwende Typhinweise für die Eingabeparameter und Rückgabewerte.
# Die Methoden sollten folgende Namen haben: create, read, update, get_
assets und delete.
from itam.domain.asset import Asset
from itam.infrastructure.repository.in_memory_asset_repository import
InMemoryAssetRepository

class AssetManager:
    def __init__(self):
        self._repository = InMemoryAssetRepository()

    def create(self, asset: Asset) -> Asset:
        self._repository.create(asset)
        return asset

    def read(self, asset_id: int) -> Asset:
        return self._repository.read(asset_id)

    def update(self, asset: Asset) -> Asset:
        self._repository.update(asset)
        return asset

    def get_assets(self) -> list[Asset]:
        return self._repository.get_entities()

    def delete(self, asset_id: int) -> None:
        self._repository.delete(asset_id)
```

Damit haben wir unser Ziel erreicht: Der Kern mit der Geschäftslogik hat keinen direkten Kontakt zum restlichen System. Wir haben Ports, über die Requests entgegengenommen werden, und weitere Ports, über die wir die Daten speichern können (jedenfalls, solange das System läuft). Damit sollte es möglich sein, das System einem Ende-zu-Ende-Test zu unterziehen. Hierfür schicken wir POST-Requests an den Erstellungs-Endpunkt und lesen an den GET-Endpunkten. Sobald wir wissen, dass das System von Ende zu Ende funktioniert, können wir uns damit beschäftigen, dass unsere Daten im Moment nur im Arbeitsspeicher vorliegen, und unser System mit einer echten Datenbank verbinden. Hierfür zeigen wir Ihnen das abschließende Entwurfsmuster dieses Kapitels, das *Singleton*-Muster. Die Idee eines Singleton ist leicht zu verstehen: Es sollte grundsätzlich nur eine Instanz dieser Klasse ausgeführt werden. Dieses Muster eignet sich für viele Anwendungsfälle: Logging, Caching, Konfigurationseinstellungen – oder eben die Verwaltung einer Datenbankverbindung.

Das Singleton-Entwurfsmuster

Das *Singleton*-Muster ist ein Entwurfsmuster, das sicherstellt, dass eine Klasse nur eine Instanz besitzt und einen globalen Zugriffspunkt auf diese Instanz bereitstellt. Es wird verwendet, wenn ein einzelnes Objekt von verschiedenen Teilen Ihres Programms gemeinsam genutzt werden soll, anstatt mehrere Instanzen der gleichen Klasse zu erstellen.

4.3.4 Den Datenzugriff zentralisieren (und externalisieren)

Wir weisen Copilot an, eine Singleton-Klasse zu erstellen, die unsere Datenbankverbindungen verwaltet. Dabei sollten Benutzernamen und Passwörter (oder irgendwelche anderen Verbindungsdetails) unter keinen Umständen fest in unseren Quellcode hartcodiert werden. Und zwar nicht nur, weil es äußerst unsicher ist, sondern auch weil sich die Details je nach Umgebung (Entwicklung, Qualitätssicherung, Produktion und so weiter) unterscheiden können. Daher weisen wir Copilot an, diese Werte als Umgebungsvariablen zu übernehmen und die Verbindungen anhand dieser Informationen zu konfigurieren:

```
# Create a Python class called DatabaseConnection using the Singleton
pattern to manage a single connection to a PostgreSQL database using
SQLAlchemy.
# The class should read the database username, password, and connection
string from environment variables
# The environment variables should be named: DB_USERNAME, DB_PASSWORD, DB_
HOST, DB_PORT, and DB_NAME

# Deutsch:
# Erstelle eine Python-Klasse namens DatabaseConnection, die das
Singleton-Muster verwendet, um mithilfe von SQLAlchemy eine einzelne
Datenbankverbindung zu einer PostgreSQL-Datenbank zu verwalten.
```

```
# Diese Klasse sollte den Benutzernamen, das Passwort und den
Verbindungsstring für die Datenbank aus Umgebungsvariablen auslesen.
# Die Umgebungsvariablen sollten folgende Namen tragen: DB_USERNAME, DB_
PASSWORD, DB_HOST, DB_PORT und DB_NAME.
```

Wir weisen Copilot an, SQLAlchemy zu verwenden, ein objektrelationales Mapping-(ORM-)Werkzeug, um verschiedene Aktionen auf der Datenbank auszuführen. Gekonnt stellt Copilot daraufhin unseren Quellcode zusammen. Das Schlüsselwort `@staticmethod` erzeugt eine Klassenmethode, die nicht zu einer bestimmten Instanz gehört. Hier benutzen wir es, um eine Instanz der Klasse `DatabaseConnection` zu erhalten. Da eine statische Methode Instanzdaten nicht verändern kann, können wir sie benutzen, um sicherzustellen, dass grundsätzlich nur eine Instanz läuft, und so das Singleton-Muster umsetzen. Für die Initialisierung der Datenbankverbindung bindet der Konstruktor die Umgebungsvariablen mithilfe von Stringinterpolation ein.

Listing 4.29 *Implementierung einer DatabaseConnection*

```
from sqlalchemy import create_engine
from sqlalchemy.orm import sessionmaker
import os

class DatabaseConnection:
    __instance = None
    @staticmethod
    def get_instance():
        if DatabaseConnection.__instance == None:
            DatabaseConnection()
        return DatabaseConnection.__instance

    def __init__(self):
        if DatabaseConnection.__instance != None:
            raise Exception("This class is a singleton!")
        else:
            DatabaseConnection.__instance = self
            self.engine =
create_engine(f"postgresql://
{os.environ['DB_USERNAME']}:
{os.environ['DB_PASSWORD']}@
{os.environ['DB_HOST']}:
{os.environ['DB_PORT']}/
{os.environ['DB_NAME']}")
            self.Session = sessionmaker(bind=self.engine)

    def get_session(self):
        return self.Session()
```

Nachdem wir eine Verbindung zu unserer Datenbank herstellen können, müssen wir ein Repository erstellen, das diese Verbindung für die Speicherung und das

Auslesen von Asset-Objekten verwendet. Hierfür erstellen wir eine Klasse namens SQLAlchemyAssetRepository, die genau dies tut.

Listing 4.30 Prompt und Code für die Klasse SQLAlchemyAssetRepository

```
# Define a class called SQLAlchemyAssetRepository that implements
# the AssetRepository interface for data access using SQLAlchemy.
# The class should handle the CRUD operations (create, read,
# update, and delete) for assets, storing and retrieving
# them in a PostgreSQL database using SQLAlchemy.

# Deutsch:
# Definiere eine Klasse namens SQLAlchemyRepository, die
# unter Verwendung von SQLAlchemy das Interface AssetRepository
# für den Datenzugriff implementiert.
# Die Klasse sollte CRUD-Operationen (create, read, update
# und delete) für Assets ausführen können. Diese werden mithilfe
# von SQLAlchemy in einer PostGreSQL-Datenbank gespeichert bzw.
# von dort ausgelesen.

from itam.domain.asset import Asset
from itam.infrastructure.repository.base_repository import BaseRepository
from sqlalchemy.orm import Session

class SQLAlchemyAssetRepository(BaseRepository[Asset]):
    def __init__(self, session: Session):
        self._session = session

    def create(self, asset: Asset) -> Asset:
        self._session.add(asset)
        self._session.commit()
        return asset

    def read(self, asset_id: int) -> Asset:
        return self._session.query(Asset)
.filter(Asset.id == asset_id).first()

    def update(self, asset: Asset) -> Asset:
        self._session.query(Asset)
.filter(Asset.id == asset.id).update(asset)
        self._session.commit()
        return asset

    def get_assets(self) -> list[Asset]:
        return self._session.query(Asset).all()

    def delete(self, asset_id: int) -> None:
        self._session.query(Asset).filter(Asset.id == asset_id).delete()
        self._session.commit()
```

Im folgenden Schritt werden wir AssetController so refaktorieren, dass wir einen AssetRestPort übergeben können. Dadurch können wir den von unserer Applikation verwendeten Treiber austauschen. Außerdem wird der Treiber dadurch weiter vom Geschäftskern abstrahiert.

***Listing 4.31** Aktualisierte AssetController-Klasse mit den nötigen REST-Routen*

```
from itam.infrastructure.ports.asset_rest_port import AssetRestPort
import logging

class AssetController:
    def __init__(self, asset_rest_port:  AssetRestPort):
        self._asset_factory = AssetFactory()
        self._asset_rest_port = asset_rest_port
        ...

    def get_router(self):
        return self._router

    async def get_assets(self):
        return  [ from_asset(a) for a in
                                    self._asset_rest_port.get_assets()]

    async def get_asset(self, asset_id: int):
        asset = self._asset_rest_port.read(asset_id)
        if asset is None:
            raise HTTPException(status_code=404, detail="Asset not found")
        return from_asset(asset)

    async def create_asset(self, asset_in: AssetIn):
        asset = self._asset_factory.new(
asset_in.asset_type,
asset_in.name,
asset_in.unit_cost,
asset_in.useful_life,
asset_in.depreciation_strategy,
asset_in.depreciation_rate,
asset_in.salvage_value,
asset_in.purchase_date)
        self._asset_rest_port.create(asset)
        return from_asset(asset)

    async def update_asset(self, asset_id: int, asset_in: AssetIn):
        asset = self._asset_factory.new(
asset_in.asset_type,
asset_in.name,
asset_in.unit_cost,
asset_in.useful_life,
asset_in.depreciation_strategy,
asset_in.depreciation_rate,
```

```
asset_in.salvage_value,
asset_in.purchase_date)

        asset.id = asset_id
        asset = self._asset_rest_port.update(asset)
        if asset is None:
            raise HTTPException(status_code=404, detail="Asset not found")
        return from_asset(asset)

    async def delete_asset(self, asset_id: int):
        asset = self._asset_rest_port.read(asset_id)
        if asset is None:
            raise HTTPException(status_code=404, detail="Asset not found")
        self._asset_rest_port.delete(asset_id)
        return from_asset(asset)
```

Der große Vorteil liegt darin, dass wir den Initialisierungsvorgang unserer Applikation nun in der Datei *main.py* zusammenfassen können. Unser System verfügt jetzt über mehrere Schichten, wodurch Komponenten bei Bedarf ausgetauscht werden können oder wenn sich die Anforderungen ändern.

Listing 4.32 *Finale Version von main.py, die unsere Applikation schließlich zusammenfügt*

```
from fastapi import FastAPI
from itam.infrastructure.api.asset_controller import AssetController
#from itam.infrastructure.repository.in_memory_asset_repository
     import InMemoryAssetRepository
from itam.infrastructure.repository.sqlalchemy_asset_repository
     import SQLAlchemyAssetRepository
from itam.infrastructure.database.database_connection
     import DatabaseConnection
from itam.service.asset_manager import AssetManager
from itam.infrastructure.adapters.asset_rest_adapter import
AssetRestAdapter
import uvicorn

app = FastAPI()
session = DatabaseConnection().get_session()
#repository = InMemoryAssetRepository()
repository = SQLAlchemyAssetRepository(session)
asset_manager = AssetManager(repository)
asset_rest_adapter = AssetRestAdapter(asset_manager)
asset_controller = AssetController(asset_rest_adapter)
app.include_router(asset_controller.get_router())

if __name__ == '__main__':
    uvicorn.run(app, host='0.0.0.0', port=8000)
```

Herzlichen Glückwunsch! Damit haben wir ein lauffähiges System, das Daten dauerhaft in unserer Datenbank speichern kann.

4.4 Zusammenfassung

- Das Decorator-Muster ist ein strukturelles Entwurfsmuster, mit dem Sie neues Objektverhalten hinzufügen oder bestehendes Verhalten dynamisch anpassen können, ohne die Klasse hierfür verändern zu müssen. Das geschieht, indem das dekorierende Objekt das aktuelle Objekt als Wrapper umgibt.
- Das Visitor-Muster fügt neues Verhalten hinzu, um das vorhandene Verhalten einer Klasse zu verändern.
- Das Factory-Muster ist ein Erzeugungsmuster, mit dem Sie einige Details des zu erstellenden Objekts abstrahieren können.
- Das Builder-Muster ist ein weiteres Erzeugungsmuster, das eine einheitliche API für die Erstellung von Objekten zur Verfügung stellt, indem es Schritt-für-Schritt-Anweisungen für die Erstellung dieser Objekte bereitstellt.
- Das Adapter-Muster ist ein strukturelles Entwurfsmuster, mit dem Sie die Lücke zwischen einem Ziel-Interface und einer Klasse mit einem inkompatiblen Interface schließen können.
- Das Observer-Muster ist ein Verhaltensmuster, bei dem die Subjektklasse den Beobachterklassen anhand von Benachrichtigungen bestimmte Zustandsänderungen mitteilt.
- Die hexagonale Architektur trennt die Logik des Hauptprogramms von den äußeren Teilen wie Buttons, Bildschirmdarstellungen und Datenbanken. Das erleichtert Änderungen an den äußeren Teilen, ohne hierfür das Hauptprogramm anpassen zu müssen.
- Das Repository-Muster ist ein Entwurfsmuster, das uns bei der Datenverwaltung hilft, indem es einen separaten Ort für Aufgaben wie das Auslesen, Speichern, Aktualisieren und Löschen von Daten schafft. Es verbindet die Datenquelle (wie eine Datenbank oder Datei) mit dem Rest der Applikation und trennt den Code für den Datenzugriff von anderem Code.
- Das Singleton-Muster ist ein Entwurfsmuster, das sicherstellt, das eine Klasse nur eine Instanz besitzt und einen globalen Zugangspunkt für diese Instanz bereitstellt. Es wird eingesetzt, wenn ein einzelnes Objekt von verschiedenen Teilen eines Programms gemeinsam genutzt werden soll, anstatt mehrere Instanzen der gleichen Klasse zu erstellen.

5 Datenverwaltung mit GitHub Copilot und Copilot Chat

Kapitelübersicht

- Persistente Datenspeicherung in einer relationalen Datenbank
- Daten-Streaming mit Apache Kafka
- Event-getriebene Prinzipien einbeziehen
- Datenanalyse zur Ortung von Assets mit Apache Spark

Im letzten Kapitel haben wir die Grundlagen für unser Information-Technology-Asset-Management-(ITAM-)System geschaffen. Ohne Daten hat diese Applikation allerdings nur geringen Nutzen. Daten sind für jede Applikation lebensnotwendig. Und genau darum geht es in diesem Kapitel: die verschiedenen Möglichkeiten, generative KI zu nutzen, um Daten zu erzeugen, zu streamen, umzuwandeln, auf sie zu reagieren und aus ihnen Erkenntnisse zu gewinnen.

Aufmerksame Leser werden im vorigen Kapitel bemerkt haben, dass unser Muster für den Datenzugriff nicht funktioniert hätte und zudem unvollständig war. Darum werden wir uns im ersten Abschnitt dieses Kapitels kümmern. Danach richten wir unsere Datenbank ein, passen die Klassen an, die darauf zugreifen, und laden ein paar Beispieldaten, die wir im Rest dieses Kapitel verwenden werden.

5.1 Die Daten zusammenstellen

Unsere erste Aufgabe besteht darin, einen umfangreichen Datenbestand zu generieren, den wir im Verlauf dieses Kapitels für unsere Experimente nutzen können. Dafür weisen wir GitHub Copilot zunächst an, 1.000 Zeilen mit Asset-Informationen zu erzeugen. Wir werden aber bald sehen, dass dies nicht das am besten geeignete Tool für diese Aufgabe ist. Ein wichtiger Grund für die Verwendung von Werkzeugen wie Copilot ist der Gedanke des Entdeckens. Wir wollen ihre Grenzen ausloten, sie ausreizen und gelegentlich auch überschreiten. Aber wie so oft kann auch der Weg das Ziel sein. Sobald wir diese Grenze gefunden haben, werden wir ein neues Werkzeug kennenlernen: GitHub Copilot Chat. Wenn wir die Liste unserer Assets schließlich gespeichert haben, werden wir sie mit Ortsinformationen versehen. Auch dafür setzen wir GitHub Copilot Chat ein.

Bevor wir unsere Daten erzeugen, muss unsere Datenbank funktionieren. Docker macht diese Aufgabe sehr einfach und erlaubt uns, mit geringem Aufwand eine leere PostgreSQL-Datenbank (oder einen anderen RDBMS/NoSQL-Server) hochzufahren. (Für die nächsten Schritte muss allerdings die Docker-Infrastruktur auf Ihrem Rechner installiert sein.) Falls Sie nicht mehr wissen, welcher Befehl hierfür gebraucht wird, ist das kein Problem. Wir fragen einfach Copilot. Öffnen Sie eine neue Datei mit dem Namen *data/initial_data_load.sql* und geben Sie am Anfang Ihrer neuen SQL-Datei den folgenden Prompt ein:

```
-- Question: What is the command to run a docker container, running
PostgreSQL for a database called itam_db. I would like to specify the
password for this database.

-- Deutsch
-- Frage: Wie lautet der Befehl, um einen Docker-Container auszuführen, in
dem eine PostgreSQL-Datenbank namens itam_db läuft? Ich möchte das
Passwort für diese Datenbank angeben.
```

Nach und nach gibt Copilot den Docker-Befehl aus:

```
-- Answer: docker run
-- name itam_db
    -e POSTGRES_PASSWORD=postgres -d
    -p 5432:5432 postgres
```

Sobald Sie diesen Befehl in Ihrem Terminal oder auf Ihrer Kommandozeile ausgeführt haben, können Sie Ihre Beispieldaten erzeugen. Hierfür brauchen ist eine lokal ausgeführte Datenbank-Engine, in der eine Datenbank namens *itam_db* läuft. Diese enthält im Moment aber weder ein Schema noch Tabellen oder Daten. Kümmern wir also zunächst um das Datenbankschema.

Hierfür erweitern wir die Datei *initial_data_load.sql* um einen Prompt, der Copilot anweist, den Befehl für die Erstellung eines Schemas zu erzeugen. Anhand des folgenden Prompts (und der Antwort von Copilot) können wir ein Schema namens *itam* erstellen. Hierfür muss der von Copilot ausgegebene Befehl (siehe unten) in unserem Datenbank-Client (z. B. DataGrip, SQuirrel, pdAdmin oder auch über den Docker-Befehl `docker exec -i itam_db psql -U postgres -c "create schema itam"`) ausgeführt werden:

```
-- create a schema called itam
create schema itam;
```

Danach sollten wir einen Nutzer hinzufügen, den wir in unserer Applikation verwenden. Dieser Nutzer kann CRUD-Operationen (Erstellen, Lesen, Aktualisieren, Löschen) auf unseren Daten ausführen, ist aber nicht in der Lage, die Struktur der Datenbanktabellen oder Prozeduren zu verändern.

Hinweis

Die Zeilen, die mit doppelten Bindestrichen (--) beginnen, sind SQL-Kommentare. Aus Sicht von Copilot ist das Auskommentieren dieser Zeilen zwar nicht unbedingt nötig; er wird die Lösungen auch ohne Kommentare erzeugen. Allerdings machen es die Kommentare leichter, den Code direkt im Datenbankwerkzeug unserer Wahl zu weiterzuverwenden.

Und wenn wir schon dabei sind, legen wir gleich auch noch einen Administrator-Account an, der die Operationen ausführen kann, die Nutzer mit einfacher Lese-/Schreibberechtigung nicht vornehmen können, wie das Erstellen oder Löschen von Tabellen.

Listing 5.1 *Prompt für die Erstellung der neuen Datenbank-Nutzerkonten*

```
-- create two users called itam_user and itam_admin. itam_user should be
able to read from and write to the tables in the itam schema. itam_admin
should be able to read from and write to the tables in the itam schema and
create and drop tables in the itam schema.

-- Deutsch:
-- Erstelle zwei Nutzer namens itam_user und itam_admin. itam_user sollte
nur Lese- und Schreibrechte für die Tabellen im itam-Schema besitzen. Der
itam_admin sollte ebenfalls Lese- und Schreibrechte für die Tabellen im
itam_schema besitzen und zusätzlich in der Lage sein, Tabellen im itam-
Schema zu erstellen (create) und zu entfernen (drop).
create user itam_user with password 'itam_user';
create user itam_admin with password 'itam_admin';
grant usage on schema itam to itam_user;
grant usage on schema itam to itam_admin;
grant select, insert, update, delete on all tables in schema itam to itam_user;
grant select, insert, update, delete on all tables in schema itam to itam_admin;
grant usage, drop on schema itam to itam_admin;
```

Jetzt können wir den *itam_admin*-Account als Eigentümer des Schemas festlegen. Hiermit stellen wir sicher, dass dieser Account die Tabellenstruktur (die Datendefinition) verändern kann.

```
-- grant ownership of the itam schema to itam_admin
alter schema itam owner to itam_admin;
```

Sobald diese Einrichtungsschritte, die Erstellung der Accounts und die Eigentümerschaft am System geklärt sind, können wir uns endlich auf die eigentlichen Daten konzentrieren. Wir beginnen damit, die Referenzdaten für die Unterstützung unserer Assets hinzuzufügen: die verschiedenen Abschreibungsstrategien. Diese Daten sind eher statisch und verändern sich nur selten, wenn überhaupt. Diese Strategien wollen wir nun definieren und speichern.

Listing 5.2 *Prompt für die Erstellung der Tabelle depreciation_strategy*

```
-- create a table called depreciation_strategy in the itam schema. the
table should have the following columns: id (int), name (varchar), and
description (varchar). the table should have a primary key on id.
-- id needs to be in quotes because it is a reserved word in postgresql
-- there are two values for depreciation_strategy: straight line and
double declining balance

-- Deutsch:
-- Erstelle eine Tabelle namens depreciation_strategy im itam-Schema. Die
Tablle soll folgende Spalten enthalten: id (int), name (varchar) und
description (varchar). Die Spalte id soll Primärschlüssel enthalten.
-- id ist in PostgreSQL ein reserviertes Wort und muss daher in
Anführungszeichen stehen.
-- Für depreciation_strategy gibt es zwei Werte: straight line und double
declining balance
create table itam.depreciation_strategy (
    "id" int primary key,
    "name" varchar,
    "description" varchar
);
```

Als Primärschlüssel der Tabelle werden wir eine Folge (»Sequence«) verwenden. Das ist für Tabellen, die nicht besonders groß sind und bekannte Werte enthalten, die manuell eingegeben werden, zwar nicht unbedingt nötig. Es erlaubt uns aber, mehr mit Copilot zu arbeiten und Vorschläge machen zu lassen. Außerdem ist es amüsant, Copilot Fragen zu stellen, die es dann in einer Textdatei beantwortet.

Listing 5.3 *Prompt für die Erzeugung einer Folge für die Verwendung als Primärschlüssel*

```
-- create a sequence called depreciation_strategy_seq, which should start
at 1 and increment by 1 and should be used as the primary key for the
depreciation_strategy table.

-- Deutsch:
-- Erstelle eine Folge namens depreciation_strategy_seq, die bei 1 beginnt
und in Einserschritten inkrementiert wird. Sie sollte als Primärschlüssel
für die Tabelle depreciation_strategy verwendet werden.
create sequence itam.depreciation_strategy_seq start 1 increment 1;
```

Natürlich müssen wir jetzt auch wissen, wie die Folge mit der Spalte für den Primärschlüssel der Tabelle `depreciation_strategy` verbunden werden muss. Zum Glück kennt Copilot auch hier die Antwort.

Listing 5.4 *Wir stellen Copilot die Frage, wie die Folge mit der Spalte für Primärschlüssel verbunden wird*

```
-- question: how do I make the sequence the primary key for the
depreciation_strategy table?
-- answer: use the following command
```

```
-- Deutsch:
-- Frage: Wie kann ich die Folge als Primärschlüssel für die Tabelle
depreciation_strategy festlegen?
-- Antwort: Benutze den folgenden Befehl

alter table itam.depreciation_strategy
    alter column "id"
    set default
    nextval('itam.depreciation_strategy_seq'
            ::regclass);
```

Damit können wir die Tabelle endlich fertigstellen, indem wir die folgenden statischen Einträge vornehmen. Für dieses Beispiel geben wir nur zwei Abschreibungsstrategien ein: *straight-line* (linear) und *double declining balance* (degressive Doppelraten-Abschreibung).

Listing 5.5 *Die Tabelle depreciation_strategy mit statischen Einträgen füllen*

```
insert into depreciation_strategy (id, name, description)
    values (1, 'straight line',
    'straight line');

insert into depreciation_strategy (id, name, description)
    values (2, 'double declining balance',
    'double declining balance');
```

Als Nächstes kümmern wir uns um die Tabelle `funding_details`. Sie enthält Informationen über die Finanzierung unserer Ausstattung, ihren Wiederverkaufswert und Anweisungen für den Fall, dass ein Asset das Ende seiner Nutzungsdauer erreicht. Die Folge der Arbeitsschritte ist mit der für die Abschreibungsstrategien identisch, nur dass wir hier keine statischen Einträge vornehmen müssen, weil diese Daten direkt mit einem bestimmten Asset verbunden sind. Wir definieren die Tabelle, erstellen die Folge und verwenden die Werte als Primärschlüssel.

Listing 5.6 *Vollständiges Codelisting für die Tabelle funding_details*

```
-- create a table called funding_details in the itam schema. the table
should have the following columns: id (int), name (varchar),depreciation_
strategy_id (int) and depreciation_rate (float). the table should have a
primary key on id.
-- depreciation_strategy_id is a foreign key to the depreciation_strategy
table.
-- id needs to be in quotes because it is a reserved word in postgresql

-- Deutsch:
-- Erstelle eine Tabelle namens funding_details im itam-Schema. Die
Tabelle soll folgende Spalten enthalten: id (int), name
(varchar),depreciation_strategy_id (int) und depreciation_rate (float).
```

```
Die Primäschlüssel der Tabelle sollen in der Spalte id gespeichert werden.
-- depreciation_strategy_id ist ein foreign key, der auf die Tabelle
depreciation_strategy verweist.
-- id ist in PostgreSQL ein reserviertes Wort und muss daher in
Anführungszeichen stehen.
create table itam.funding_details (
    "id" int primary key,
    "name" varchar,
    "depreciation_strategy_id" int,
    "depreciation_rate" float
);

-- create a sequence called funding_details_seq, which should start at 1
and increment by 1 and should be used as the primary key for the funding_
details table.

-- Deutsch:
-- Erstelle eine Folge namens funding_details_seq, die bei 1 beginnt und
in Einserschritten inkrementiert wird. Sie sollte als Primärschlüssel für
die Tabelle funding_details verwendet werden.
alter table itam.funding_details
alter column "id"
set default
nextval('itam.funding_details_seq'
    ::regclass);
```

Zum Abschluss müssen wir noch die Assets selbst erzeugen. Auch dieses Codelisting ist redundant und wird hier nur der Vollständigkeit halber abgedruckt. Wie oben erstellen wir die Tabelle, erzeugen eine Folge und nutzen ihre Werte als Primärschlüssel:

Listing 5.7 *Vollständiges Codelisting für die Tabelle assets*

```
-- create a table called assets in the itam schema. the table should have
the following columns:
-- id (int), name (varchar), status (varchar), category (varchar), cost
(float), useful_life (int), salvage_value (float), purchase_date (date),
funding_details_id (int). The table should have a primary key on id and a
foreign key on funding_details_id.
-- id needs to be in quotes because it is a reserved word in postgresql
-- the table should have a sequence called assets_id_seq, which should
start at 1 and increment by 1 and should be used as the primary key for the
assets table.

-- Deutsch:
-- Erstelle eine Tabelle namens assets im itam-Schema. Die Tabelle soll
folgende Spalten enthalten:
-- id (int), name (varchar), status (varchar), category (varchar), cost
(float), useful_life (int), salvage_value (float), purchase_date (date),
funding_details_id (int).
```

```
-- id ist in in PostgreSQL ein reserviertes Wort und muss daher in
Anführungszeichen stehen.
create table itam.assets (
    "id" int primary key,
    "name" varchar,
    "status" varchar,
    "category" varchar,
    "cost" float,
    "useful_life" int,
    "salvage_value" float,
    "purchase_date" date,
    "funding_details_id" int
);

-- create a sequence called assets_seq, which should start at 1 and
increment by 1 and should be used as the primary key for the assets table.

-- Deutsch:
-- Erstelle eine Folge namens called assets_seq, die bei 1 beginnt und in
Einserschritten inkrementiert wird. Ihre Werte sollen als Primärschlüssel
für die Tabelle assets verwendet werden.
create sequence itam.
assets_seq start 1 increment 1;

alter table itam.assets alter column "id"
set default
nextval('itam.assets_seq'::
    regclass);
```

Sobald alle Tabellen definiert und angelegt sind, können wir uns auf die Erzeugung der Daten konzentrieren. In unserer Textdatei sagen wir Copilot, welche Parameter für unsere Datenmenge benötigt werden. Copilot wird sehr wahrscheinlich versuchen, Ihnen bei der Skizzierung der Attribute unserer Datenmenge zu helfen.

Listing 5.8 *Eine Datenmenge für die assets-Tabelle erzeugen*

```
-- Generate a dataset of assets for an ITAM system. The dataset should
include the following columns: id (int), name (varchar), status (varchar),
category (varchar), cost (float), useful_life (int), salvage_value
(float), purchase_date (date), funding_details_id (int). The dataset
should have 1000 rows, sorted by id. Each row should have the following
characteristics:
-- - id should be a unique integer and sequential starting at 1.
-- - name should be a random string of characters between 1 and 50
characters long.
-- - status should be a random selection from the following valid asset
statuses: in use, in storage, disposed of, in repair, in transit, other.
-- - category should be a random selection from the following valid
categories: hardware, software, other.
```

```
-- - cost should be a random float between 0 and 100000.
-- - useful_life should be a random int between 1 and 10.
-- - salvage_value should be a random float greater than 0 but less than
the cost of the asset.
-- - purchase_date should be a random date between 1/1/2019 and 12/31/2022.
-- - funding_details_id should be a random integer either 1 or 2.
-- The dataset should be saved as a CSV file named assets.csv in the data
directory. The file should have a header row and the columns should have
the following data types: id (int), name (varchar), status (varchar),
category (varchar), cost (float), useful_life (float), salvage_value
(float), funding_details_id (int)

-- Deutsch:
-- Erstelle eine Datenmenge für die Assets in einem ITAM-System. Die
Datenmenge sollte folgende Spalten enthalten: id (int), name (varchar),
status (varchar), category (varchar), cost (float), useful_life (int),
salvage_value (float), purchase_date (date), funding_details_id (int).
Die Datenmenge sollte 1.000 Zeilen besitzen, die nach id sortiert sind.
Jede Zeile sollte folgende Eigenschaften haben:
-- - id sollte ein einmaliger Integer sein, der Teil einer Folge ist, die
bei 1 beginnt.
-- - name sollte eine zufällige Zeichenkette sein, die zwischen 1 und 50
Zeichen lang ist.
-- - status sollte eine zufällige Auswahl aus folgenden gültigen Asset-
Status sein: in use (in Benutzung), in storage (im Lager), disposed of
(entsorgt), in repair (in Reparatur), in transit (in Lieferung), other.
-- - category sollte eine zufällige Auswahl aus folgenden gültigen
Kategorien sein: hardware, software, other.
-- - cost sollte eine zufällige Fließkommazahl zwischen 0 und 100000 sein.
-- - useful_life sollte ein zufälliger Integerwert zwischen 1 und 10 sein.
-- - salvage_value soll eine zufällige Fließkommazahl größer als 0 aber
kleiner als die Kosten (Spalte "cost") des Assets sein.
-- - purchase_date sollte ein zufälliges Datum zwischen dem 1.1.2019 und
dem 31.12.2022 sein.
-- - funding_details_id sollte ein zufälliger Integerwert sein, der
entweder 1 oder 2 lautet.
-- Die Datenmenge soll in einer CSV-Datei mit dem Namen assets.csv im
Verzeichnis data gespeichert werden. Die Datei sollte eine Kopfzeile
(Header) enthalten, und die Spalten sollten die folgenden Datentypen
besitzen: id (int), name (varchar), status (varchar), category (varchar),
cost (float), useful_life (float), salvage_value (float), funding_
details_id (int).
```

Die von Copilot angebotene Lösung ist neu. Sie nutzt für die Erstellung unserer Daten die Postgres-eigene Funktion `generate_series`. Das heißt aber auch, dass diese Lösung nicht übertragbar ist. Da wir in diesem Fall Postgres als Datenbanksystem nutzen, ist die Lösung aber angemessen. Die resultierende Datenmenge ist nicht perfekt. Bessere Ergebnisse hätten wir bekommen, wenn wir Copilot angewiesen hätten, uns bei der Programmierung eines Python-Skripts zu helfen, das die Datei erzeugt, die wir in unsere Postgres-Datenbank laden wollen. Da diese Daten allerdings nur dafür gedacht sind, mit der Applikation zu spielen, müssen wir uns im Moment keine allzu großen Gedanken über die Datenqualität machen – auch wenn sie in der realen Welt besonders wichtig ist.

Listing 5.9 *Die Antwort von Copilot: eine insert-Anweisung auf Basis der Funktion generate_series.*

```
insert into itam.assets (id, name, status,
    category, cost, useful_life, salvage_value,
    purchase_date, funding_details_id)
select
    id,
    name,
    status,
    category,
    cost,
    useful_life,
    salvage_value,
    purchase_date,
    funding_details_id
from (
    select
        row_number() over (order by random()) as id,
        md5(random()::text) as name,
        case
            when random() < 0.2 then 'in use'
            when random() < 0.4 then 'in storage'
            when random() < 0.6 then 'disposed of'
            when random() < 0.8 then 'in repair'
            when random() < 0.9 then 'in transit'
            else 'other'
        end as status,
        case
            when random() < 0.5 then 'hardware'
            when random() < 0.9 then 'software'
            else 'other'
        end as category,
        random() * 100000 as cost,
        (random() * 100)::int as useful_life,
        random() * (random() * 100000) as salvage_value,
        -- generate a random date between 1/1/2019 and 12/31/2022
        -- this does not work please fix
        -- '2019-01-01'::date + random() *
            ('2022-12-31'::date - '2019-01-01'::date)
            as purchase_date,
        '2019-01-01'::date + (random() *
          (DATE '2022-12-31' - DATE '2019-01-01')
          ::integer)::integer as purchase_date
        case
            when random() < 0.5 then 1
```

```
            else 2
        end as funding_details_id
    from generate_series(1, 1000)
) as assets;
```

Wenn wir kurz zu ChatGPT wechseln, können wir eine zweite Meinung über die Erstellung unserer Datenmenge einholen. ChatGPT schlägt vor, die Python-Bibliothek `faker` zu nutzen. Das `faker`-Package wird verwendet, um Platzhalter-Daten zu erzeugen, z. B. übliche englische Vornamen. Um zufällige Fließkommazahlen für die Spalten `cost`, `useful_life` und `salvage_value` zu erzeugen, kommt `numpy` zum Einsatz. Die Datenverwaltung wird mit `pandas` umgesetzt, das die Daten in einem DataFrame (der Tabelle) vorhält. Außerdem können wir den DataFrame mithilfe des Befehls `df.to_csv('assets.csv', index=False)` in einer CSV-Datei speichern.

Listing 5.10 *ChatGPT schlägt vor, Faker für die Erzeugung der Platzhalterdaten zu verwenden.*

```
import pandas as pd
import numpy as np
import random
from faker import Faker

# Faker-Objekt erzeugen
fake = Faker()

# Gültige Status, Kategorien, funding_details und depreciation_strategies
definieren.
valid_statuses = ['in use', 'in storage',
'disposed', 'in repair', 'in transit', 'other']
valid_categories = ['hardware']
valid_funding_details = ['purchased']
valid_depreciation_strategies = ['straight line']

# Die Daten erzeugen
data = {
    'id': list(range(1, 1001)),
    'name': [fake.first_name() for _ in range(1000)],
    'status': [random.choice(valid_statuses) for _ in range(1000)],
    'category': [random.choice(valid_categories) for _ in range(1000)],
    'cost': np.random.uniform(0, 100000, 1000),
    'useful_life': np.random.uniform(1, 10, 1000),
    'salvage_value': np.random.uniform(0, 10000, 1000),
    'funding_details': [random.choice(valid_funding_details)
 for _ in range(1000)],
    'depreciation_strategy': [random.choice(
    valid_depreciation_strategies)
    for _ in range(1000)],
}
```

```
# Den DataFrame erzeugen
df = pd.DataFrame(data)

# Sicherstellen, dass der DataFram nach id sortiert ist
df = df.sort_values('id')

# Den DataFrame anzeigen
print(df)
```

Für alle Assets werden zudem die Finanzierungsdetails (»Funding Details«) benötigt, also wie sie finanziert wurden (in unserem Fall gekauft) und wie sie abgeschrieben werden sollen. Es ist wenig überraschend, dass Copilot eine ähnliche Lösung vorschlägt: Erzeugen Sie eine Reihe von Einträgen und verwenden Sie hierfür einen Prompt ähnlich dem, den wir für die Erzeugung der Assets benutzt haben. Auch hier müssen wir sicherstellen, dass es für die Identifier (1-1.000) einen entsprechenden Eintrag in den Finanzierungsdetails gibt. Ansonsten riskieren wir bei der Ausführung des Codes Null-Pointer (Referenzen ohne Endpunkt).

Listing 5.11 *Eine Datenmenge in der Tabelle funding_details erstellen*

```
-- Generate a dataset of funding details for an ITAM system. The dataset
should include the following columns: id (int), name (varchar),
depreciation_strategy_id (int), depreciation_rate (float). The dataset
should have 1000 rows, sorted by id.
-- Each row should have the following characteristics:
-- - id should be a unique integer and sequential starting at 1.
-- - name should be a random string of characters between 1 and 10
characters long.
-- - depreciation_strategy_id should be a random integer either 1 or 2.
-- - depreciation_rate should be a random float between 0 and .4.

-- Deutsch:
-- Erstelle eine Datenmenge mit Finanzierungdetails für ein ITAM-System.
Die entsprechende Tabelle sollte folgende Spalten enthalten: id (int),
name (varchar), depreciation_strategy_id (int), depreciation_rate
(float). Die Datenmenge sollte aus 1.000 Zeilen bestehen, sortiert nach
id.
-- Jede Zeile sollte die folgenden Eigenschaften haben:
-- - id sollte ein einmaliger Integer sein und sequenziell bei 1 beginnen.
-- - name sollte eine zufällige Zeichenkette sein, die zwischen 1 und 10
Zeichen lang ist.
-- - depreciation_strategy_id sollte ein zufälliger Integer sein, entweder
1 oder 2.
-- - depreciation_rate sollte eine zufällige Fließkommazahl zwischen 0 und
4 sein.
insert into itam.funding_details (id, name,
    depreciation_strategy_id, depreciation_rate)
select
    id,
```

```
        name,
        depreciation_strategy_id,
        depreciation_rate
    from (
        select
            row_number() over (order by random()) as id,
            md5(random()::text) as name,
            case
                when random() < 0.5 then 1
                else 2
            end as depreciation_strategy_id,
            random() * 0.4 as depreciation_rate
        from generate_series(1, 1000)
    ) as funding_details;
```

Wenn die Datenmenge erzeugt und in der Datenbank gespeichert ist, sollten wir in der Lage sein, die übrigen Teile der Applikation so miteinander zu verbinden, dass wir anhand der REST-APIs Assets speichern und anzeigen können. Allerdings haben wir während unserer Build-Phase (siehe Kapitel 4) alle Metadaten für SQLAlchemy entfernt. Also brauchen wir eine Möglichkeit, diese Metadaten auf andere Weise mit unseren Adaptern zu verdrahten.

Und damit haben wir die Grenze der Fähigkeiten von Copilot erreicht. Wir fragen uns, was als Nächstes kommt und wie wir unser aktuelles Dilemma lösen können. Obwohl die Versuchung groß ist, können wir nicht einfach aufgeben und nach Hause gehen. Vielmehr ist es Zeit, die neueste Ergänzung der Copilot-Produktfamilie vorzustellen: Copilot Chat. Dabei handelt es sich um ein GPT-4-Modell, das in eine IDE eingebettet ist (aktuell von Visual Studio, Visual Studio Code und JetBrains IDEs unterstützt)[1]. Also werden wir den Chat-Dialog öffnen und fragen, wie wir unser Geschäftsmodell sauber halten können, obwohl wir die Features des objektrelationalen Mappings (ORM) von SQLAlchemy nutzen. Abbildung 5.1 zeigt die Antwort von ChatGPT.

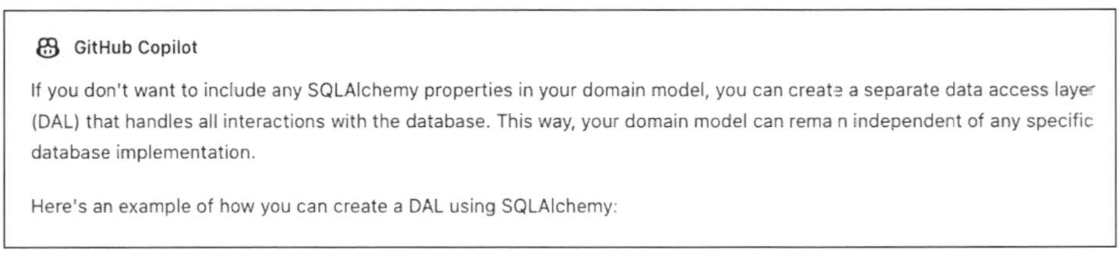

Abb. 5.1 *Lösungsvorschlag von GitHub Copilot Chat für unser jüngstes Problem.*

Copilot Chat schlägt vor, eine separate Schicht für den Datenzugriff (»Data Access Layer,« DAL) zu erstellen. Dieser Ansatz passt gut zu unserer Ports-und-

1. Siehe *https://docs.github.com/de/copilot/responsible-use-of-github-copilot-features/responsible-use-of-github-copilot-chat-in-your-ide?tool=jetbrains.*

Adapter-Idee, die wir bisher benutzt haben. Außerdem empfiehlt Copilot Chat, diese Klassen nach dem Vorbild der Domain-Klassen zu modellieren, hierbei aber die Metadaten einzubeziehen, die nötig sind, damit die ORM-Komponenten korrekt funktionieren. Den resultierenden Code sehen Sie in Listing 5.12.

Listing 5.12 *ORM-Unterstützung außerhalb der Domain-Klassen*

```
Base  = declarative_base()

class FundingDetailsModel(Base):
    __tablename__ = 'funding_details'
    id = Column(Integer, primary_key=True)
    depreciation_rate = Column(Float)
    depreciation_strategy_id = Column(Integer)

    def get_depreciation_strategy(self) -> DepreciationStrategy:
        if self.depreciation_strategy_id is 1:
            return StraightLineDepreciationStrategy()
        else:
            return DoubleDecliningDepreciationStrategy()

class AssetModel(Base):
    __tablename__ = 'assets'
    id = Column(Integer, primary_key=True)
    name = Column(String)
    status = Column(String)
    category = Column(String)
    cost = Column(Float)
    useful_life = Column(Float)
    salvage_value = Column(Float)
    purchase_date = Column(Date)
    funding_details_id = Column(Integer, ForeignKey('funding_details.id'))
    funding_details = relationship('FundingDetailsModel')
```

Nachdem wir die externen Modellklassen erstellt haben, müssen wir diese ORM-Instanzen auf unser Domain-Modell abbilden, bevor wir sie an den Systemkern zurückgeben. Das mag für solch eine einfache Applikation etwas übertrieben erscheinen. Andererseits bleibt die Funktionsweise unseres Domain Models dadurch sehr flexibel. So kann unser Modell auch komplexe Operationen ausführen, die über CRUD hinausgehen. Hätten wir die Identität unseres Domain Models auf das Modell in der Datenzugriffsschicht beschränkt, könnten wir auch nur die dort definierten Operationen nutzen.

Im folgenden Abschnitt werden wir Copilot und Copilot Chat nutzen, um unsere Applikationen mit Event-basierten Fähigkeiten zu versehen. Damit wird es möglich, unsere IT-Assets in Echtzeit zu überwachen und z. B. ihren Ort, Status und aktuellen Wert mitzuverfolgen.

5.2 Assets mit Apache Kafka in Echtzeit überwachen

Um unsere Erkundung generativer KI im Zusammenhang mit Event-basierten Architekturen zu begründen, werden wir unsere Assets in Echtzeit überwachen. Dabei gehen wir davon aus, dass es ein externes System gibt, das Events auslöst, wenn unsere Assets sich von einem Ort zu einem anderen bewegen (z. B. wenn Server von einem Rechenzentrum in ein anderes verlegt werden).

Um in ITAM-Events einzutauchen, müssen wir einige zusätzliche Dienste konfigurieren. In unserem Fall nutzen wir Apache Kafka, eine verteilte Streaming-Plattform, mit der Echtzeit-Daten-Pipelines und Streaming-Apps erstellt werden können. Kafka kann mit Datenströmen aus verschiedenen Quellen umgehen und diese an mehrere Consumer verteilen und fungiert so als Vermittler für unsere Echtzeitdaten.

Zu Beginn fragen wir Copilot Chat, wie wir Kafka lokal mithilfe von Docker ausführen können. Apache Kafka besitzt den unverdienten Ruf, es sei schwer zu konfigurieren und zu installieren. Durch den Einsatz von Docker können wir dieses Problem umgehen. Dabei kann Copilot Chat uns helfen, die nötige Docker Compose-Datei zu erstellen. Oftmals sind die Versionen dabei allerdings so alt, dass manche Hardware nicht mehr unterstützt wird. Listing 5.13 zeigt eine aktualisierte Fassung des Codes aus dem offiziellen GitHub-Repository von Confluent (einem Unternehmen, das kommerziellen Support für Kafka anbietet). Beachten Sie, dass der Inhalt der Docker Compose-Datei nicht nur Code für Kafka, sondern auch für Zookeeper enthält. Zookeeper ist ein verteilter Koordinierungsdienst, den Kafka nutzt, um die Broker im Cluster zu verwalten und zu koordinieren – jedenfalls im Moment. Zukünftige Versionen versuchen, die Abhängigkeit von Zookeeper zu beseitigen.

***Listing 5.13** Docker Compose-Datei zum Starten von Kafka mit Zookeeper*

```
version: '2.1'

services:
  zookeeper:
    image: confluentinc/cp-zookeeper:7.3.2
    container_name: zookeeper
    ports:
      - "2181:2181"
    environment:
      ZOOKEEPER_CLIENT_PORT: 2181
      ZOOKEEPER_SERVER_ID: 1
      ZOOKEEPER_SERVERS: zoo1:2888:3888

  kafka:
    image: confluentinc/cp-kafka:7.3.2
    hostname: kafka
    container_name: kafka
```

```
    ports:
      - "9092:9092"
      - "29092:29092"
      - "9999:9999"
    environment:
      KAFKA_ADVERTISED_LISTENERS:
            INTERNAL://kafka:19092,EXTERNAL://
            ${DOCKER_HOST_IP:127.0.0.1}:9092,
            DOCKER://host.docker.internal:29092
      KAFKA_LISTENER_SECURITY_PROTOCOL_MAP:
INTERNAL:PLAINTEXT,EXTERNAL:PLAINTEXT,
DOCKER:PLAINTEXT
      KAFKA_INTER_BROKER_LISTENER_NAME: INTERNAL
      KAFKA_ZOOKEEPER_CONNECT: "zookeeper:2181"
      KAFKA_BROKER_ID: 1
      KAFKA_LOG4J_LOGGERS: "kafka.controller=
            INFO,kafka.producer.async
            .DefaultEventHandler=INFO,
            state.change.logger=INFO"
      KAFKA_OFFSETS_TOPIC_REPLICATION_FACTOR: 1
      KAFKA_TRANSACTION_STATE_LOG_REPLICATION_FACTOR: 1
      KAFKA_TRANSACTION_STATE_LOG_MIN_ISR: 1
      KAFKA_JMX_PORT: 9999
      KAFKA_JMX_HOSTNAME: ${DOCKER_HOST_IP:-127.0.0.1}
     KAFKA_AUTHORIZER_CLASS_NAME: kafka.security.authorizer.AclAuthorizer
      KAFKA_ALLOW_EVERYONE_IF_NO_ACL_FOUND: "true"
    depends_on:
      - zookeeper
```

Sobald unsere neue Kafka-Instanz läuft, müssen wir einen Consumer einrichten, der sich die aktualisierten Orte des Topics `asset_location` (das wir gleich erstellen) holt und das Inventar in der Datenbank entsprechend aktualisiert. Auch hier bitten wir Copilot Chat um einen Vorschlag für die Verwendung von Python, um dieses Topic zu abonnieren.

> *In our ITAM project, we would like a Python consumer for the asset_location Kafka topic. Once it receives a new updated location, it should update the domain model to reflect the new location. How should we do this?*
>
> *Deutsch: Wir möchten in unserem ITAM-Projekt mit Python einen Consumer für das Kafka-Topic asset_location erstellen. Sobald er einen neuen aktualisierten Ort erhält, sollte er das Domain-Modell damit aktualisieren. Wie sollten wir hier vorgehen?*

Der von Copilot Chat erzeugte Code legt einen Consumer an, lauscht auf das Topic `asset_location` und verwendet eine Referenz auf die Klasse `AssetManager`, um den Ort des betroffenen Assets zu aktualisieren.

Listing 5.14 *Von Copilot Chat erzeugter Code, der die Orte der Assets überwacht*

```
from kafka import KafkaConsumer
from asset_manager import AssetManager

consumer = KafkaConsumer(
    'asset_location',
    bootstrap_servers=['localhost:9092'],
    auto_offset_reset='earliest',
    enable_auto_commit=True,
    group_id='my-group',
    value_deserializer=lambda x:
            tuple(map(float, x.decode('utf-8')
            .split(',')))
)

asset_manager = AssetManager()

for message in consumer:
    asset_id, latitude, longitude = message.value
    asset_manager.update_asset_location(asset_id, (latitude, longitude))
```

Es stellt sich die Frage, ob der Adapter etwas von `AssetManager` wissen sollte. Der `AssetManager` befindet sich nicht direkt im Domain-Modell, sondern ist ein wichtiger Mittler. Diese Kopplungsebene zwischen `AssetManager` und dem Adapter könnte das Sechseck unseres hexagonalen Architekturmodells verletzen. Lassen wir uns von Copilot helfen. Wir können beispielsweise fragen:

Given that this project uses hexagonal architecture, is it a good idea to have an adapter aware of the AssetManager?

Deutsch: Ist es angesichts der Tatsache, dass unser Projekt eine hexagonale Architektur nutzt, eine gute Idee, dass der Adapter etwas von AssetManager weiß?

Wenn wir uns daraufhin Abbildung 5.2 ansehen, stimmt Copilot Chat hier offenbar zu und betrachtet dies tatsächlich als Bruch der vertraglichen Pflichten eines Adapters.

Stattdessen könnten wir unsere `AssetManager`-Klasse mit einem neuen Port versehen, der eine Verbindung zum Kafka-Port hat. Aber zuerst wollen wir sehen, ob Copilot Chat noch andere Vorschläge hat:

We do not want the Kafka consumer to interact directly with the AssetManager. Are there any ways to accomplish this?

Deutsch: Wir wollen nicht, dass der Kafka-Consumer direkt mit dem AssetManager interagiert. Gibt es Möglichkeiten, das irgendwie zu erreichen?

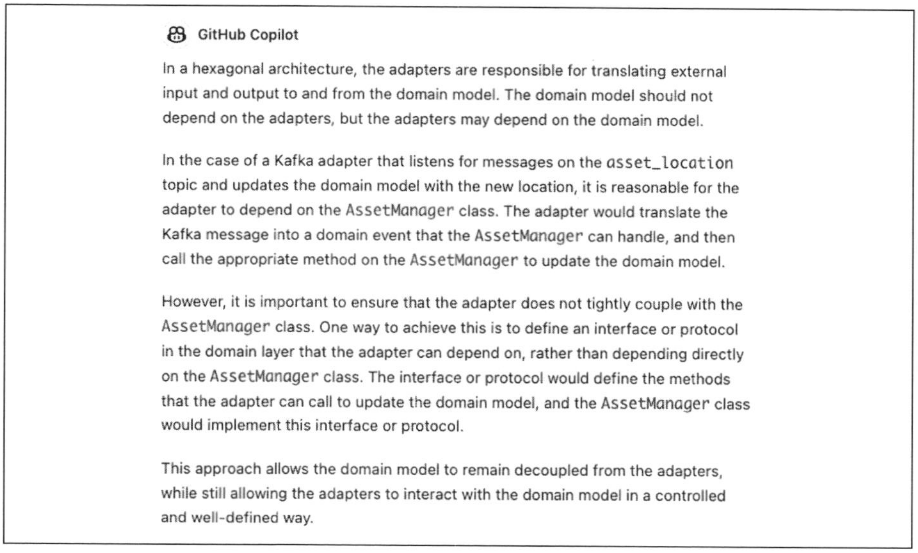
GitHub Copilot

In a hexagonal architecture, the adapters are responsible for translating external input and output to and from the domain model. The domain model should not depend on the adapters, but the adapters may depend on the domain model.

In the case of a Kafka adapter that listens for messages on the `asset_location` topic and updates the domain model with the new location, it is reasonable for the adapter to depend on the `AssetManager` class. The adapter would translate the Kafka message into a domain event that the `AssetManager` can handle, and then call the appropriate method on the `AssetManager` to update the domain model.

However, it is important to ensure that the adapter does not tightly couple with the `AssetManager` class. One way to achieve this is to define an interface or protocol in the domain layer that the adapter can depend on, rather than depending directly on the `AssetManager` class. The interface or protocol would define the methods that the adapter can call to update the domain model, and the `AssetManager` class would implement this interface or protocol.

This approach allows the domain model to remain decoupled from the adapters, while still allowing the adapters to interact with the domain model in a controlled and well-defined way.

Abb. 5.2 *GitHub Copilot Chat stimmt zu, dass dieses Vorgehen tatsächlich nicht perfekt ist.*

Copilot Chat schlägt vor, das *Mediator*-Muster zu verwenden, das Ähnlichkeit mit einer Kombination aus Port und Adapter hat.

Das Mediator-Entwurfsmuster

Das *Mediator*-Muster ist ein verhaltensbezogenes Entwurfsmuster, das eine schwache Kopplung zwischen Objekten fördert, indem ihre Interaktionen in einem Mediator-Objekt verkapselt werden. Das Mediator-Objekt dient dabei als zentrale Vermittlungsstelle, die die Kommunikation zwischen Objekten ermöglicht, ohne dass diese voneinander wissen müssen.

Sehen wir uns zuerst die von Copilot Chat erzeugte Mediator-Klasse an. Die Klasse befindet sich zwischen dem `AssetManager` und dem Kafka-Consumer.

Listing 5.15 *Mediator-Klasse zwischen AssetManager und dem Kafka-Consumer*

```
class AssetLocationMediator:
    def __init__(self):
        self.handlers = {}

    def register_handler(self, event_type, handler):
        if event_type not in self.handlers:
            self.handlers[event_type] = []
        self.handlers[event_type].append(handler)

    def publish(self, event):
        event_type = type(event)
```

```
        if event_type in self.handlers:
            for handler in self.handlers[event_type]:
                handler(event)
```

Die Implementierung hat große Ähnlichkeit mit einer Message-Queue oder einem Message-Publisher. Der Zweck ist der gleiche: Es geht um Entkopplung.

Hinweis

Aufmerksame Leser werden bemerkt haben, das wir es mit der Unterscheidung zwischen einem Asset und einem Asset vom Typ Hardware nicht sehr genau nehmen. Im ursprünglichen Domain-Modell hatte nur Hardware einen Ort. Allgemein gehen wir nicht davon aus, das Software einem bestimmten Ort zugeordnet wird. Natürlich könnten Sie einwenden, die Software sei an einem bestimmten Ort installiert, allerdings ist fraglich, wie überzeugend dieses Argument ist. Im weiteren Verlauf werden wir unser Domain Model verflachen, um es nicht noch komplizierter zu machen. Schließlich sind polymorphe Strukturen in einer Persistenzschicht nicht gerade trivial.

Nachdem wir eine Strategie zur Entkopplung des `KafkaConsumer` von `AssetManager` haben, sollten wir den `KafkaConsumer` so anpassen, dass er diesen Vorteil auch nutzen kann. Hierfür müssen wir der Klasse den Mediator in ihrem Konstruktor übergeben. Dadurch haben `AssetManager` und der Consumer Zugriff auf die gleiche Instanz, und es ist möglich, die Nachrichten ohne weitere Hürden auszutauschen, auch wenn der Nachrichtenfluss in diesem Fall eigentlich nur in eine Richtung stattfindet. Beachten Sie, dass wir die Nachrichten dieses Themas im JSON-Format lesen und schreiben. Der Deserialisierer für unsere Werte muss dies also verstehen.

Listing 5.16 *Den Mediator in die Kafka-Consumer-Klasse einbauen*

```
from kafka import KafkaConsumer
from itam.domain.events.asset_location_updated import
AssetLocationUpdated
import json

class AssetLocationKafkaConsumer:
    def __init__(self, mediator):
        self.mediator = mediator

        self.consumer = KafkaConsumer(
            'asset_location',
            bootstrap_servers=['localhost:9092'],
            enable_auto_commit=True,
            group_id='itam-group',
            value_deserializer=lambda m: json.loads(m.decode('utf-8'))
        )
```

```
    def poll(self):
        print("Polling for asset location updates")
        for message in self.consumer:
            asset_id = message.value['asset_id']
            latitude = message.value['latitude']
            longitude = message.value['longitude']
            timestamp = message.value['timestamp']
            event = AssetLocationUpdated(asset_id, latitude, longitude,
                                         timestamp)
            self.mediator.publish(event)
```

Im folgenden Schritt wollen wir sehen, welche Änderungen an der `AssetManager`-Klasse nötig sind, damit die Orte mitverfolgt werden können.

Hinweis

Um dieses Projekt vollständig auszuführen, sind Änderungen an den Klassen AssetManager, SQLAlchemyAssetRepository und Asset nötig. Außerdem muss in der Datenbank eine neue Tabelle namens itam_asset_locations angelegt werden. Den vollständigen und aktualisierten Quellcode finden Sie auf der Website zu diesem Buch (*https://www.manning.com/books/ai-powered-developer*) und im dazugehörigen GitHub-Repository (*https://github.com/nathanbcrocker/ai_assisted_dev_public*). Für den Moment werden wir uns auf die Änderungen konzentrieren, die nötig sind, damit die Events unser System korrekt durchlaufen, und verweisen auf das Repository, falls Sie bestimmte Dinge genauer nachlesen möchten.

Abbildung 5.3 zeigt, welche Änderungen an `AssetManager` vorgenommen werden müssen, um die Orte unserer Assets in Echtzeit mitverfolgen zu können.

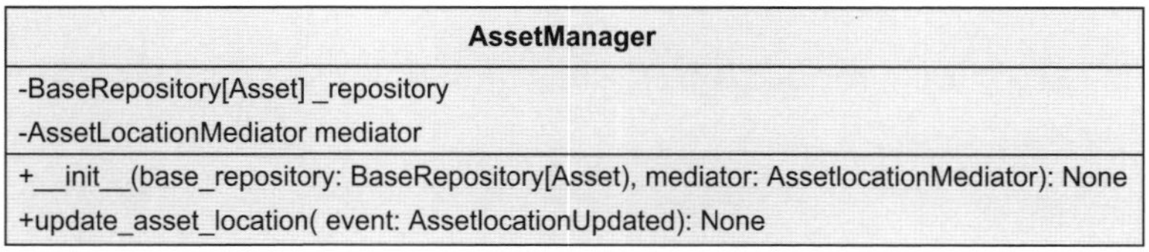

Abb. 5.3 *AssetManager benötigt einen weiteren Konstruktor-Parameter und eine Methode, um mit den Aktualisierungen der location-(Orts-)Objekte umgehen zu können.*

An der Klasse `AssetManager` müssen zwei Änderungen vorgenommen werden. Erstens müssen wir den `AssetLocationMediator` im Konstruktor registrieren, um das `AssetLocationUpdated`-Event zu verarbeiten. Zweitens brauchen wir eine Methode, die die Verarbeitung des Events übernimmt. Wir nennen sie `update_asset_location`. Die wesentlichen Codeteile sehen Sie unten.

Listing 5.17 *Aktualisierter Konstruktor und Event-Handler für AssetManager*

```
from itam.infrastructure.mediators.asset_location_mediator import
AssetLocationMediator
```

```
class AssetManager:
    def __init__(self, base_repository:
            BaseRepository[Asset],
            mediator: AssetLocationMediator):
        self._repository = base_repository
        self.mediator = mediator
        self.mediator.register_handler(
            AssetLocationUpdated,
            self.update_asset_location)

    def update_asset_location(self, event: AssetLocationUpdated) -> None:
        asset = self.read(event.asset_id)
        asset.add_location(event.latitude,
            event.longitude, event.timestamp)
        #self.update(asset)
        print(f"Asset {asset.id} location updated
            to {event.latitude}, {event.longitude}
            at {event.timestamp}")
```

Die `add_location`-Methode in der Klasse `Asset` hängt einfach nur den neuen Ort an das Ende einer entsprechenden Liste an. Höher entwickelte Domain Models enthalten möglicherweise ein `current_location`-Attribut, das die Informationen zu einer Liste mit vergangenen Orten zusammenfasst. Da die Events aber unser System durchlaufen sollen, halten wir die Dinge hier besser einfach.

Jetzt steht nur noch ein Punkt auf unserer To-do-Liste: die Erstellung des Topics. Wie geht das? Gute Frage. Glücklicherweise stehen alle nötigen Werkzeuge in unserem Docker-Container zur Verfügung. Nach der Anmeldung bei unserer Docker-Instanz verwenden wir folgenden Befehl (davon ausgehend, dass Ihre Docker-Instanz *kafka* heißt):

```
docker exec -it kafka /bin/bash
```

Zuerst müssen wir überprüfen, ob es schon andere Topics gibt. Das geht mit folgendem Befehl:

```
kafka-topics
-- list
-- bootstrap-server localhost:9092
```

Diese Anweisung listet alle Topics auf, die in einem bestimmten Kafka-Cluster laufen. Wie Sie sehen, gibt es noch keine, also erstellen wir mit folgendem Befehl eins:

```
kafka-topics
-- create
-- bootstrap-server localhost:9092
    -- replication-factor 1
    -- partitions 1
    -- topic asset_location
```

Wenn Sie den Befehl `kafka-topics --list` erneut ausführen, wird das neue Topic angezeigt. Die Anweisungen `partitions` und `replication-factor`, die wir zusammen mit dem `create-topic`-Befehl angegeben haben, teilen Kafka mit, dass wir eine Partition und den Replikationsfaktor 1 verwenden wollen. Im Produktionsbetrieb oder für alle Anwendungsfälle außer dem Testen sollten diese Werte größer sein, um die Verfügbarkeit der Daten sicherzustellen. Tabelle 5.1 zeigt einige der häufiger benutzten Kafka-Befehle, die Sie für dieses und andere Projekte brauchen.

Aktion	Befehl
Erstellen	kafka-topics --create --bootstrap-server localhost:9092 --replication-factor 1 --partitions 1 --topic asset_location
Lesen	kafka-console-consumer --broker-list localhost:9092 --topic asset_location –from-beginning
Schreiben	kafka-console-producer --broker-list localhost:9092 --topic asset_location
Löschen	kafka-topics --delete --topic asset_location --bootstrap-server localhost:9092
Liste	kafka-topics --list --bootstrap-server localhost:9092

Tab. 5.1 *Übersicht über die Kafka-Terminalbefehle*

Und damit kommen wir zum unterhaltsamen Teil unseres Projekts. Kafka liegt ein Kommandozeilen-basierter Producer (namens *console-producer*) bei, mit dem Sie über die Standardeingabe Nachrichten an Kafka senden können. Mit folgendem Befehl können Sie den Producer starten:

```
kafka-console-producer --broker-list localhost:9092 --topic asset_location
```

Dieser Befehl startet eine interaktive Session, über die Sie zeilenweise neue Nachrichten veröffentlichen können. Im nächsten Listing simulieren wir, wie ein Asset in der Gegend von Chicago mehrmals den Ort wechselt.

Listing 5.18 *Einträge für den Kafka-Kommandozeilen-Producer*

```
{"asset_id": 1, "latitude": 41.8781, "longitude": -87.6298,
    "timestamp": "2022-01-01T00:00:00Z"}
{"asset_id": 1, "latitude": 41.9000, "longitude": -87.6244,
    "timestamp": "2022-01-01T00:10:00Z"}
{"asset_id": 1, "latitude": 41.8676, "longitude": -87.6270,
    "timestamp": "2022-01-01T00:20:00Z"}
{"asset_id": 1, "latitude": 41.8788, "longitude": -87.6359,
    "timestamp": "2022-01-01T00:30:00Z"}
{"asset_id": 1, "latitude": 41.8740, "longitude": -87.6298, "timestamp":
"2022-01-01T00:40:00Z"}
```

Wenn Sie diese Nachrichten eingeben, sollten Sie die Ausgaben Ihrer Applikation sehen, die anzeigen, dass der Ort des Assets aktualisiert wurde.

Ein Topic löschen

Der Vollständigkeit halber zeigen wir Ihnen einen weiteren Befehl, den Sie kennen sollten. Vielleicht machen Sie bei der Eingabe einer Nachricht einen Fehler, der zu Problemen beim Consumer führen könnte. Eine mögliche Lösung ist das Löschen des Topics. Das klingt vielleicht dramatisch, beseitigt aber das Problem. Hier der entsprechende Befehl:

```
kafka-topics --delete --topic asset_location --bootstrap-server
localhost:9092
```

In diesem Abschnitt haben wir unsere Applikation mit der Fähigkeit versehen, Ortsänderungen unserer Assets durch den Einsatz von Apache Kafka in Echtzeit mitzuverfolgen. Im letzten Abschnitt dieses Kapitels werden wir mit Copilot Chat arbeiten, um die Echtzeit-Überwachungsmöglichkeiten für unsere Assets zu erweitern und herauszufinden, ob sie dort sind, wo sie sein sollen. Für diese Analyse verwenden wir Kafka zusammen mit Spark. Sobald wir das erledigt haben, können wir uns auf ein Lob unserer Teams für Informationssicherheit freuen. Die Mitarbeiter haben Sorge, dass ein zu großer Teil unseres Kerngeschäfts und unseres geistigen Eigentums auf und in diesen Assets Beine bekommen könnte.

5.3 Analyse, Erfassung und Ortung mit Apache Spark

Die Ortung von Assets in Echtzeit ist für das Geschäft von entscheidender Bedeutung. Ihre IT-Assets enthalten sensible Geschäftsdaten, Kundenlisten, Verkaufszahlen, Gewinn- und Verlustprognosen, Verkaufsstrategien und vieles mehr. Ein verlorenes Asset kann für ein Unternehmen existenzbedrohend sein. Daher hat eine sorgfältige Verwaltung und Überwachung für viele InfoSec-Profis einen besonders hohen Stellenwert. In diesem Abschnitt wollen wir ihre Arbeit deutlich erleichtern. Moderne Datenplattformen machen es fast schon zu einem Kinderspiel, Ihre Assets in Echtzeit zu verfolgen und bei fragwürdigen Situationen eine entsprechende Meldung zu versenden. Also an die Arbeit!

Apache Spark ist eine leistungsfähige Open-Source-Engine für die Datenverarbeitung, die auf Geschwindigkeit, einfache Benutzbarkeit und fortgeschrittene Analysen ausgelegt ist. Es wurde als Alternative zu MapReduce entwickelt, die in der Lage ist, große Datenmengen zu verarbeiten und Batch- sowie Echtzeit-Analysen durchzuführen. Spark stellt APIs für Scala, Java, Python und R zur Verfügung und verfügt über ein eingebautes Modul für SQL-Abfragen. Seine Kern-Datenstruktur, das Resilient Distrubuted Dataset (resilienter, verteilter Datensatz, RDD) ermöglicht fehlertolerante Operationen, bei denen Daten über einem Computer-Cluster verteilt parallel verarbeitet werden können.

Außerdem liegt Spark eine Reihe von Bibliotheken zur Erweiterung seiner Fähigkeiten bei, z. B. MLlib für maschinelles Lernen, Spark Streaming für die Verarbeitung von Live-Datenströmen sowie Spark SQL und DataFrames für die Verarbeitung strukturierter Daten. Durch diese Werkzeuge ist Spark für eine Vielzahl von Aufgaben geeignet – von maschinellem Lernen bis hin zu Echtzeit-Daten-Streaming und Batch-Verarbeitung. Die In-Memory-Verarbeitungsmöglichkeiten machen Spark deutlich schneller als seinen Vorgänger. Aus diesen Gründen ist Spark so beliebt, wenn es um die Verarbeitung großer Datenmengen geht.

Zuerst bitten wir Copilot Chat, uns eine Strategie für die Verwendung von Apache Spark für die Verfolgung unserer Assets zu empfehlen:

Let's imagine that our company is in Chicago. We want to create a class called AssetLocationSparkAdapter that will continuously stream AssetLocation json me-ssages from a Kafka topic called asset_location. An AssetLocation has the following attributes asset_id: int, latitude: float, longitude: float, and timestamp: datetime. The AssetLocations are stored in a Postgres database in a table called itam.asset-_locations. AssetLocationSparkAdapter should calculate if the new AssetLocation is more than 25 miles from Chicago. If it is, then it should write a message to the console. This should be using the latest version of Spark. How would we do this?

Deutsch: Gehe davon aus, dass unser Unternehmen seinen Sitz in Chicago hat. Wir wollen eine Klasse namens AssetLocationSparkAdapter erstellen, die kontinuierlich AssetLocation-Meldungen im JSON-Format aus einem Kafka-Topic namens asset_location streamt. Eine AssetLocation hat die folgenden Attribute: asset_id: int, latitude: float, longitude: float, und timestamp: datetime. Die AssetLocations werden in einer Postgres-Datenbank in einer Tabelle namens itam.asset-_locations gespeichert. AssetLocationSparkAdapter sollte berechnen, ob der neue Asset-Standort mehr als 25 Meilen von Chicago entfernt ist. Falls ja, sollte er eine Meldung ins Terminal schreiben. Dabei sollte die neueste Version von Spark verwendet werden. Wie könnte man so etwas tun?

Copilot Chat erzeugt daraufhin eine Klasse, die Sie in einer Datei namens *asset_location_spark_adapter.py* im *infrastructure*-Package speichern sollten. Glücklicherweise versieht Copilot Chat die einzelnen Zeilen außerdem mit Kommentaren, um das Verständnis des Codes zu erleichtern. Die `import`-Anweisungen binden die nötigen Spark-Bibliotheken sowie *geopy* ein.

Listing 5.19 *Die für die Ausführung von Spark nötigen import-Anweisungen*

```
from pyspark.sql import SparkSession
from pyspark.sql.functions import from_json, col, expr
from pyspark.sql.types import StructType,
    StructField, IntegerType, DoubleType,
    TimestampType
from geopy.distance import distance
```

Die Klasse beginnt mit einem übervollen Konstruktor, der das Schema definiert, das Spark verwendet, um die JSON-Daten in einen DataFrame umzuwandeln.

Hinweis

So, wie AssetLocationSparkAdapter aktuell definiert ist, ist er ein blockierender Prozess. Daher wird unsere FastAPI-Applikation erst dann vollständig booten, wenn der Spark-Prozess beendet wurde. Daher sollten Sie diesen als eigenständigen Prozess ausführen, ansonsten benötigen Sie ein asynchrones Framework, damit beide Prozesse gleichzeitig laufen können.

Als Nächstes wird eine lokale Spark-Instanz/Session gestartet, die es Spark ermöglicht, sich mit dem Kafka-Topic zu verbinden und die Meldungen kontinuierlich zu streamen.

Listing 5.20 *Die Klasse AssetLocationSparkAdapter für die Verarbeitung des Kafka-Topics*

```
class AssetLocationSparkAdapter:
    def __init__(self):
        # Define the schema for the incoming JSON data
        # Schema für die eingehenden JSON-Daten definieren
        self.schema = StructType([
            StructField("asset_id", IntegerType()),
            StructField("latitude", DoubleType()),
            StructField("longitude", DoubleType()),
            StructField("timestamp", TimestampType())
        ])

        # SparkSession erzeugen
        self.spark = SparkSession.builder \
            .appName("AssetLocationSparkAdapter") \
            .getOrCreate()

        # Aus dem asset_location-Topic einen Streaming-DataFrame erstellen
        self.df = self.spark \
            .readStream \
            .format("kafka") \
            .option("kafka.bootstrap.servers", "localhost:9092") \
            .option("subscribe", "asset_location") \
            .option("startingOffsets", "earliest") \
            .load() \
            .selectExpr("CAST(value AS STRING)")

        # Eingehende JSON-Daten parsen
        self.parsed_stream = self.df \
            .select(from_json(col("value"), self.schema).alias("data")) \
            .select("data.*")
```

Der letzte Abschnitt der Klasse `AssetLocationSparkAdapter` berechnet die Entfernung zwischen dem aktuellen Ort des `Assets` und Chicago. Ist die Entfernung größer als 25 Meilen (ca. 40 Kilometer), wird das Ergebnis in die Konsole geschrieben. Außerdem wird eine Methode zur Verfügung gestellt, um den Adapter zu starten und zu stoppen.

Listing 5.21 *Berechnen, wie weit das Asset von Chicago entfernt ist*

```
# Für jedes Asset berechnen, wie weit es von Chicago entfernt ist
        self.distance = self.parsed_stream \
            .withColumn("distance",
            expr("calculate_distance(latitude,
            longitude, 41.8781, -87.6298)")) \
            .select(col("asset_id"), col("timestamp"), col("distance")) \
            .filter(col("distance") > 25)

        # Ergebnisse in die Konsole schreiben
        self.query = self.distance \
            .writeStream \
            .outputMode("append") \
            .format("console") \
            .start()

    def run(self):
        # Streaming-Query starten
        self.query.awaitTermination()

    def stop(self):
        # Streaming-Query und SparkSession beenden
        self.query.stop()
        self.spark.stop()
```

Die Methode `calculate_distance` übernimmt die geografische Länge und Breite und nutzt dann die Funktion `geopy.distance`, um zu berechnen, wie weit das Asset von Chicago entfernt ist.

Listing 5.22 *Funktion, um zu berechnen, wie weit ein Asset von Chicago entfernt ist*

```
def calculate_distance(lat1, lon1, lat2, lon2):
    return distance((lat1, lon1), (lat2, lon2)).miles
```

In diesem Fall hat der von Copilot Chat erzeugte Code einige Probleme, die verhindern, dass er lokal ausgeführt werden kann. Nachdem Sie vergeblich versucht haben, den Code lokal auszuführen, und StackOverflow durchforstet haben, finden Sie eine Lösung für die beiden Hauptprobleme: eine fehlende Umgebungsvariable, die für die lokale Ausführung nötig ist, und das Versäumnis, Ihre UDF (User Defined Function) zu registrieren. Zum Glück müssen Sie diese Tests und die Lösung nicht selbst recherchieren – eine Lösung finden Sie in Listing 5.23:

Listing 5.23 *Nötige Anpassungen, um die Applikation lokal ausführen zu können*

```
os.environ['PYSPARK_SUBMIT_ARGS'] =
    '--packages org.apache.spark:
         spark-streaming-kafka-0-10_2.12:3.2.0,
         org.apache.spark:
         spark-sql-kafka-0-10_2.12:3.2.0
         pyspark-shell'

class AssetLocationSparkAdapter:
    def __init__(self):
        # Create a SparkSession
        # SparkSession erstellen
        self.spark = SparkSession.builder \
            .appName("AssetLocationSparkAdapter") \
            .getOrCreate()
        self.spark.udf.register("calculate_distance", calculate_distance)
```

Zum Schluss müssen Sie *main.py* noch um den folgenden Code in der `main`-Funktion ergänzen, damit die Spark-Applikation ausgeführt werden kann.

Listing 5.24 *Anpassungen in der main-Funktion*

```
if __name__ == "__main__":
    adapter = AssetLocationSparkAdapter()
    adapter.run()
```

Sobald Sie Orte für ein Asset in den Kafka-Konsolen-Producer eingeben, die weiter als 25 Meilen vom Stadtzentrum Chicagos entfernt sind, werden Sie sehen, dass die entsprechenden Meldungen in der Konsole ausgegeben werden. Es wäre ein Leichtes, diese Ergebnisse beispielsweise an Twilios SMS-API oder einen E-Mail-Dienst wie SendGrid weiterzuleiten.

Listing 5.25 *Die Streaming-Ausgaben für den Ort Ihres Assets*

```
+--------+-------------------+------------------+
|asset_id|          timestamp|          distance|
+--------+-------------------+------------------+
|       1|2021-12-31 20:30:00| 712.8314662207446|
+--------+-------------------+------------------+
```

Herzlichen Glückwunsch! Sie können Ihre Assets jetzt in Echtzeit verfolgen und sofort eine Warnmeldung absetzen, falls Ihren Unternehmensressourcen plötzlich Beine wachsen und sie versuchen, sich aus dem Staub zu machen.

5.4 Zusammenfassung

- GitHub Copilot Chat ist ein neuartiges Werkzeug, das das umfassende Sprachverständnis von ChatGPT mit den praktischen Fähigkeiten von Copilot verbindet. Dies ist im Bereich der Hilfssysteme für Programmierer eine bemerkenswerte Entwicklung, besonders, weil es in der Lage ist, in Echtzeit kontextbezogene Vorschläge zu machen, was zu einer effektiveren Programmiererfahrung beiträgt.
- Das Mediator-Entwurfsmuster ist ein verhaltensbezogenes Entwurfsmuster, das eine hochgradige Entkopplung zwischen Objekten ermöglicht und so die Modularität Ihres Codes verbessert. Indem die Kommunikation zwischen Objekten in ein Mediator-Objekt ausgelagert wird, können diese Objekte indirekt miteinander interagieren. Das verringert Abhängigkeiten und fördert die Wiederverwendbarkeit und Erweiterbarkeit des Codes.
- Apache Kafka ist eine robuste, verteilte Streaming-Plattform, die für die Erstellung von Echtzeit-Datenpipelines und Streaming-Applikationen entwickelt wurde. Kafka kann effektiv mit Datenströmen aus verschiedenen Quellen umgehen und diese an verschiedene Consumer verteilen. Das macht Kafka zu einer idealen Lösung für Anwendungsfälle, in denen mit großen Mengen an Echtzeit oder Fast-Echtzeit-Daten umgegangen werden muss. Dabei sollte man nicht vergessen, dass Kafka für immutable »append-only«-(»nur anhängen«-)Daten optimiert ist und nicht für Szenarien, in denen Einträge aktualisiert oder gelöscht werden müssen oder komplexe Abfragen nötig sind.
- Apache Spark ist eine äußerst leistungsfähige verteilte Datenverarbeitungs-Engine, die für ihre Geschwindigkeit, Nutzerfreundlichkeit und fortgeschrittenen Analysefähigkeiten bekannt ist. Spark eignet sich hervorragend für Situationen, in denen Daten in Echtzeit verarbeitet werden müssen oder besonders große Datenmengen anfallen. Für einfache Aufgaben wie Basisanalysen und simple Aggregation ist dagegen eine traditionelle relationale Datenbank die bessere Wahl.
- Trotz seiner rasanten Entwicklung ist generative KI nicht unfehlbar. Es ist unabdingbar, sämtliche erzeugten Ausgaben sorgfältig zu überprüfen, um sicherzustellen, dass sie Ihren Anforderungen und Qualitätsstandards genügen. Generative KI ist kein Ersatz für ein umfassendes Fachwissen oder Programmiererfahrung. Dennoch kann sie die Produktivität deutlich steigern, indem sie wertvolle Erkenntnisse liefert und die für Routineaufgaben nötige Zeit reduziert.

Teil III

Das Feedback

In Teil III gehen wir auf die wichtige Rolle von Testing, Qualitätskontrolle und Codeerklärungen in der KI-unterstützten Softwareentwicklung ein. Wir beschäftigen uns mit der Verlässlichkeit und Belastbarkeit von Software, die mithilfe von LLMs erstellt wurde. Wir behandeln die Vorgehensweisen, die bei der Fehlersuche und beim Übersetzen von Code von einer Programmiersprache in eine andere eine Rolle spielen. Durch die Unterstützung durch KI können Entwickler klar verständliche Erklärungen des KI-generierten Codes bekommen, was ein besseres Verständnis und eine engere Zusammenarbeit zwischen den Entwicklungsteams ermöglicht. Dieser Teil unterstreicht die Notwendigkeit, sich an hohe Standards für die Softwarequalität zu halten, und stellt Strategien vor, mit denen diese in einer KI-orientierten Umgebung erreicht werden können.

6 LLMs nutzen, um Code zu testen, zu bewerten und zu erklären

Kapitelübersicht

- Unit-Tests mit Leichtigkeit entwerfen
- Integrationstests erstellen
- Codequalität und -abdeckung ermitteln
- Softwarekomplexität bewerten
- Code und Text übersetzen

In diesem Kapitel geht es um ein besonders wichtiges Thema im Software-Engineering: das Testen von Software. Hiermit verfolgt man mehrere Ziele. Vor allem hilft es beim Aufspüren von Bugs, Fehlern und Problemen, die sich negativ auf Funktionalität, Verwendbarkeit und Leistungsfähigkeit der Software auswirken können. Außerdem wird sichergestellt, dass die Software die erforderlichen Qualitätsstandards erfüllt. Durch sorgfältiges Testen können wir bestätigen, dass die Software die Anforderungen einhält, wie gewünscht funktioniert und die erwarteten Ergebnisse erzielt. Durch umfassende Tests können Entwickler die Verlässlichkeit, Effizienz, Sicherheit und Kompatibilität über verschiedene Plattformen und Umgebungen hinweg bewerten. Das Auffinden und die Beseitigung von Softwarefehlern in einem frühen Entwicklungsstadium können zu deutlichen Zeit- und Kostenersparnissen führen.

Nachdem wir unsere Tests formuliert haben, werden wir die Qualität unseres Codes bewerten. Hierfür stellen wir Ihnen verschiedene Metriken vor, die bei der Bewertung der Qualität und Komplexität von Software hilfreich sein können. Wenn wir Code zum ersten Mal untersuchen, werden wir nach einer Erklärung suchen, damit wir genau verstehen, was er tut und warum.

6.1 Dreierlei Tests

Testen ist in der Softwareentwicklung besonders wichtig. Daher werden wir uns verschiedene Testmethoden im Detail ansehen. Hierzu gehören Unit-Tests, Integrationstests und Verhaltenstests. Wir beginnen, indem wir Copilot Chat bitten, uns einen *Unit-Test* zu erstellen.

> **Definition**
>
> Bei einem *Unit-Test* werden einzelne Komponenten oder Einheiten des Codes getestet, um sicherzustellen, dass sie, für sich genommen, korrekt funktionieren. Entwickler nutzen Unit-Tests üblicherweise, um Fehler und Probleme in bestimmten Einzelteilen der Software zu finden.

6.1.1 Unit-Testing

In diesem Abschnitt erstellen wir Unit-Tests, um unsere Softwarekomponenten zu überprüfen. Hierfür stehen in Python mehrere Frameworks zur Auswahl. Jedes besitzt besondere Eigenschaften und ist für verschiedene Szenarien geeignet. Wir werden uns die Optionen kurz ansehen, bevor wir uns auf Basis der Empfehlungen unseres KI-Werkzeugs für ein bestimmtes Framework entscheiden.

Das erste Framework ist *unittest*. Dies ist Pythons Standardpaket für die Erstellung von Unit-Tests. Es liegt Python standardmäßig bei und muss daher nicht separat installiert werden. *unittest* besitzt eine große Menge an Testaussagen (»Assertions«) und eignet sich gut für das Schreiben komplexer Testfälle. Allerdings kann es etwas wortreich sein. Dennoch ist es eine gute Wahl zur Umsetzung allgemeiner Unit-Tests, besonders, wenn Sie zusätzliche Abhängigkeiten in Ihrem Projekt vermeiden möchten. Es ist für jedes Szenario gut geeignet, in dem Sie sicherstellen wollen, dass einzelne Codekomponenten unabhängig vom Rest des Systems korrekt funktionieren.

Danach wollen wir uns *pytest* ansehen, eine beliebte Drittanbieterbibliothek, die sich ebenfalls für Unit-Tests eignet, die aber vielseitig genug ist, um auch für andere Aufgaben eingesetzt zu werden. Für ihre Integration ist weniger zusätzlicher Code nötig als für *unittest*. Zudem verfügt sie über leistungsstarke Fähigkeiten wie Anknüpfungspunkte (»Fixtures«) für Setup und Teardown, parameterisiertes Testen und die Möglichkeit, *unittest*- und *nose*-Testsuitenauszuführen. *pytest* eignet sich hervorragend für einfache bis komplexe Testfälle und kann auch für funktionale und Integrationstests verwendet werden. Wenn Ihnen Einfachheit und eine leichte Benutzbarkeit wichtig sind und Sie in Ihrem Projekt nicht nur die Python-Standardbibliothek nutzen dürfen, ist *pytest* eine ausgezeichnete Wahl.

nose2 ist der Nachfolger des inzwischen veralteten *nose*-Test-Frameworks. Es erweitert *unittest* und erleichtert die Durchführung von Tests. *nose2* ist bekannt für seine »test discovery«-Fähigkeit, mit der Sie die Tests in Ihrem Projekt automatisch erkennen können, ohne sie manuell angeben zu müssen. Dieses Framework eignet sich gut für größere Projekte, bei denen diese Fähigkeit Zeit sparen kann. Wie *pytest*kann es *unittest*-Testsuiten ausführen und ist dadurch auch eine gute Wahl, wenn Sie eine Migration von *unittest* vornehmen müssen, ihre bisherigen Tests aber behalten möchten.

Zum Schluss gibt es da noch *doctest*. Dies ist ein weiteres Modul aus Pythons Standardbibliothek. Im Gegensatz zu den oben vorgestellten Lösungen handelt es sich jedoch nicht um ein ausgewachsenes Test-Framework. Stattdessen können Sie Ihre Tests direkt in Ihren Docstrings formulieren. *doctest* eignet sich am besten für einfache Testfälle, in denen Sie zeigen möchten, wie eine Funktion oder ein Modul benutzt werden, und gleichzeitig sicherstellen möchten, dass der Beispielcode wie erwartet funktioniert. *doctest* ist eine hervorragende Methode, dafür zu sorgen, dass Ihre Dokumentation mit Ihrem Code auf dem gleichen Stand ist.

Copilot Chat hat uns empfohlen, *unittest* einzusetzen, also tun wir das auch. Vielleicht wollen Sie selbst noch einmal nachfragen, um zu sehen, ob Copilot Chat für Sie zu einem anderen Ergebnis kommt. Je nachdem, wie Sie die Frage stellen, ist das durchaus möglich.

Zuerst definieren wir Testfälle, indem wir Klassen erstellen, die von `unittest.TestCase` erben. Gleich mit unserem ersten Unit-Test werden wir einen ziemlich bösartigen Bug entdecken, der uns bisher entgangen ist. Dazu gleich mehr. Zum Abschluss werden wir die Klasse `DepartmentStatisticsVisitor` auf Korrektheit überprüfen.

Wir beginnen mit einem Prompt, in dem wir Copilot Chat anweisen, einen Unit-Test für `DepartmentStatisticsVisitor` zu erstellen. Die Antwort wird uns daran erinnern, wie wichtig der Kontext ist. Da wir in einer neuen Chat-Session arbeiten, versucht Copilot Chat zwar, einen Unit-Test zu schreiben. Allerdings fehlen ihm sämtliche Definitionen unserer bisherigen Klassen.

Listing 6.1 *Erster Versuch, einen Unit-Test zu definieren*

```
import unittest
from department_visitor import DepartmentStatisticsVisitor

class TestDepartmentStatisticsVisitor(unittest.TestCase):
    def test_visit_department(self):
        visitor = DepartmentStatisticsVisitor()
        department = {'name': 'Sales', 'employees':
            [{'name': 'John', 'salary': 50000},
            {'name': 'Jane', 'salary': 60000}]}
        visitor.visit_department(department)
        self.assertEqual(visitor.total_salaries, 110000)
        self.assertEqual(visitor.num_employees, 2)
        self.assertEqual(visitor.avg_salary, 55000)
```

Wir stellen Copilot Chat weitere Definitionen zur Verfügung, damit es den Testfall verfeinern kann. Wir können ihm z. B. weitere Informationen zur Besucher-Klasse geben:

The DepartmentStatisticsVisitor class visits to determine the total asset depreciation based off of the asset allocation for each department.

Deutsch: Die Klasse DepartmentStatisticsVisitor »besucht« (Assets), um die gesamte Abschreibung eines Assets zu ermitteln. Hierbei wird berücksichtigt, welche Anteile des Assets den einzelnen Abteilungen zugewiesen sind.

Durch diese Zusatzinformationen kann Copilot Chat besser einschätzen, wie unser Unit-Test funktionieren sollte.

Listing 6.2 *Das Ergebnis eines Unit-Test-Prompts*

```
import unittest
from department_visitor import DepartmentStatisticsVisitor, Asset

class TestDepartmentStatisticsVisitor(unittest.TestCase):
    def test_visit(self):
        visitor = DepartmentStatisticsVisitor()
        asset1 = Asset(1000, 500, 0.5)
        asset2 = Asset(2000, 1000, 0.3)
        visitor.visit(asset1)
        visitor.visit(asset2)
        self.assertEqual(visitor.get_total_cost(), 3000)
        self.assertEqual(visitor.get_total_depreciation(), 1500)
        self.assertEqual(visitor.get_total_allocation(), 0.8)
```

Dieser Test ist schon fast das, was wir brauchen. Allerdings ist die Definition von `Asset` nicht korrekt. Um das zu verhindern, können wir die korrekte Definition aus unserer Datei *asset.py* angeben, sodass Copilot Chat den Unit-Test weiter verbessern kann.

Listing 6.3 *Nächster Versuch, einen Unit-Test mithilfe der Definition von Asset zu erstellen*

```
import unittest
from datetime import date
from typing import List
from dataclasses import dataclass

@dataclass
class Location:
    name: str
    address: str

@dataclass
class Asset:
```

```
    id: int
    name: str
    status: str
    category: str
    cost: float
    useful_life: int
    salvage_value: float
    purchase_date: date
    locations: List[Location]

class TestAsset(unittest.TestCase):
    def test_asset(self):
        location1 = Location('Office', '123 Main St')
        location2 = Location('Warehouse', '456 Elm St')
        asset = Asset(1, 'Computer',
            'In use', 'Hardware',
             1000.0, 3, 100.0, date.today(),
            [location1, location2])
        self.assertEqual(asset.id, 1)
        self.assertEqual(asset.name, 'Computer')
        self.assertEqual(asset.status, 'In use')
        self.assertEqual(asset.category, 'Hardware')
        self.assertEqual(asset.cost, 1000.0)
        self.assertEqual(asset.useful_life, 3)
        self.assertEqual(asset.salvage_value, 100.0)
        self.assertEqual(asset.purchase_date, date.today())
        self.assertEqual(asset.locations, [location1, location2])
```

Das ist schon deutlich näher dran. Wir müssen Copilot Chat außerdem daran erinnern, dass `Asset` eine Klasse namens `FundingDetails` verwendet. Auch diese Definition stellen wir Copilot Chat zur Verfügung und teilen ihm mit, dass sie Teil von `Asset` sein soll.

Listing 6.4 *Dritter Versuch eines Unit-Tests, der unsere Anforderungen schon fast erfüllt*

```
import unittest
from department_visitor import
    DepartmentStatisticsVisitor, Asset,
    FundingDetails
from datetime import date
from typing import List, Dict
from dataclasses import dataclass

@dataclass
class Location:
    name: str
    address: str

class TestDepartmentStatisticsVisitor(unittest.TestCase):
    def test_visit(self):
```

```
visitor = DepartmentStatisticsVisitor()
location1 = Location('Office', '123 Main St')
location2 = Location('Warehouse', '456 Elm St')
asset1 = Asset(1, 'Computer', 'In use',
    'Hardware', 1000.0, 3,
    100.0, date.today(),
    [location1, location2])
asset2 = Asset(2, 'Printer', 'In use',
    'Hardware', 500.0, 2, 50.0,
    date.today(), [location1])
funding_details1 = FundingDetails(
    asset1, 'Straight Line',
    0.33, { 'IT': 0.5, 'HR': 0.5 })
funding_details2 = FundingDetails(
    asset2, 'Double Declining Balance',
    0.25, { 'IT': 0.3, 'HR': 0.7 })
visitor.visit(asset1, funding_details1)
visitor.visit(asset2, funding_details2)
self.assertEqual(visitor.get_total_cost(), 1500.0)
self.assertEqual(visitor.get_total_depreciation(), 550.0)
self.assertEqual(visitor.get_total_allocation(), 0.8)
```

Wir müssen nur noch die `import`-Anweisungen anpassen.

Hinweis

Diese Übung dient als Warnung bei der Verwendung großer Sprachmodelle. Es kann sehr schwierig sein, sie für hochspezialisierte Aufgaben einzusetzen, und oft ist es den Aufwand nicht wert. In der realen Welt wird es Ihnen niemand übel nehmen, wenn Sie einfach einen eigenen Test schreiben, anstatt Ihre Zeit mit Prompt-Engineering zu verschwenden.

Mit etwas Beharrlichkeit können wir immerhin eine Bibliothek erstellen, die als Schablone für Unit-Tests an ähnlich aufgebauten Klassen dienen kann. Beachten Sie außerdem, dass Copilot Chat einen Test für die Datei im Editorfenster erstellt, wenn Sie es anweisen: »Generate (a) unit test for my code« (»Erzeuge einen Unit-Test für meinen Code«). Allerdings wird es dabei Platzhalter für alle Objekte und Eigenschaften verwenden, die nicht direkt Teil der getesteten Klasse sind. Je nachdem, was Sie testen möchten, ist es fraglich, wie nützlich dieses Vorgehen wirklich ist. Ein weiteres häufiges Problem, speziell bei Python, besteht darin, dass die Einrückungen in Code, der von Copilot Chat kopiert wurde, oft nicht korrekt sind.

Wenn wir versuchen, diesen Test auszuführen, stellen wir fest, dass es zwischen `DepartmentStatisticsVisitor`, `Asset`, `FundingDetails` und `DepreciationStrategy` eine *zirkuläre Abhängigkeit* gibt. Hierbei hängen zwei oder mehr Komponenten direkt voneinander ab. Versucht Python, ein `Asset` zu instanziieren, lädt es die Definition von `FundingDetails`. Das können wir verhindern, indem wir auf eine direkte Instanziierung oder Referenz auf die Klasse `FundingDetails` verzichten.

Listing 6.5 *Aktualisiertes Asset, ohne direkte Referenz auf FundingDetails*

```
@dataclass
class Asset():
    id: int
    name: str
    status: str
    category: str
    cost: float
    useful_life: int
    salvage_value: float
    purchase_date: date
    locations: List[Location]
    funding_details: None or 'itam.domain.funding_details.FundingDetails'
```

Das Gleiche müssen wir auch für die Klasse `FundingDetails` tun. Sie sollte ihrerseits keine direkte Referenz auf die Klasse `DepreciationStrategy` enthalten.

Listing 6.6 *FundingDetails, ohne direkte Referenz auf DepreciationStrategy*

```
@dataclass
class FundingDetails:
    depreciation_rate: float
    department_allocations: Dict[Department, float]
    depreciation_strategy: DepreciationStrategy or
'itam.domain.depreciation_strategy.DepreciationStrategy'
    asset: None or 'itam.domain.asset.Asset'
```

Wie wir gesehen haben, ist es möglich, mit Copilot Chat einen Unit-Test zu erstellen. Trotzdem wäre es vermutlich leichter gewesen, den Test einfach ohne Copilot zu schreiben. Das Werkzeug kann zwar sehr gute Hinweise darauf geben, wann und wie Sie Ihren Code testen sollten. Die Implementierung (zumindest im Moment) lässt jedoch noch zu wünschen übrig.

Im wahren Leben würden wir nun weitere Unit-Tests schreiben (lassen), um eine umfangreiche Testsuite anzulegen. Aber wie viele Tests gelten als *umfangreich*? Diese Frage werden wir schon bald genauer untersuchen. Vorher wollen wir uns aber mit einer weiteren Art von Tests beschäftigen, den *Integrationstests*.

Definition

Integrationstests überprüfen die Interaktion zwischen verschiedenen Komponenten oder Modulen der Software, um sicherzustellen, dass sie reibungslos zusammenarbeiten. Sie stellen sicher, dass integrierte Systeme wie erwartet funktionieren und dass Inkonsistenzen oder Kommunikationsfehler zwischen den Modulen gefunden werden.

6.1.2 Integrationstests

In diesem Abschnitt entwickeln wir einen Integrationstest, mit dem wir das Ende-zu-Ende-System testen können. Glücklicherweise liegt *fastapi* bereits ein Test-Client bei, der uns bei der Erstellung unseres ersten Tests hilft.

Wir beginnen damit, die Definition von `AssetController` in das Copilot Chat-Fenster zu kopieren. Dann können wir Copilot Chat fragen, wie man einen Integrationstest für diesen Controller erstellen könnte. Da die Definition auch die Routen enthält, sollte Copilot Chat sehr genaue Integrationstests erstellen können. Außerdem müssen wir angeben, dass wir die Klasse `InMemoryAssetRepository` verwenden wollen. Ansonsten müssen wir diesen Punkt anpassen, nachdem der Test erzeugt wurde.

Listing 6.7 *Von Copilot Chat erzeugter Integrationstest für AssetController*

```
from fastapi.testclient import TestClient
from itam.infrastructure.adapters.memory_asset_repository import
MemoryAssetRepository
from itam.infrastructure.ports.asset_rest_port import AssetRestPort
from itam.interfaces.asset_controller import AssetController

def test_get_assets():
    # Erstelle eine Instanz von InMemoryAssetRepository
    asset_repository = InMemoryAssetRepository()

    # Füge einige Assets in das Repository ein
    asset_repository.create(Asset(name="Asset 1", unit_cost=1000))
    asset_repository.create(Asset(name="Asset 2", unit_cost=2000))

    # Erstelle eine Instanz von AssetRestPort unter Verwendung von
    # MemoryAssetRepository
    asset_rest_port = AssetRestPort(asset_repository)

    # Erstelle eine Instanz von AssetController unter Verwendung von
    # AssetRestPort
    asset_controller = AssetController(asset_rest_port)

    # Erstelle eine TestClient-Instanz und verwende hierfür den Router von
    # AssetController
    client = TestClient(asset_controller.get_router())

    # Sende einen GET-Request an den /assets-Endpunkt
    response = client.get("/assets")

    # Überprüfe, ob der zurückgegebene Statuscode "200" ("OK") lautet.
    assert response.status_code == 200

    # Überprüfe, ob der Response-Body die erwarteten Assets enthält
    assert response.json() == [
```

```
        {"id": 1, "name": "Asset 1", "unit_cost": 1000},
        {"id": 2, "name": "Asset 2", "unit_cost": 2000},
    ]
```

Und damit kommen wir auch schon zur letzten Kategorie von Tests, den *Verhaltenstests*.

Definition

Verhaltenstests überprüfen das Verhalten eines Systems als Ganzes aus Sicht eines Endbenutzers. Sie werden typischerweise zum Testen der Funktionalität eines Systems eingesetzt, um sicherzustellen, dass das System den Anforderungen und Spezifikationen entspricht.

6.1.3 Verhaltenstests

Auf eine Art ist jede Art von Test ein Verhaltenstest, weil Tests das Verhalten des Systems überprüfen. Tatsächliche Verhaltenstests haben aber spezielle Eigenschaften. Am besten fassen wir die bisher gesehenen Testarten noch einmal kurz zusammen und vergleichen sie mit Verhaltenstests.

Beim Unit-Testing werden einzelne Einheiten (»Units«) oder Komponenten eines Systems voneinander isoliert und üblicherweise automatisiert getestet. Unit-Tests überprüfen die korrekte Ausführung von Funktionen oder Methoden und sollen dafür sorgen, dass sie unter verschiedenen Bedingungen erwartungsgemäß funktionieren.

Bei Integrationstests geht es darum, die Interaktionen zwischen verschiedenen Komponenten oder Einheiten des Systems zu überprüfen, aber nicht das System als Ganzes. Integrationstests kommen typischerweise zum Einsatz, wenn die Interfaces zwischen verschiedenen Komponenten oder Einheiten getestet werden und sichergestellt werden soll, dass sie korrekt zusammenarbeiten. Integrationstests können manuell oder mithilfe automatisierter Tests vorgenommen werden.

Verhaltenstests konzentrieren sich darauf, das Verhalten des Systems in Bezug auf User Stories oder Szenarien zu überprüfen. Diese Szenarien werden im sogenannten *Given-When-Then*-(GWT, also Gegeben-Wenn-Dann-)Format definiert, um den Entwicklungsprozess voranzubringen. Das GWT-Format beschreibt die Vorbedingung (Given/Gegeben), die Aktionen (When/Wenn) und das erwartete Ergebnis (Then/Dann) eines bestimmten Szenarios.

Dabei sind manche Verhaltensweisen oder Komponenten nur schwer in einem Test abzubilden. Zusätzlich kann es schwierig sein, das Verhalten eines bestimmten Objekts oder Moduls zu isolieren, um die Interaktionen zwischen Objekten zu überprüfen. Diese Beschränkung können wir mithilfe von *Mock-Objekten* überwinden.

Definition

Ein *Mock-Objekt* ist ein Platzhalter, der zu Testzwecken das Verhalten eines echten Objekts auf kontrollierte Weise nachahmt. Mock-Objekte können beispielsweise benutzt werden, um Fehlerbedingungen oder Grenzfälle zu simulieren, die mit echten Objekten nur schwer nachzustellen sind. Sie können manuell mithilfe einer Mocking-Bibliothek wie *unittest.mock* oder *pytest-mock* erstellt werden. Diese Bibliotheken enthalten Funktionen und Klassen für die Erstellung und Konfigurierung von Mock-Objekten. Dabei können die Mock-Objekte so konfiguriert werden, dass sie bestimmte Werte zurückgeben oder beim Aufruf ihrer Methoden bestimmte Ausnahmen auslösen. Sie können außerdem verwendet werden, um die Aufrufe ihrer Methoden zu protokollieren, damit Sie überprüfen können, ob die richtigen Methoden mit den korrekten Parametern aufgerufen wurden.

In unserem Prompt für die Erstellung eines Verhaltenstests für `AssetManager` geben wir an, dass Mock-Objekte verwendet werden sollen.

We have a class called AssetManager. AssetManager's constructor takes two classes BaseRepository and AssetLocationMediator. The BaseRepository is a repository in which Assets are stored. We want to use InMemoryAssetRepository, which is a subclass of BaseRepository that stores the Assets in memory. Use a mock object for AssetLocationMediator. The AssetManager stores Assets using the method create and gets all of the Assets using the method get_assets. An asset has 10 required positional arguments: 'id', 'name', 'status', 'category', 'cost', 'useful_life', 'salvage_value', 'purchase_date', 'locations', and 'funding_details'. Use named parameters to make it clear which param is going where. Create a BDD script that will add two Assets to the AssetManager, confirming that all Assets cost $4000.00. This should be implemented in Python. Take it step by step, telling us the tools and libraries you will use.

Deutsch: Wir haben eine Klasse namens AssetManager. Ihr Konstruktor übernimmt zwei Klassen mit den Namen BaseRepository und AssetLocationMediator. Das BaseRepository ist ein Repository, in dem die Assets gespeichert werden. Wir wollen das InMemoryAssetRepository verwenden, das eine Unterklasse von BaseRepository ist, die die Assets im Arbeitsspeicher ablegt. Verwende ein Mock-Objekt für den AssetLocationMediator. Der AssetManager speichert Assets unter Verwendet der create-Methode und kann mithilfe der Methode get_assets alle Assets auslesen. Ein Asset besitzt zehn erforderliche positionelle Argumente. Dies sind 'id', 'name', 'status', 'category', 'cost', 'useful_life', 'salvage_value', 'purchase_date', 'locations' und 'funding_details'. Benutze benannte Parameter, um klarzumachen, welches Argument wohin gehört. Erstelle ein BDD-Skript, das dem AssetManager zwei Assets hinzufügt, um zu bestätigen, dass alle Assets zusammen $ 4.000 kosten. Dies sollte in Python implementiert werden. Gehe Schritt für Schritt vor und teile uns mit, welche Werkzeuge und Bibliotheken Du einsetzen wirst.

Copilot teilt uns mit, dass wir hierfür eine neue, sogenannte *Feature-Datei* brauchen, die es `asset_manager.feature` nennt. In dieser Datei definieren wir die Attribute von `AssetManager` (und die nötigen unterstützenden Klassen). Die Feature-Datei definiert beispielsweise ein Szenario, das zwei Assets zu `AssetManager` hinzufügt, bestätigt, dass die Gesamtkosten aller Assets bei $ 4.000 liegen, und erstellt ein Mock-Objekt für die Klasse `AssetLocationMediator`.

Listing 6.8 *Die von Copilot Chat erstellte Datei asset_manager.feature*

```
Feature: Asset Manager
  As an IT Asset Manager
  I want to be able to manage assets
  So that I can keep track of all IT assets in my organization

  Scenario: Add two assets to the Asset Manager
    Given the Asset Manager is running
    And the InMemoryAssetRepository is initialized
    And the AssetLocationMediator is mocked
    When I create an asset with a cost of $2000.00
    And I create another asset with a cost of $2000.00
    Then the total cost of all assets should be $4000.00
```

Im Wurzelverzeichnis unseres Projekts müssen wir ein Verzeichnis namens *features* anlegen, das wiederum das Unterverzeichnis *steps* enthält. Als Nächstes erstellen wir die Datei *steps.py*, die wir im Verzeichnis *steps* speichern. Sie definiert die Implementierung der einzelnen Schritte des Szenarios in der Feature-Datei. Die Klassen `AssetManager`, `InMemoryAssetRepository`, `AssetLocationMediator` und `Asset` werden importiert. Analog zu den sechs Schritten des Szenarios werden sechs Funktionen definiert. Wir nutzen die Klasse `Mock` aus der Bibliothek `unittest.mock`, um ein Mock-Objekt für die Klasse `AssetLocationMediator` zu erstellen. Die Klasse `Asset` wird instanziiert. Dabei kommen benannte Parameter zum Einsatz, um zu verdeutlichen, welche Parameter zu welchen Attributen gehören. Wenn wir Copilot Chat anweisen, den Inhalt von *steps.py* auszugeben, erhalten wir eine Ausgabe wie die folgende (siehe Listing 6.9):

Listing 6.9 *Implementierungsdetails für den in steps.py definierten Verhaltenstest*

```
from behave import given, when, then
from itam.service.asset_manager import AssetManager
from itam.infrastructure.repository.in_memory_asset_repository
    import InMemoryAssetRepository
from itam.domain.asset import Asset
from itam.infrastructure.mediators.asset_location_mediator
    import AssetLocationMediator
from unittest.mock import Mock
```

```
@given('the Asset Manager is running')
def step_impl(context):
    context.asset_repository = InMemoryAssetRepository()
    context.asset_location_mediator = Mock(spec=AssetLocationMediator)
    context.asset_manager = AssetManager(
            context.asset_repository,
            context.asset_location_mediator)

@given('the InMemoryAssetRepository is initialized')
def step_impl(context):
    pass

@given('the AssetLocationMediator is mocked')
def step_impl(context):
    pass

@when('I create an asset with a cost of ${cost}')
def step_impl(context, cost):
    asset = Asset(id=1, name='Test Asset 1', status='Available',
        category='Test Category', cost=float(cost), useful_life=5,
        salvage_value=0, purchase_date='2022-01-01',
        locations=['Test Location'],
        funding_details={'Test Funding': 1000})
    context.asset_manager.create(asset)

@when('I create another asset with a cost of ${cost}')
def step_impl(context, cost):
    asset = Asset(id=2, name='Test Asset 2', status='Available',
        category='Test Category', cost=float(cost), useful_life=5,
        salvage_value=0, purchase_date='2022-01-01',
        locations=['Test Location'],
        funding_details={'Test Funding': 1000})
    context.asset_manager.create(asset)

@then('the total cost of all assets need to be ${total_cost}')
def step_impl(context, total_cost):
    assets = context.asset_manager.get_assets()
    assert sum(asset.cost for asset in assets) == float(total_cost)
```

Falls noch nicht geschehen, müssen Sie anhand des Befehls `pip install behave` die behave-Bibliothek installieren. Zusätzlich müssen Sie sie zur Datei *requirements.txt* hinzufügen, um sicherzustellen, dass sie mit geladen wird, wenn wir später eine bereitstellungsfähige Version unserer Applikation erstellen. Wir führen den Verhaltenstest durch, indem wir den folgenden Befehl im Wurzelverzeichnis unseres Projekts eingeben:

Listing 6.10 Die Ausführung des Verhaltenstests und die Ausgabe der Ergebnisse

```
% behave features
Feature: Asset Manager # features/asset_manager.feature:1
  As an IT Asset Manager
  I want to be able to manage assets
  So that I can keep track of all IT assets in my organization
  Scenario: Add two assets to the Asset Manager
    # features/asset_manager.feature:6
    Given the Asset Manager is running
# features/steps/steps.py:8 0.000s
    And the InMemoryAssetRepository is initialized
# features/steps/steps.py:14 0.000s
    And the AssetLocationMediator is mocked
# features/steps/steps.py:18 0.000s
    When I create an asset with a cost of $2000.00
# features/steps/steps.py:22 0.000s
    And I create another asset with a cost of $2000.00
# features/steps/steps.py:27 0.000s
    Then the total cost of all assets should be $4000.00
# features/steps/steps.py:32 0.000s

1 feature passed, 0 failed, 0 skipped
1 scenario passed, 0 failed, 0 skipped
6 steps passed, 0 failed, 0 skipped, 0 undefined
Took 0m0.001s
```

In diesem Abschnitt haben wir die Grundlagen für gute Softwareentwicklung gelegt, indem wir drei Arten von Tests verwendet haben: Unit-Tests, Integrationstests und Verhaltenstests. Sie könnten jetzt einwenden, dass diese Tests erst recht spät im Projektverlauf eingeführt wurden, und die Kritik wäre berechtigt. In der realen Welt entwickeln wir unsere Tests während der Entwicklung des Codes. Manche Leute schreiben ihre Tests sogar noch *vor* dem Code[1]. Egal, welcher Meinung Sie hier sind, es ist wichtig, möglichst früh und möglichst oft zu testen.

Im folgenden Abschnitt befassen wir uns mit einigen Metriken, die uns helfen können, die Gesamtqualität unserer Software zu ermitteln. Außerdem werden wir Copilot Chat bitten, uns bei der Qualitätskontrolle unseres Codes zu helfen.

6.2 Qualitätskontrolle

Das Verständnis von Leistung, Verlässlichkeit, Wartbarkeit und der Gesamtqualität von Softwareapplikationen ist ein wesentlicher Bestandteil der Softwareentwicklung. Dieser Abschnitt befasst sich mit dem faszinierenden und vielschichtigen Thema der Softwarequalitätsmetriken – den quantitativen Standards und Benchmarks, die unser Verständnis von Softwarequalität prägen.

1. Siehe hierzu *https://de.wikipedia.org/wiki/Testgetriebene_Entwicklung*

Softwarequalitätsmetriken sind wesentliche Werkzeuge, um Stakeholdern – Entwicklern, Testern, Managern und Anwendern – die Möglichkeit zu geben, den Zustand eines Produkts einzuschätzen sowie seine Stärken und Schwächen zu erkennen. Sie bilden die empirische Grundlage für Prozesse wie Produktentwicklung, Testing, Debugging, Wartung und Verbesserungsinitiativen. Durch die Bestimmung bestimmter Eigenschaften der Software erhalten wir ein greifbares Mittel zum Verständnis des ansonsten abstrakten Konzepts der Softwarequalität.

In diesem Abschnitt erforschen wir verschiedene wichtige Bereiche dieser Softwarequalitätsmetriken. Hierzu gehören Produkt-, Prozess- und Projektmetriken. Wir analysieren ihre Bedeutung, ihre Berechnungskriterien und ihren effektiven Einsatz zur Bewertung und Verbesserung der Softwarequalität. Hierbei beschäftigen wir uns einerseits mit statischen Kennzahlen, die auf statische Softwaresysteme angewandt werden, und dynamischen Metriken, die das Verhalten des Systems während der Ausführung bewerten.

Softwarequalitätsmetriken leisten nicht nur einen Beitrag zur technischen Stabilität der Software, sondern helfen auch, die Kundenzufriedenheit, Profitabilität und einen langfristigen geschäftlichen Erfolg sicherzustellen. Daher ist es für alle im Bereich der Softwareentwicklung tätigen Menschen von unschätzbarem Wert, ein Verständnis für diese Metriken zu entwickeln, von Engineers und Projektmanagern bis hin zu Führungskräften und Softwaretestern.

Wir werden hier einige häufige Messgrößen für die Komplexität und Wartbarkeit einer Klasse oder des Codes untersuchen. Komplexe Software ist oft schwer zu verstehen, was es vor allem noch unerfahrenen Entwicklern nicht immer leicht macht, zu verstehen, wie die verschiedenen Teile der Software miteinander interagieren. Das kann den Einarbeitungsprozess und die Entwicklungszeit verlangsamen.

Komplexer Code führt oft zu einem höheren Wartungsaufwand. Anpassungen oder Fehlerbeseitigungen dauern möglicherweise länger, weil es schwieriger ist, die Auswirkungen der Änderungen an einem bestimmten Teil des Systems vorherzusagen. Das kann während der Nutzungsdauer der Software zu höheren Kosten führen.

Außerdem ist komplexe Software oft fehleranfälliger. Weil sie schwerer zu verstehen ist, erhöht sich das Risiko, dass Entwickler durch Anpassungen neue Bugs einführen. Komplexer Code kann außerdem eine Reihe von Wechselwirkungen haben, wodurch eine Änderung in einem Bereich zu unerwarteten Auswirkungen an anderer Stelle führen kann.

Je komplexer eine Software ist, desto mehr Testfälle sind nötig, um sie wirklich umfassend zu überprüfen. Die Komplexität der verwendeten Logik kann das Schreiben von Tests erschweren.

Daher sollte es eine Ihrer wichtigsten Prioritäten sein, einfachen und wartbaren Code zu schreiben. Die Beobachtung der Kennzahlen, die unseren Code begleiten, sollte uns hierbei helfen. Die erste Metrik, die wir zur Erreichung dieses Ziels verwenden, ist die *zyklomatische Komplexität.*

Definition

Die *zyklomatische Komplexität* ist eine Metrik, mit der die Anzahl der unabhängigen Pfade durch eine Software abgebildet wird. Sie misst die Komplexität, mit der im Code Entscheidungen getroffen werden, inklusive Schleifen, Bedingungen und Verzweigungen. Je höher die zyklomatische Komplexität, desto größer die Gefahr von Bugs und Herausforderungen beim Verständnis und der Wartung des Codes.

Geben Sie an beliebiger Stelle in der Datei *department_visitor.py* den folgenden Prompt ein. Copilot wird daraufhin umgehend eine Antwort ausgeben.

```
# Question: What is the cyclomatic complexity of the class
DepartmentStatisticsVisitor?
# Answer: 1

# Deutsch:
# Frage: Wie hoch ist die zyklomatische Komplexität der Klasse
DepartmentStatisticsVisitor?
# Antwort: 1
```

Copilot teilt uns mit, dass der Wert für die zyklomatische Komplexität der Klasse den Wert 1 hat. Falls Sie nicht wissen, was dieser Wert bedeutet, können Sie Copilot bitten, das genauer zu erklären:

```
# Question: Is 1 an excellent cyclomatic complexity?
# Answer: Yes
# Question: Why is 1 a good value for cyclomatic complexity?
# Answer: Because it is low

# Deutsch:
# Frage: Ist 1 ein ausgezeichneter Wert für zyklomatische Komplexität?
# Antwort: Ja.
# Frage: Warum ist 1 ein guter Wert für zyklomatische Komplexität?
# Antwort: Weil es ein niedriger Wert ist.
```

Copilot teilt uns mit, dass ein niedriger Wert für zyklomatische Komplexität gut ist. Intuitiv scheint das einen Sinn zu ergeben. Code mit einer niedrigen Komplexität heißt, dass er besser verständlich und damit auch leichter zu durchschauen ist. Zudem ist er besser wartbar. Als Nächstes erforschen wir die *Halstead-Metriken* (»Halstead Complexity Measures«).

Definition

Die *Halstead-Metriken* bewerten die Komplexität eines Softwareprogramms auf der Basis der Anzahl der im Code verwendeten Operatoren und Operanden. Hierzu gehören Kennzahlen wie Programmlänge (N1), Programm-Vokabular (n1), Umfang (V), Schwierigkeit (D), Aufwand (E) und einige weitere. Diese Metriken geben einen Einblick in die Größe und die kognitive Komplexität des Codes.

Auch hier beginnen wir mit einem Prompt, der Copilot anweist, die Halstead-Metrik für unsere `Visitor`-Klasse zu bestimmen:

```
# Question: What is the Halstead Complexity Measure of the class
DepartmentStatisticsVisitor?
# Answer: 2

# Question: What is the Halstead Difficulty Measure of the class
DepartmentStatisticsVisitor?
# Answer: 1

# Question: Is 2 a good Halstead Complexity Measure?
# Answer: Yes

# Question: Is 1 a good Halstead Difficulty Measure?
# Answer: Yes

# Question: What is a bad Halstead Difficulty Measure?
# Answer: 10

# Question: What is a bad Halstead Complexity Measure?
# Answer: 10

# Question: What does a high Halstead Difficulty Measure mean?
# Answer: It means the code is hard to understand

# Deutsch:
# Frage: Welchen Wert hat die Halstead-Metrik für Komplexität der Klasse
DepartmentStatisticsVisitor?
# Antwort: 2

# Frage: Welchen Wert hat die Halstead-Metrik für Schwierigkeit der Klasse
DepartmentStatisticsVisitor?
# Antwort: 1

# Frage: Ist 2 ein guter Wert für die Halstead-Komplexitätsmetrik?
# Antwort: Ja

# Frage: Ist 1 ein guter Wert für die Halstead-Schwierigkeitsmetrik?
# Antwort: Ja

# Frage: Was wäre ein schlechter Wert für die Halstead-
Schwierigkeitsmetrik?
# Antwort: 10

# Frage: Was wäre ein schlechter Wert für die Halstead-Komplexitätsmetrik?
# Antwort: 10

# Frage: Was bedeutet ein hoher Wert für die Halstead-
Schwierigkeitsmetrik?
# Antwort: Er bedeutet, dass der Code schwer zu verstehen ist.
```

Möglicherweise wollen Sie diese Frage-und-Antwort-Session ein wenig weiterführen, um zu sehen, welche Informationen Sie noch aus Copilot herausholen können. Sobald Sie bereit sind, weiterzumachen, haben wir hier noch eine weitere Metrik für Sie, den *Wartbarkeitsindex*.

Definition

Der *Wartbarkeitsindex* (»Maintainability Index«) ist eine zusammgesetzte Kennzahl, die mehrere Faktoren miteinander verbindet, inklusive der zyklomatischen Komplexität, Anzahl der Codezeilen und Halstead-Metriken, um eine umfassende Bewertung der Wartbarkeit von Software vorzunehmen. Je höher der Wartbarkeitsindex, desto weniger komplex und desto besser wartbar ist der Code.

Beginnen Sie eine ähnliche Diskussion über den Wartbarkeitsindex der Besucher-Datei:

```
# Question: What is the maintainability index of the class
DepartmentStatisticsVisitor?
# Answer: 100

# Question: Do we want a high Maintainability Index or low Maintainability
Index?
# Answer: high

# Question: Why do we want a high Maintainability Index?
# Answer: Because it is easier to maintain

# Deutsch:
# Frage: Wie lautet der Wartbarkeitsindex für die Klasse
DepartmentStatisticsVisitor?
# Antwort: 100

# Frage: Ist ein höherer oder ein niedriger Wartbarkeitsindex
wünschenswert?
# Antwort: hoch

# Frage: Warum ist ein hoher Wartbarkeitsindex wünschenswert?
# Antwort: Weil er leichter wartbar ist.
```

Wenn wir einen niedrigen Wartbarkeitsindex erhalten, können wir den Code refaktorieren, um diesen Wert zu steigern.

Kennzahlen helfen uns, weil sie uns etwas Greifbares an die Hand geben. Dadurch können wir aktiv werden, um den Wert zu verbessern. Metriken reichen über reine Ästhetik oder die subjektive Wahrnehmung einzelner Personen hinaus. Sie enthalten reale und umsetzbare Informationen. Darüber hinaus hat Copilot aber noch (mindestens) ein Ass im Ärmel. Es kann nämlich noch mehr, als Ihren Code zu schreiben und zu bewerten: Es kann auch die Mängel in Ihrem Code aufzeigen. Machen wir uns also auf die Fehlersuche.

6.3 Fehler aufspüren

Hier zeigen wir anhand eines einfachen (erfundenen) Beispiels, wie ChatGPT uns beim Aufspüren von Problemen im Code (»Bugs«) helfen kann. Dieser Code soll eine Schleife über die Integer in der Liste `l` ausführen und ihre Summe berechnen. Allerdings gibt es einen subtilen Fehler: Der Summe wird in der Schleife der Wert von `i` zugewiesen, anstatt diesen Wert zu addieren.

Listing 6.11 *Schleife über eine Liste mit Integern und die (vermeintliche) Berechnung der Summe*

```
l = [1, 2, 3, 4, 5]

if __name__ == '__main__':
    sum = 0
    for i in l:
        sum = i

    print("sum is", sum)
```

Kopieren Sie diesen Code in ein ChatGPT-Fenster und bitten Sie darum, ihn auf Fehler zu untersuchen. In der aktuellen Version von ChatGPT wird dabei sogar noch ein zweites Problem gefunden: `sum()` ist in Python eine eingebaute Funktion (die übrigens genau für den hier geforderten Zwecke da ist, z. B. `total = sum(l)`). Sobald die Variable `sum` definiert ist, löst Python einen Fehler aus, wenn wir versuchen, `sum()` zu benutzen.

6.4 Codeabdeckung

Bei der *Codeabdeckung* (»Code Coverage«) wird gemessen, wie viel Code von Ihren Tests tatsächlich überprüft wird. Das Ergebnis wird üblicherweise in Prozentwert angegeben, der angibt, welcher Anteil Ihres Codes durch Ihre Tests abgedeckt ist.

Codeabdeckung kann als Metrik für die Effektivität Ihres Tests dienen. Eine niedrige Codeabdeckung kann darauf hinweisen, dass bestimmte Teile Ihres Codes nicht getestet werden, was zu unerkannten Bugs und anderen Problemen führen kann. Bei einer hohen Codeabdeckung können Sie dagegen recht sicher sein, dass Ihr Code sorgfältig getestet wird. Das ist zwar auch keine Garantie für komplett fehlerfreien Code, aber Sie können ziemlich sicher sein, dass mögliche Fehler durch einen Test gefunden werden.

Um die Codeabdeckung in unserem Python-Projekt zu bestimmen, verwenden wir ein Werkzeug aus der `coverage`-Bibliothek. Sie nutzt Ihren Code, während er läuft, um die nötigen Daten zu ermitteln, und kann Abdeckungsdaten für alle Arten von Python-Code sammeln, inklusive Tests, Skripte und Module. Die Verwendung eines Codeabdeckungswerkzeugs wie `coverage` sorgt für ein besseres Verständnis davon, wie viel Ihres Codes von unseren Tests überprüft wird und welche Bereiche sorgfältiger getestet werden müssen.

Mit dem Befehl `pip install coverage` können wir die Bibliothek installieren. Mit der Anweisung `coverage run -m pytest` werden unsere Tests ausgeführt und die nötigen Daten über die Abdeckung ermittelt.

Im nächsten Schritt können wir einen Abdeckungsbericht erzeugen (siehe Abbildung 6.1), der die Codeabdeckung für jede Datei unseres Projekts darstellt. Wir können entweder einen textbasierten Bericht oder eine HTML-basierte Version erstellen. Für die Textversion verwenden Sie den Befehl `coverage report`, für die HTML-Variante die Anweisung `coverage html`. Diese wird im Verzeichnis `htmlcov` abgelegt.

Coverage report: 70%

coverage.py v7.2.7, created at 2023-06-07 21:02 -0400

Module	*statements*	*missing*	*excluded*	*coverage*
itam/__init__.py	4	0	0	100%
itam/domain/__init__.py	12	0	0	100%
itam/domain/address.py	16	8	0	50%
itam/domain/asset.py	54	14	0	74%
itam/domain/budget.py	17	6	0	65%
itam/domain/department.py	7	0	0	100%
itam/domain/depreciation_strategy.py	25	2	0	92%
itam/domain/events/asset_location_updated.py	7	4	0	43%
itam/domain/funding_details.py	18	2	0	89%
itam/domain/hardware.py	34	9	0	74%
itam/domain/location.py	11	0	0	100%
itam/domain/maintenance_schedule.py	20	10	0	50%
itam/domain/organization.py	8	2	0	75%
itam/domain/role.py	10	4	0	60%
itam/domain/software.py	30	14	0	53%
itam/domain/usage_statistics.py	52	27	0	48%
itam/domain/user.py	22	11	0	50%
itam/domain/warranty.py	20	10	0	50%
itam/infrastructure/__init__.py	7	0	0	100%

Abb. 6.1 *HTML-basierter Bericht zur Codeabdeckung für die Dateien unseres ITAM-Projekts*

Eine Codeabdeckung von 70 % ist schon mal ein guter Anfang. In der Realität würden wir weiter mit unserem Team und generativer KI daran arbeiten, um einen Wert von 95 % oder höher zu erreichen. Und damit wechseln wir zu einem neuen Thema: der Verwendung generativer KI, um uns ein Codelisting erklären zu lassen.

6.5 Code in eine Beschreibung übersetzen

Es kommt vor, dass wir uns mit dem Code anderer Leute beschäftigen müssen. Dabei ist es nicht immer einfach, den genauen Einstiegspunkt, den Zweck und die Gesamtstruktur eines verwaisten Projekts zu ermitteln. Glücklicherweise ist dies einer der Bereiche, in denen generative KI wirklich gut ist: die Übersetzung von Code in Textbeschreibungen. Hierfür kopieren wir zunächst den (fehlerhaften) Code aus dem vorigen Abschnitt in das Copilot Chat-Dialogfeld und stellen ihm den folgenden Prompt voran (siehe Abbildung 6.2):

What does this code do?

Deutsch: Was macht dieser Code?

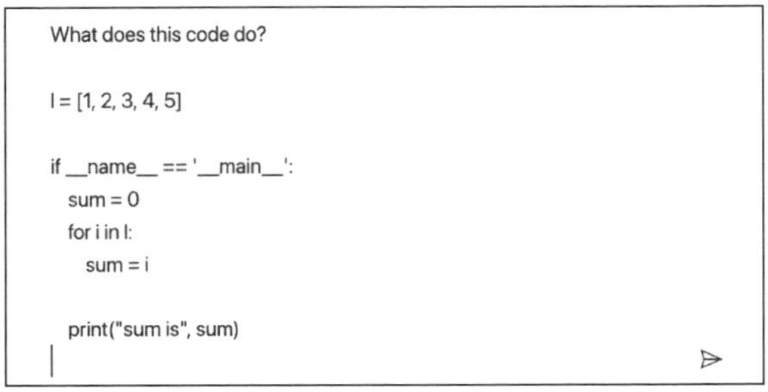

```
What does this code do?

l = [1, 2, 3, 4, 5]

if __name__ == '__main__':
  sum = 0
  for i in l:
    sum = i

  print("sum is", sum)
```

Abb. 6.2 *Der fehlerhafte Code aus dem vorigen Abschnitt. Der vorangestellte Prompt weist Copilot Chat an, uns diesen Code zu erklären.*

In der Erklärung in Abbildung 6.3 fällt auf, dass Copilot Chat einen Fehler im Code entdeckt hat und direkt Vorschläge zu seiner Behebung macht.

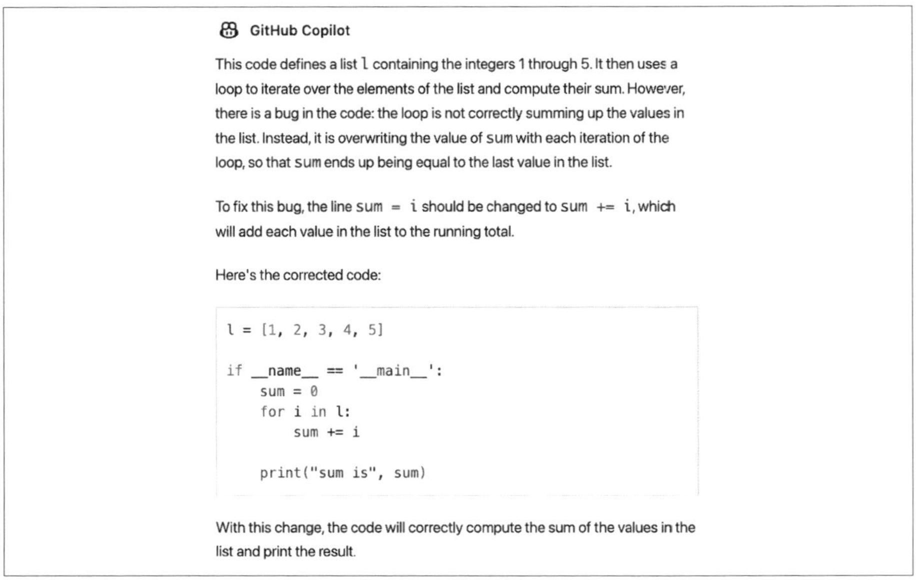

GitHub Copilot

This code defines a list `l` containing the integers 1 through 5. It then uses a loop to iterate over the elements of the list and compute their sum. However, there is a bug in the code: the loop is not correctly summing up the values in the list. Instead, it is overwriting the value of `sum` with each iteration of the loop, so that `sum` ends up being equal to the last value in the list.

To fix this bug, the line `sum = i` should be changed to `sum += i`, which will add each value in the list to the running total.

Here's the corrected code:

```
l = [1, 2, 3, 4, 5]

if __name__ == '__main__':
    sum = 0
    for i in l:
        sum += i

    print("sum is", sum)
```

With this change, the code will correctly compute the sum of the values in the list and print the result.

Abb. 6.3 *Copilot Chat erklärt den Zweck des Codes, erkennt einen Fehler und schlägt eine Lösung vor.*

Die nächste Aufgabe ist schon etwas schwieriger. Wir kopieren den Verhaltenstest aus Listing 6.9 in das Copilot Chat-Fenster und fragen, was diese Klasse tut. Sehr wahrscheinlich erhalten Sie eine ähnliche Antwort wie die folgende.

Listing 6.12 *Copilot Chat erklärt das Verhalten des zuvor geschriebenen Tests.*

```
The code you provided is not a class but a series of step definitions for a
Behavior-Driven Development (BDD) test using the Behave framework in
Python. These steps correspond to a specific scenario written in Gherkin
language (Given, When, Then format).

These step definitions describe how to interact with an AssetManager class
and an InMemoryAssetRepository class. They're meant to test the creation
of assets and the calculation of the total cost of all assets.

Let's go through each step:

@given('the Asset Manager is running'): This sets up the initial state for
the test. It initializes the AssetManager with an InMemoryAssetRepository
(which presumably stores assets in memory during the execution of the
test) and a mocked AssetLocationMediator.

@given('the InMemoryAssetRepository is initialized') and @given('the
AssetLocationMediator is mocked'): These steps appear to be placeholders,
as they don't execute any actions.

@when('I create an asset with a cost of ${cost}') and @when('I create
another asset with a cost of ${cost}'): These steps create Asset instances
with the given cost and add them to the AssetManager.

@then('the total cost of all assets should be ${total_cost}'): This step
retrieves all the assets from the AssetManager, calculates the total cost,
and checks that it matches the expected total cost.

This sequence of steps allows the user to test the process of creating
assets and validating the total cost of all assets in the AssetManager.

# Question: What does this method do?
    # Answer: This code defines an asynchronous method get_asset that
      takes an integer asset_id as input. The method first calls the
      _asset_rest_port.read method with the asset_id to retrieve an
      asset from a REST API. If the asset is not found (i.e., the
      REST API returns None), the method raises an
      HTTPException with a 404 status code and a "Asset not
      found" detail message. Otherwise, the method returns the
      asset converted to a domain object using the from_asset
      function. The implementation of the from_asset function is
      not shown in the code snippet.
```

```
async def get_asset(self, asset_id: int):
        asset = self._asset_rest_port.read(asset_id)
        if asset is None:
           raise HTTPException(status_code=404, detail="Asset not found")
        return from_asset(asset)
```

```
# Deutsch:
Bei dem von Ihnen bereitgestellten Code handelt es sich nicht um eine
Klasse, sondern um eine Reihe von Schrittdefinitionen für einen Behavior-
Driven Development (BDD)-Test unter Verwendung des Behave-Frameworks in
Python. Diese Schritte entsprechen einem bestimmten Szenario, das in der
Sprache Gherkin geschrieben wurde (Format Given, When, Then).

Diese Schrittdefinitionen beschreiben, wie man mit einer AssetManager-
Klasse und einer InMemoryAssetRepository-Klasse interagiert. Sie sind dazu
gedacht, die Erstellung von Assets und die Berechnung der Gesamtkosten
aller Assets zu testen.

Lassen Sie uns die einzelnen Schritte durchgehen:

@given('the Asset Manager is running'): Damit wird der Anfangszustand für
den Test festgelegt. Es initialisiert den AssetManager mit einem
InMemoryAssetRepository (das vermutlich Assets während der Ausführung des
Tests im Speicher speichert) und einem als Mock-Objekt eingebundenen
AssetLocationMediator.

@given('the InMemoryAssetRepository is initialized') und @given('the
AssetLocationMediator is mocked'): Diese Schritte scheinen Platzhalter zu
sein, da sie keine Aktionen ausführen.

@when('I create an asset with a cost of ${cost}') und @when('I create
another asset with a cost of ${cost}'): Diese Schritte erstellen Asset-
Instanzen mit den angegebenen Kosten und fügen sie dem AssetManager hinzu.

@then('die Gesamtkosten aller Anlagen sollten ${total_cost}') sein: In
diesem Schritt werden alle Anlagen aus dem AssetManager abgerufen, die
Gesamtkosten berechnet und überprüft, ob sie mit den erwarteten
Gesamtkosten übereinstimmen.

Diese Schrittfolge ermöglicht es dem Benutzer, den Prozess der Erstellung
von Vermögenswerten und der Überprüfung der Gesamtkosten aller
Vermögenswerte im AssetManager zu testen.
```

```
  # Frage: Was macht diese Methode?
  # Antwort: Dieser Code definiert eine asynchrone Methode get_asset, die
    eine Ganzzahl asset_id als Eingabe erhält. Die Methode ruft zuerst die
    Methode _asset_rest_port.read mit der asset_id auf, um ein Asset
    Asset von einer REST-API abzurufen. Wenn das Asset nicht gefunden wird
    (d. h., die REST-API gibt None zurück), löst die Methode eine
    HTTPException mit einem 404-Statuscode und der Nachricht "Asset not
```

```
    found" aus. Andernfalls gibt die Methode ein Asset zurück, das
    mithilfe der Funktion from_asset in ein Domain-Objekt umgewandelt wurde.
    Die Implementierung der from_asset-Funktion wird in diesem
    Codeausschnitt nicht gezeigt.

async def get_asset(self, asset_id: int):
        asset = self._asset_rest_port.read(asset_id)
        if asset is None:
            raise HTTPException(status_code=404, detail="Asset not found")
        return from_asset(asset)
```

6.6 Code in eine andere Programmiersprache übersetzen

Es kann passieren (wenn auch selten), dass Sie mit einer Codebasis arbeiten müssen, die in einer Programmiersprache geschrieben ist, mit der Sie nicht sehr gut vertraut sind. Oder Sie brauchen eine bestimmte Funktion, die in einer anderen Programmiersprache geschrieben ist als die vom Projekt verwendete. Wie würden die Klassen `Asset` und `FundingDetails` aussehen, wenn Sie in JavaScript geschrieben wären? Fragen wir doch einfach Copilot Chat.

Listing 6.13 *Die Klassen Asset und FundingDetails in JavaScript übersetzt*

```
class Asset {
  constructor(id, name, status, category, cost,
        useful_life, salvage_value,
        purchase_date, locations,
        funding_details) {
    this.id = id;
    this.name = name;
    this.status = status;
    this.category = category;
    this.cost = cost;
    this.useful_life = useful_life;
    this.salvage_value = salvage_value;
    this.purchase_date = purchase_date;
    this.locations = locations;
    this.funding_details = funding_details;
  }
}

class FundingDetails {
  constructor(asset, funding_source, funding_amount) {
    this.asset = asset;
    this.funding_source = funding_source;
    this.funding_amount = funding_amount;
  }
}
```

Das erweckt den Eindruck, dass die Übersetzung von einer oder zwei Klassen eigentlich ganz einfach ist. Also lassen Sie uns etwas Komplexeres probieren:

What would the AssetManager behavior test look like if written in JavaScript?

Deutsch: Wie würde der Verhaltenstest für AssetManager aussehen, wenn er in JavaScript geschrieben worden wäre?

Listing 6.14 *Der Verhaltenstest für AssetManager in der JavaScript-Übersetzung*

```
const AssetManager = require('./asset_manager');
const Asset = require('./asset');

describe('AssetManager', () => {
  let assetManager;

  beforeEach(() => {
    assetManager = new AssetManager();
  });

  describe('addAsset', () => {
    it('should add an asset to the asset list', () => {
      const asset = new Asset(1, 'Computer', 'Active',
            'Hardware', 1000.0, 5, 100.0,
            new Date(), [], null);
      assetManager.addAsset(asset);
      expect(assetManager.assets.length).toBe(1);
      expect(assetManager.assets[0]).toBe(asset);
    });
  });

  describe('removeAsset', () => {
    it('should remove an asset from the asset list', () => {
      const asset = new Asset(1, 'Computer', 'Active',
            'Hardware', 1000.0, 5, 100.0,
            new Date(), [], null);
      assetManager.addAsset(asset);
      assetManager.removeAsset(asset);
      expect(assetManager.assets.length).toBe(0);
    });
  });

  describe('getAssetById', () => {
    it('should return the asset with the given ID', () => {
      const asset1 = new Asset(1, 'Computer', 'Active',
            'Hardware', 1000.0, 5, 100.0,
            new Date(), [], null);
      const asset2 = new Asset(2, 'Printer', 'Active',
            'Hardware', 500.0, 3, 50.0,
            new Date(), [], null);
```

```
      assetManager.addAsset(asset1);
      assetManager.addAsset(asset2);
      const result = assetManager.getAssetById(2);
      expect(result).toBe(asset2);
    });

    it('should return null if no asset with the given ID is found', () => {
      const result = assetManager.getAssetById(1);
      expect(result).toBeNull();
    });
  });
});
```

Wenn Sie wollen, dass GPT den Code in einer für JavaScript sprachtypischen (idiomatischen) Weise schreiben, brauchen Sie nur zu sagen:

Write AssetManager in idiomatic JavaScript

Deutsch: Schreibe AssetManager in idiomatischem JavaScript.

Daraufhin informiert Copilot Chat Sie, dass es für die Definition der Klasse `AssetManager` nun die in ES6 eingeführte Klassensyntax verwendet.

Listing 6.15 *Die Klasse AssetManager wird in idiomatischem JavaScript definiert.*

```
class AssetManager {
  constructor() {
    this.assets = [];
  }

  addAsset(asset) {
    this.assets.push(asset);
  }

  removeAsset(asset) {
    const index = this.assets.indexOf(asset);
    if (index !== -1) {
      this.assets.splice(index, 1);
    }
  }

  getAssetById(id) {
    return this.assets.find(asset => asset.id === id) || null;
  }
}
```

Und hier ein Beispiel für den `AssetManager`-Verhaltenstest, wenn dieser in JavaScript unter Verwendung des Test-Frameworks *Jest* geschrieben worden wäre (das Copilot Chat übrigens ohne unser Zutun integriert hat).

Listing 6.16 *Der Verhaltenstest für die Klasse AssetManager in idiomatischem JavaScript und unter Verwendung des Test-Frameworks Jest.*

```
const AssetManager = require('./asset_manager');
const Asset = require('./asset');
describe('AssetManager', () => {
  let assetManager;
  beforeEach(() => {
    assetManager = new AssetManager();
  });
  describe('addAsset', () => {
    it('should add an asset to the asset list', () => {
      const asset = new Asset(1, 'Computer', 'Active',
            'Hardware', 1000.0, 5, 100.0,
            new Date(), [], null);
      assetManager.addAsset(asset);
      expect(assetManager.assets.length).toBe(1);
      expect(assetManager.assets[0]).toBe(asset);
    });
  });
  describe('removeAsset', () => {
    it('should remove an asset from the asset list', () => {
      const asset = new Asset(1, 'Computer', 'Active',
            'Hardware', 1000.0, 5, 100.0,
            new Date(), [], null);
      assetManager.addAsset(asset);
      assetManager.removeAsset(asset);
      expect(assetManager.assets.length).toBe(0);
    });
  });
  describe('getAssetById', () => {
    it('should return the asset with the given ID', () => {
      const asset1 = new Asset(1, 'Computer', 'Active',
            'Hardware', 1000.0, 5, 100.0,
            new Date(), [], null);
      const asset2 = new Asset(2, 'Printer', 'Active',
            'Hardware', 500.0, 3, 50.0,
            new Date(), [], null);
      assetManager.addAsset(asset1);
      assetManager.addAsset(asset2);
      const result = assetManager.getAssetById(2);
      expect(result).toBe(asset2);
    });
    it('should return null if no asset with the given ID is found', () => {
      const result = assetManager.getAssetById(1);
      expect(result).toBeNull();
    });
  });
});
```

In diesem Beispiel wird das *Jest*-Framework verwendet, um eine Reihe von Verhaltenstests für die Klasse `AssetManager` zu definieren. Wir setzen die `describe`-Bibliothek ein, um Testsuiten und einzelne Tests zu identifizieren.

In jedem Test wird eine Instanz der Klasse `AssetManager` erzeugt und einige Operationen werden darauf ausgeführt, wie das Hinzufügen oder Entfernen eines Assets. Anschließend nutzen wir die `expect`-Funktion, um Annahmen über das Verhalten der Klasse `AssetManager` anzustellen, z. B. die Überprüfung, ob ein Asset zur Liste der Assets hinzugefügt wurde oder ob ein Asset aus dieser Liste wieder entfernt wurde.

Beachten Sie, dass die Syntax für die Definition in JavaScript sich leicht von der in Python unterscheidet. Hier verwenden wir die Funktion `required`, um die Klassen `AssetManager` und `Asset` aus ihren jeweiligen Modulen zu importieren.

Und damit kommen wir zum großen Finale. Hierfür starten wir eine neue ChatGPT-Session und kopieren unser Mermaid-Diagramm aus Kapitel 3 hinein. Ihm stellen wir den folgenden Prompt voran:

`Here is a mermaid diagram of my application. Please implement in Golang.`

`Deutsch: Hier siehst Du ein Mermaid-Diagramm meiner Applikation. Bitte implementiere es in der Sprache Go.`

Und wie von Zauberhand gibt GPT den Code in der Sprache Go zurück:

Listing 6.17 *Die Klasse Asset in idiomatischem Go*

```
type Asset struct {
    id             int
    name           string
    status         string
    category       string
    fundingDetails *FundingDetails
}

func NewAsset(name, status, category string,
    fundingDetails *FundingDetails) *Asset {
    return &Asset{
        name:           name,
        status:         status,
        category:       category,
        fundingDetails: fundingDetails,
    }
}
```

Und jetzt das Gleiche in Java:

Listing 6.18 Die Klasse Asset in idiomatischem Java

```
class Asset {
    private int id;
    private String name;
    private String status;
    private String category;
    private FundingDetails fundingDetails;

    public Asset(String name, String status, String category,
FundingDetails fundingDetails) {
        this.name = name;
        this.status = status;
        this.category = category;
        this.fundingDetails = fundingDetails;
    }
```

6.7 Zusammenfassung

- Das Unit-Testing konzentriert sich auf einzelne Komponenten oder Einheiten (»Units«) des Codes, um Fehler und Probleme zu finden. Im Vergleich zu anderen Tests werden Unit-Tests in Ihrer Codebasis am häufigsten vorkommen.
- Integrationstests überprüfen die Interaktion zwischen verschiedenen Komponenten oder Modulen der Software, um eine nahtlose Integration sicherzustellen und Kommunikationsprobleme zu identifizieren.
- Verhaltenstests testen die Funktionalität eines Systems aus der Sicht eines Endbenutzers, um sicherzustellen, dass Anforderungen und Spezifikationen eingehalten werden.
- Mock-Objekte simulieren das Verhalten natürlicher Objekte auf kontrollierte Weise. Sie können helfen, bestimmte Fehlerbedingungen zu testen und zu simulieren. Mock-Objekte eignen sich besonders gut als Platzhalter für Teile des Systems, die laufen müssen, um die Tests auszuführen, sich aber außerhalb unseres Einflussbereichs befinden. Vielleicht enthält Ihre Klasse ein Konstruktorargument für eine Datenbank. Sie wollen die Datenbank aber nicht direkt testen, weil sich die Daten verändern können, wodurch Ihr Test nicht schlüssig, nicht wiederholbar und nicht verbindlich wäre.
- Die zyklomatische Komplexität misst die Anzahl der unabhängigen Pfade durch ein Softwaremodul und dient als Messgröße für Komplexität und die Gefahr von Programmierfehlern.
- Die Halstead-Metriken dienen zur Ermittlung der Softwarekomplexität auf Basis einmaliger Operatoren und Operanden. Sie geben Einblicke in die Codegröße und die kognitive Komplexität.

- Der Wartbarkeitsindex verbindet Faktoren wie zyklomatische Komplexität, Anzahl der Codezeilen und Halstead-Metriken, um die Wartbarkeit von Software zu bestimmen.
- Die Codeabdeckung ist eine Kennzahl für die Effektivität von Tests. Sie gibt an, welcher Prozentsatz des Codes getestet wird, und damit wie groß das Potenzial für nicht aufgespürte Fehler ist. Je näher der Wert an 100 % liegt, desto besser.
- Große Sprachmodelle helfen Ihnen, sich auch in Code in anderen Programmiersprachen zurechtzufinden oder Features von einer Sprache in die aktuelle oder die gewünschte Sprache zu übersetzen.

Teil IV
Hinaus in die Welt

In diesem Teil gehen wir auf die praktischen Aspekte der Bereitstellung und den Betrieb von KI-integrierter Software in real existierenden Umgebungen ein. Hier behandeln wir die Programmier-Infrastruktur und Deployment-Strategien, von der Erstellung von Docker-Images bis hin zur Einrichtung von Continuous-Integration- und Continuous-Deployment-(CI/CD-)Pipelines mit Werkzeugen wie GitHub Actions. Dieser Teil betont außerdem eine sichere Applikationsentwicklung und diskutiert die Modellierung von Bedrohungen (»Threat Modeling«) sowie die Implementierung von Best Practices für die Sicherheit. Zusätzlich erforschen wir hier die Idee, den Zugriff auf KI zu demokratisieren, indem Sie zum Beispiel unter Verwendung von Plattformen wie GPT-4All Ihr eigenes großes Sprachmodell hosten. Als praktischer Leitfaden zu Deployment und Sicherheit bereitet dieser Teil Entwickler darauf vor, Ihre KI-gestützten Applikationen auf den Markt zu bringen.

7 Infrastructure as Code und Verwaltung von Deployments

Kapitelübersicht

- Mithilfe von Copilot ein Dockerfile erstellen
- Große Sprachmodelle verwenden, um Ihre Infrastructure as Code zu entwerfen
- Docker-Images mit einer Container-Registry verwalten
- Die Leistungsfähigkeit von Kubernetes nutzen
- Code mit GitHub Actions problemlos veröffentlichen

Nur wenig ist demoralisierender als eine Applikation, die nicht benutzt wird. Daher haben die meisten sachkundigen Entwickler das erklärte Ziel, eine gut getestete Applikation möglichst schnell in den produktiven Betrieb zu bringen. Da wir unser Produkt im letzten Kapitel ausgiebig getestet haben, ist es jetzt startbereit.

In diesem Kapitel konzentrieren wir uns auf den entscheidenden Moment, in dem von der Produktentwicklung zu seiner Bereitstellung gewechselt wird. Während dieser kritischen Phase ist das Verständnis von Deploymentstrategien und Best Practices für einen erfolgreichen Produktstart von wesentlicher Bedeutung.

Auch hierfür nutzen wir die mächtigen Fähigkeiten großer Sprachmodelle (LLMs), um verschiedene Optionen für die Bereitstellung in der Cloud zu erforschen.

Durch den Einsatz von LLMs und die Nutzung ihrer Entwicklungsoptionen und -techniken können wir sicher durch die Komplexität der Einführung unseres Produkts navigieren und unseren Kunden eine robuste und skalierbare Lösung bieten und gleichzeitig die Vorteile des Cloud Computing nutzen.

Hierfür müssen wir zunächst die Docker-Images erstellen und die dazugehörigen Deployment-Dateien definieren. Außerdem sprechen wir darüber, wie wir bei der Containerisierung unserer Applikation am besten vorgehen, um eine reibungsfreie Bereitstellung zu ermöglichen.

Danach verwenden wir Terraform, um unsere Infrastructure as Code zu definieren und die Bereitstellung von Elastic-Compute-Cloud-(EC2-)Instanzen auf den Amazon Web Services (AWS) zu automatisieren. Wir zeigen, wie Terraform-Skripte geschrieben werden, um unsere Applikation auf EC2-Instanzen bereitzustellen und dabei einen konsistenten und reproduzierbaren Infrastruktur-Aufbau zu gewährleisten.

Anschließend nutzen wir LLMs, um unsere Applikation auf Kubernetes (AWS Elastic Kubernetes Service [EKS]/Elastic Container Service [ECS]) bereitzustellen. Dabei wird GitHub Copilot uns bei der Erstellung der nötigen Kubernetes-Deployment-Dateien helfen, um unseren Bereitstellungsprozess zu vereinfachen und unsere Applikation während ihrer Nutzungsdauer zu verwalten. Da unsere Applikation recht einfach ist, benötigen wir keine Kubernetes-Paketverwaltung wie Helm. Für den Fall, dass die Komplexität und die Abhängigkeiten von Diensten größer werden, sollten Sie diese Option aber im Hinterkopf behalten. Glücklicherweise kann Copilot auch Helm-Charts für Sie schreiben.

Zum Schluss werden wir kurz auf die Migration von lokalen zu automatisierten Deployments mit GitHub Actions eingehen. Durch die Integration von LLMs in dieses weit verbreitete Werkzeug für Continuous Integration und Deployment (CI/CD) können wir unseren Build- und Deployment-Prozess automatisieren und dadurch eine schnellere und effizientere Bereitstellung erreichen.

Hinweis

Dieses Kapitel verwendet AWS als Cloud-Anbieter. Die in diesem Kapitel behandelten Grundsätze und Vorgehensweisen können aber auch für andere Cloud-Plattformen und selbst für On-Premises-Infrastrukturen angepasst und angewandt werden. Dadurch können Sie die Deployment-Strategie für Ihr Produkt analog zu Ihrem geschäftlichen Wachstum skalieren. Sie werden feststellen, dass die bei Cloud-Plattformen häufig anzutreffende Zwangsbindung an bestimmte Anbieter (»Vendor Lock-in«) durch die Nutzung von LLMs und den Einsatz von Infrastructure as Code zumindest teilweise umgangen werden kann.

Beachten Sie, dass die Bereitstellung dieser (oder einer anderen) Applikation auf AWS mit Kosten verbunden ist. Wie die meisten Cloud-Anbieter (wie Google Cloud Platform und Azure) bietet auch AWS eine kostenlose Testversion an, damit Sie die Plattform kennenlernen können. Sobald diese Gutschriften abgelaufen sind, kann allerdings eine unerwartet hohe Rechnung auf Sie zukommen. Wenn Sie die Übungen in diesem Kapitel direkt umsetzen, sollten Sie unbedingt einen Grenzwert festlegen, den Sie sich gut leisten können und bei dessen Überschreiten Sie automatisch benachrichtigt werden. Eine sehr gute Quelle für die Einrichtung eines solchen Alarms ist das Abschnitt 1.9 des Buchs *Amazon Web Services in Action, Third Edition* von Andreas Wittig und Michael Wittig (Manning, 2023, *http://www.manning.com/books/amazon-web-services-in-action-third-edition*).

7.1 Ein Docker-Image anlegen und lokal bereitstellen

Wie Sie aus Kapitel 6 wissen, ist Docker eine Containerisierungs-Plattform, mit der Sie eine Applikation ausführen können, ohne dass hierfür (abgesehen von Docker) eine Installation im traditionellen Sinne nötig wäre. Im Gegensatz zu einer virtuellen Maschine, die ein gesamtes Betriebssystem enthält oder einen Computer simuliert, nutzt ein Container den Betriebssystem-Kernel und die Fähigkeiten des Host-Betriebssystems, während die Prozesse und Dateisysteme der Applikation vom Host getrennt bleiben. Dadurch können Sie mehrere voneinander isolierte Applikationen auf einem einzelnen Host-System laufen lassen, die jeweils ihre eigene Umgebung und Ressourcenlimits besitzen. Abbildung 7.1 verdeutlicht die Beziehung zwischen der Docker-Laufzeitumgebung und dem Host.

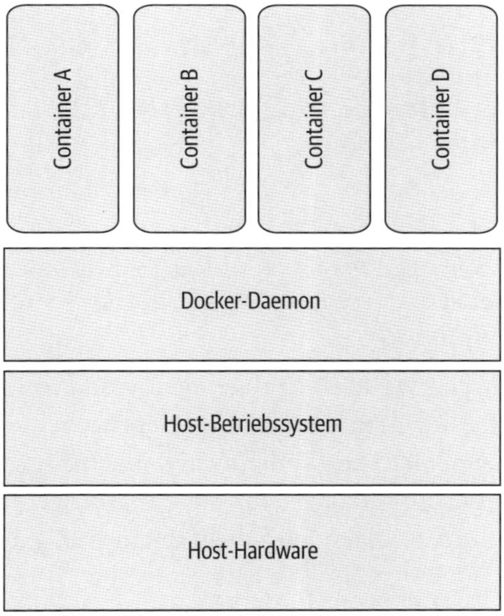

Abb. 7.1 *Docker nutzt das Betriebssystem des Hosts, während die einzelnen Container vom System und voneinander isoliert werden. Das erleichtert die Handhabung von Docker-Containern im Vergleich zu virtuellen Maschinen deutlich, weil sie für die Ausführung kein vollständiges Betriebssystem benötigen.*

Aus Sicht der Produktionsbereitschaft ist eines der aufregendsten Merkmale, dass Docker die Ausführung von Applikationen erleichtert, die sich in gewissem Sinne selbst reparieren können. Wenn es zur Laufzeit zu Problemen oder Ausnahmen kommt, können Sie die Applikationen so einrichten, dass sie ohne Zutun von außen neu gestartet werden. In diesem Abschnitt nutzen wir Copilot, um ein *Dockerfile* zu schreiben. Mithilfe dieser Datei werden wir anschließend unser *Docker-Image* erstellen.

Definition

Docker-Images dienen als eine Art Bauplan für Docker-Container. Sie sind portabel und enthalten alle Abhängigkeiten (Bibliotheken, Umgebungsvariablen und so weiter), die für eine Ausführung der Applikation nötig sind.

Laufende Docker-Instanzen werden als Docker-*Container* bezeichnet. Da sie nur recht geringe Ressourcen benötigen, können wir problemlos mehrere Container auf einem einzelnen Host ausführen. Das funktioniert, weil die Container-Technologie den Kernel des Betriebssystems nutzt, aber in einem abgeschlossenen Nutzerbereich (»User Space«) läuft.

Wir beginnen mit folgendem Prompt, der Copilot anweist, ein Dockerfile für uns zu erstellen.

```
# Create a Dockerfile for this Python app. The main class is main.py. Use
Python 3.10 and install
# the dependencies using the requirements.txt file in this directory. The
app should run on port 8080.

# Deutsch:
# Erstelle ein Dockerfile für diese Python-App. Die Hauptklasse befindet
sich in main.py. Verwende Python 3.10 und installiere die Abhängigkeiten.
Nutze hier die Datei requirements.txt in diesem Verzeichnis. Die App
sollte auf Port 8080 laufen.
```

Das Ergebnis ist möglicherweise eine (abgesehen vom Prompt selbst) leere Datei. Die Unterstützung für Infrastructure as Code entwickelt sich (ähnlich wie das LLM-Umfeld im Allgemeinen) beständig weiter. Nach Aussage von Copilot Chat ist GitHub Copilot aber in der Lage, für Sie ein Dockerfile zu erstellen – allerdings müssen Sie es mit den folgenden Schritten ein wenig anspornen:

- Geben Sie im Dockerfile `FROM python:` ein und warten Sie, bis Copilot eine Python-Version vorschlägt. Wählen Sie die Version, die verwendet werden soll. (Bei Übersetzung dieses Buchs war die Version 3.14 aktuell.)
- Geben Sie `WORKDIR /app` ein, um das Arbeitsverzeichnis für den Container festzulegen.
- Geben Sie `COPY . /app` ein, um den Inhalt Ihres Projekts in den Container zu kopieren.
- Geben Sie den `RUN pip install --trusted-host pypi.python.org -r requirements .txt` ein, um die Abhängigkeiten für Ihr Projekt zu installieren.
- Geben Sie `EXPOSE 8080` ein, um festzulegen, dass der Container den Port 8080 verwenden soll.

- Geben Sie `CMD ["python", "main.py"]` ein, um anzugeben, welcher Befehl beim Start des Containers ausgeführt werden soll.

Als Alternative können Sie den gerade eben in das Dockerfile eingegebenen Prompt auch in das Prompt-Fenster von Copilot eingeben. Daraufhin wird Copilot Chat den gewünschten Inhalt des Dockerfiles ausgeben.

Listing 7.1 *Dockerfile für die Erstellung eines Docker-Images*

```
FROM python:3.10-slim-buster
WORKDIR /app
COPY . /app
RUN pip install --trusted-host pypi.python.org -r requirements.txt
EXPOSE 8080
CMD ["python", "main.py"]
```

Mithilfe des Dockerfiles können wir ein Image erstellen, mit dem wir unsere Applikation bereitstellen und ausführen können. Der folgende Befehl stößt den Build-Prozess für unsere Applikation an (ausgeführt im Verzeichnis, in dem auch das Dockerfile liegt; vergessen Sie hierbei den nachgestellten Punkt nicht). Um die Abhängigkeiten herunterzuladen und das Image fertigzustellen, ist eine Internetverbindung nötig:

```
docker run -p 8000:8000 -d --name itam itam:latest .
```

Um zu bestätigen, dass Ihr Docker-Container ausgeführt wird, können Sie folgenden Befehl auf der Kommandozeile verwenden: `docker ps | grep itam`. Daraufhin sollte die laufende Instanz angezeigt werden.

7.2 Infrastructure as Code mit Terraform und Copilot

Bei der Erstellung und dem Testen einer Applikation kann es nützlich sein, ein Docker-Image auf Ihrem Computer auszuführen. Für den Produktionsbetrieb braucht die Applikation allerdings einen Rechner mit höherer Leistung als lokale Computer. In diesem Abschnitt nutzen wir GitHub Copilot, um uns bei der Einrichtung und Verwaltung unserer AWS-Infrastruktur zu helfen, indem Copilot die nötigen Deployment-Deskriptoren für Terraform (ein Infrastructure-as-Code-Werkzeug von HashiCorp) schreibt. Mit einer domänenspezifischen Sprache (»Domain Specific Language«, DSL) können wir den Aufbau unserer Infrastruktur beschreiben. Dadurch müssen wir nicht alle Einzelheiten und Besonderheiten kennen, die verschiedene Cloud-Anbieter bei der Bereitstellung ihrer Hardware nutzen. Zudem können wir unsere Infrastruktur durch Infrastructure-as-Code speichern und versionieren.

Hierfür müssen wir zunächst eine Datei namens *ec2.tf* erstellen und einen Prompt einfügen, der Copilot mitteilt, dass dies eine Terraform-Datei sein soll, die den Aufbau unserer Infrastruktur beschreibt. Beachten Sie, dass wir jeweils das erste Wort einer Zeile eingeben müssen, um Copilot zur Mitarbeit zu bewegen.

Listing 7.2 *Beispiel für eine Terraform-Datei, inklusive der Instanzgröße*

```
# Create a Terraform file that provisions an AWS EC2 instance of type
t2.micro, installs the Docker daemon, and returns the instance's hostname.

# Deutsch:
# Erstelle eine Terraform-Datei, die eine AWS EC2-Instanz des Typs
tw.micro einrichtet, den Docker-Daemon installiert und den Hostname der
Instanz zurückgibt.
provider "aws" {
  region = "us-west-2"
}

resource "aws_instance" "example" {
  ami           = "ami-0c55b159cbfafe1f0"
  instance_type = "t2.micro"
}
```

Sie werden feststellen, dass Copilot ein kleines, aber wichtiges Detail überspringt: Es stellt keinen Code für die Installation und Einrichtung von Docker bereit, den wir für den Betrieb unserer Applikation aber brauchen. Um diesen Fehler zu beheben, müssen Sie die Datei tatsächlich manuell anpassen, damit der Befehl für die Installation von Docker enthalten ist, wie hier gezeigt:

```
resource "aws_instance" "example" {
  ami           = "ami-0c55b159cbfafe1f0"
  instance_type = "t2.micro"

   user_data = <<-EOF
             #!/bin/bash
             sudo yum update -y
             sudo yum install -y docker
             sudo service docker start
             sudo usermod -a -G docker ec2-user
             sudo docker run -d -p 80:80 nginx
             EOF
}
```

Daraufhin sollte Copilot eine vollständige Terraform-Datei erzeugen, die in etwa dem folgenden Listing entspricht. Ihr Code stimmt vermutlich nicht genau damit überein. Das ist in Ordnung, solange die wichtigsten Features enthalten sind: der Provider, die Instanz, das Skript zum Hinzufügen des Docker-Daemons, das Schlüsselpaar und die Sicherheitsgruppe.

Listing 7.3 Terraform-Datei für die Einrichtung der kleinstmöglichen EC2-Instanz

```
# Create a Terraform file that provisions an AWS EC2 instance of type
t2.micro, installs the Docker daemon, and returns the hostname of the
instance.

# Deutsch:
# Erstelle eine Terraform-Datei, die eine AWS EC2-Instanz des Typs
t2.micro einrichtet, den Docker-Daemon installiert und den Hostnamen der
Instanz zurückgibt.
provider "aws" {
  region = "us-west-2"
}

resource "aws_instance" "example" {
  ami           = "ami-0c55b159cbfafe1f0"
  instance_type = "t2.micro"

   user_data = <<-EOF
                #!/bin/bash
                sudo yum update -y
                sudo yum install -y docker
                sudo service docker start
                sudo usermod -a -G docker ec2-user
                sudo docker run -d -p 80:80 nginx
                EOF
    connection {
        type        = "ssh"
        user        = "ec2-user"
        private_key = file("~/.ssh/id_rsa")
        host        = self.public_ip
    }

    lifecycle {
        create_before_destroy = true
    }

    depends_on = [aws_security_group.allow_http]
}

resource "aws_security_group" "allow_http" {
  name        = "allow_http"
  description = "Allow HTTP inbound traffic"
  vpc_id      = "vpc-12345678"

  ingress {
    description = "HTTP from VPC"
    from_port   = 80
    to_port     = 80
    protocol    = "tcp"
```

```
      cidr_blocks = ["0.0.0.0/0"]
      }
  }

  output "public_dns" {
    value = aws_instance.example.public_dns
      }
```

Wenn Sie die standardmäßige Virtual Private Cloud (VPC) verwenden, ist der Eintrag `vpc_id` nicht unbedingt nötig. Viele der Standardkonfigurationen und -konventionen des AWS-Teams funktionieren bereits ohne Anpassungen. Wenn Sie höhere Sicherheitsanforderungen haben oder wenn Sie alles über Ihre Infrastruktur wissen, ohne hierfür irgendwelche Annahmen anstellen zu müssen, ist es möglicherweise sinnvoll, mit Terraform eine von Grund auf neue VPC einzurichten. Das Schlüsselpaar auf Zeile 21 müssen Sie gegen eines austauschen, auf das Sie Zugriff haben.

Sobald diese Datei fertiggestellt ist, können Sie den Befehl `terraform init` ausführen. Hiermit wird ein neues oder schon vorhandenes Terraform-Arbeitsverzeichnis initialisiert. Es lädt und installiert die in Ihren Konfigurationsdateien angegebenen erforderlichen Provider-Plug-ins und Module und macht alles startklar.

Im Folgenden verwenden wir den Befehl `terraform plan`, um uns von Terraform die geplanten Änderungen erklären zu lassen. Dieser Befehl erstellt einen detaillierten Plan, der aufzeigt, welche Anpassungen an Ihrer Infrastruktur vorgenommen würden, wenn die aktuellen Konfigurationsdateien angewendet werden. Dabei wird klar, welche Ressourcen neu angelegt, verändert oder entfernt werden und welche weiteren Änderungen dafür nötig sind.

Hinweis

Möglicherweise wird beim ersten Ausführen von terraform plan die folgende Fehlermeldung ausgegegen: »Error: configuring Terraform AWS Provider: no valid credential sources for Terraform AWS Provider found.« Diese Nachricht wird ausgegeben, wenn Terraform versucht, eine Verbindung zu AWS herzustellen, ohne über die korrekten Zugangsdaten zu verfügen. Um dieses Problem zu beheben, müssen Sie eine Datei namens *~/.aws/credentials* erstellen (oder anpassen) und Ihre ITAM AWS Access Key ID und den AWS Secret Access Key eingeben. Weitere Details zur richtigen Ausführung dieses Schritts finden Sie in Abschnitt 4.2.2 »Configuring the CLI« des oben genannten Buchs *Amazon Web Services in Action, Third Edition.*

Mit dem Befehl `terraform apply` können Sie Ihre Terraform-Änderungen schließlich anwenden. Daraufhin liest Terraform die Konfigurationsdateien im aktuellen Verzeichnis und wendet die Änderungen auf Ihre Infrastruktur an. Haben Sie die Konfigurationsdateien seit der letzten Ausführung von `terraform apply` verändert – beispielsweise, um eine neue Instanz zu starten oder die Größe Ihres EC2 zu verändern –, gibt Terraform eine Vorschau der geplanten Änderungen aus und bittet Sie, diese zu bestätigen, bevor es sie durchführt.

Danach läuft innerhalb weniger Minuten eine brandneue EC2-Instanz in Ihrer VPC. Das ist aber noch nicht alles. Zwar steht Ihnen jetzt die nötige Rechenleistung zur Verfügung, aber Sie brauchen auch ein passendes Instrument, um sie zu nutzen. In unserem Fall können wir die EC2-Instanz verwenden, um unser ITAM-System auszuführen. Im folgenden Abschnitt zeigen wir kurz, wie Sie ein lokal erstelltes Docker-Image auf einen anderen Rechner übertragen können.

7.3 Ein Docker-Image verschieben (auf die harte Tour)

Zuerst exportieren wir ein Docker-Image von unserem lokalen Rechner auf einen entfernten Computer mithilfe der Befehle `docker save` und `docker load`. Folgender Befehl verpackt ein Image in ein *tar*-Archiv mit dem Namen *<Image-Name>.tar*:

```
docker save -o <Image-Name>.tar <Image-Name>:<tag>
```

Danach können Sie das *tar*-Archiv beispielsweise per Secure Copy Protocol (SCP) oder Secure File Transfer Protocol (SFTP) auf den entfernten Computer übertragen. Dort verwenden Sie den Befehl `docker load`, um das Docker-Image aus dem *tar*-Archiv zu laden: `docker load -i <Image-Name>.tar`. Damit wird das Image in Docker-Image-Cache des entfernten Rechners geladen. Anschließend können Sie das Image mit dem Befehl `docker run` starten und den Docker-Container ausführen, wie Sie es nach der Erstellung bereits getan haben. Im Anschluss können Sie dieses Image zu Ihrer Docker-Compose-Datei hinzufügen, in der sich auch die Postgres-Datenbank und die Kafka-Instanzen befinden.

Hinweis

Wir gehen hier nicht im Detail auf Terraform ein. Wenn Sie sich intensiver mit dem Thema beschäftigen wollen, empfehlen wir Ihnen das Buch *Terraform in Action* von Scott Winkler (Manning, 2021, *http://www.manning.com/books/terraform-in-action*).

In diesem Abschnitt haben wir untersucht, wie Sie Docker-Images verpacken und auf entfernten Rechnern laden können. Dieser Prozess ist skriptfähig. Seitdem es Container-Registries gibt, ist es allerdings einfacher als je zuvor, Bereitstellungen zu verwalten, ohne sie kreuz und quer durch das Internet zu schicken. Im folgenden Abschnitt sehen wir uns ein solches Werkzeug an: die Elastic Container Registry (ECR) von Amazon.

7.4 Ein Docker-Image verschieben (auf die sanfte Tour)

Docker-Images, die Baupläne für unsere Container, sind ein wesentlicher Bestandteil containerisierter Applikationen. Eine korrekte Verwaltung stellt sicher, dass wir saubere, effiziente und durchdachte Arbeitsabläufe für Entwicklung und Bereitstellung nutzen. Dabei dient Amazon ECR als vollständig verwaltete Docker-Container-Registry, die es Entwicklern erleichtert, Docker-Container-Images zu speichern, zu verwalten und bereitzustellen.

Zu Beginn wollen wir sehen, wie Sie Docker-Images zu ECR verschieben können. Dieser Prozess ist zwingend notwendig, um Ihre Images zur Verwendung und für die Entwicklung zugänglich zu machen. Wir zeigen Ihnen Schritt für Schritt, wie Sie Ihre lokale Umgebung einrichten, sich mit ECR authentifizieren und Ihr Image schließlich verschieben können. Bevor wir ein Image verschieben können, müssen wir ein Repository anlegen, in dem das Image enthalten ist. Hierfür können Sie entweder die AWS Management Console oder, wie wir gleich sehen werden, die AWS-Kommandozeilenschnittstelle (CLI) verwenden. Der Befehl für die Erstellung eines neuen Images lautet:

```
aws ecr create-repository --repository-name itam
```

Im nächsten Schritt müssen Sie Ihr Docker-Image mit dem URL des ECR-Repository und dem Namen des Images markieren (engl. »to tag«). Hierfür können Sie entweder einen Namen wie *latest* oder eine semantische Versionierung verwenden. Diese Markierung macht es einfach, bei Bedarf auf eine ältere oder neuere Version Ihrer Applikation zu wechseln.

```
docker tag itam:latest
123456789012.dkr.ecr.us-west-2.amazonaws.com/itam:latest
```

Mit dem Befehl `aws ecr get-login-password` können Sie Docker jetzt bei der ECR-Registry authentifizieren. Dies erzeugt einen `docker login`-Befehl, mit dem Sie Docker bei der Registry authentifizieren können. Der Befehl zur Anmeldung lautet:

```
aws ecr get-login-password --region us-west-2 |
docker login --username AWS --password-stdin
123456789012.dkr.ecr.us-west-2.amazonaws.com
```

Zum Schluss können Sie das Docker-Image mit dem Befehl `docker push` in die ECR-Registry verschieben.

```
docker push 123456789012.dkr.ecr.us-west-2.amazonaws.com/itam:latest
```

Sobald sich das Image in Ihrer Registry befindet, haben Sie deutlich mehr Optionen für die Bereitstellung. Sie könnten beispielsweise ein Bash-Skript schreiben, das sich in die EC2-Instanz einloggt und einen `docker pull`-Befehl ausführt, um das Image herunterzuladen und auf der EC2-Instanz auszuführen. Oder Sie nutzen ein noch sicheres Bereitstellungsverfahren. Im folgenden Abschnitt zeigen wir

Ihnen, wie Sie Ihre Applikation in einem leistungsstarken Cloud-Dienst namens Elastic Kubernetes Service (EKS) einrichten und ausführen können. ECR ist ein verwalteter Kubernetes-Dienst, der von AWS bereitgestellt wird. Also los!

7.5 Unsere Applikation auf dem AWS Elastic Kubernetes Service bereitstellen

Gegenüber der einfachen Ausführung von Docker-Images auf EC2-Instanzen bietet Kubernetes eine Reihe von Vorteilen. Erstens wird die Verwaltung und Skalierung von Applikationen mit Kubernetes deutlich einfacher. Zweitens müssen wir nicht lange darüber nachdenken, wie unsere Infrastruktur aussehen soll. Und neben der automatischen Verwaltung des Lebenszyklus der Images, die hier als *Pods*bezeichnet werden, besitzt unsere Applikation sogar gewisse »Selbstheilungskräfte«. Wenn etwas schiefgeht, kann Kubernetes das Problem automatisch beheben, sodass Ihre Applikation zu jeder Zeit einsatzfähig bleibt.

Hierfür brauchen wir zunächst einen Deployment-Deskriptor, der in YAML (»Yet Another Markup Language« oder auch »YAML Ain't Markup Language«, je nachdem, wen Sie fragen) geschrieben wird. Hiermit beschreiben wir, in welchem Zustand sich unser ITAM-System zu jeder Zeit befinden soll. Diese Datei (die typischerweise *deployment.yaml* heißt) enthält die Vorlage, mit der Kubernetes das laufende System vergleicht und bei Bedarf die nötigen Verbindungen herstellt.

Listing 7.4 *Kubernetes-Deployment-Datei für unser ITAM-System*

```
# Create a Kubernetes deployment file for the itam application.
# The image name is itam:latest
# The deployment will run on port 8000

# Deutsch:
# Erstelle eine Kubernetes-Deployment-Datei für die itam-Applikation.
# Der Name des Images lautet itam:latest.
# Dieses Deployment läuft auf Port 8000.
apiVersion: apps/v1
kind: Deployment
metadata:
  name: itam-deployment
  labels:
    app: itam
spec:
  replicas: 1
  selector:
    matchLabels:
      app: itam
  template:
    metadata:
```

```
      labels:
        app: itam
    spec:
      containers:
      - name: itam
        image: itam:latest
        imagePullPolicy: Always
        ports:
        - containerPort: 8000
```

Das wird allerdings nicht funktionieren. Kubernetes kann das in der Deployment-Deskriptor-Datei angegebene Image nicht finden. Dafür müssen wir Kubernetes zunächst anweisen, unser neu angelegtes ECR-Image zu verwenden. Zum Glück ist das nicht so schwierig, wie es klingt. Wir müssen nur den `image`-Eintrag so ändern, dass er auf das ECR-Image verweist, und EKS die Erlaubnis erteilen, auf ECR zuzugreifen (na gut, vielleicht *etwas* komplizierter, aber immer noch im Rahmen).

Zuerst passen wir die YAML-Datei für die Verwendung des ECR-Images an:

```
image: 123456789012.dkr.ecr.us-west-2.amazonaws.com/itam:latest.
```

Danach müssen Sie eine Policy (Richtlinie) definieren, die EKS verwenden soll, und diese entweder über das AWS CLI oder über die Identity and Access Management (IAM) Console anwenden. Zwar gehört die Anwendung dieser Policy nicht zum Umfang dieses Buchs, trotzdem können Sie Copilot einsetzen, um sie zu definieren. Das Ergebnis sehen Sie im folgenden Listing:

Listing 7.5 *IAM-Policy, mit der EKS erlaubt wird, Images von ECR zu übertragen*

```
{
  "Version": "2012-10-17",
  "Statement": [
    {
      "Sid": "AllowPull",
      "Effect": "Allow",
      "Principal": {
        "AWS": "arn:aws:iam::<aws_account_id>:role/<role>"
      },
      "Action": [
        "ecr:GetDownloadUrlForLayer",
        "ecr:BatchGetImage",
        "ecr:BatchCheckLayerAvailability"
      ],
      "Resource": "arn:aws:ecr:<region>:<aws_account_id>:
                  repository/<repository_name>"
    }
  ]
}
```

Sobald EKS das Image von ECR laden kann, sehen Sie, dass ein Pod gestartet wird. Allerdings können Sie nicht von außen darauf zugreifen. Hierfür müssen Sie erst einen *Service* (»Dienst«) anlegen. In Kubernetes ist ein Service eine Abstraktion, die aus einer logischen Menge von Pods (die kleinste und einfachste Einheit im Kubernetes-Objektmodell, die Sie erstellen oder bereitstellen können) und einer Policy für den Zugriff darauf besteht.

Services ermöglichen die Kommunikation mit verschiedenen Teilen einer Applikation und anderen Applikationen. Sie helfen, den Netzwerkverkehr zu verteilen, und ermöglichen ein Load Balancing, indem sie für Pods im Netzwerk und andere Pods in Kubernetes sichtbar gemacht werden.

Listing 7.6 *Kubernetes-Services-Datei, um externen Zugriff auf unsere Applikation zu ermöglichen*

```
# Please create a service for the application that uses a load balancer
type egress

# Deutsch:
# Bitte erstelle einen Service für die Applikation, die einen Load-
Balancer als egress-Typ verwendet.
apiVersion: v1
kind: Service
metadata:
  name: itam-service
spec:
  type: LoadBalancer
  selector:
    app: itam
  ports:
  - name: http
    port: 80
    targetPort: 8000
```

Kubernetes ist dafür verantwortlich, alle Requests von diesem Ingress (Einstiegspunkt) durch den Dienst an die laufenden Pods weiterzuleiten, unabhängig davon, auf welchem Host diese laufen. Dadurch ist eine nahtlose Ausfallsicherung möglich, denn Kubernetes geht davon aus, dass etwas schiefgeht. Es baut geradezu darauf. Das Ergebnis ist, dass viele der Best Practices für verteilte Systeme bereits in Kubernetes eingebaut sind. Der Wechsel zu Kubernetes ist ein wichtiger erster Schritt zu einem verlässlichen und hochverfügbaren System. Im folgenden Abschnitt untersuchen wir, mit welchen Vereinfachungen und welchen Schwierigkeiten Sie rechnen müssen, wenn Sie Applikationen wiederholt und beständig über Kubernetes bereitstellen. Außerdem sehen wir uns an, wie wir mit GitHub Actions eine einfache Deployment-Pipeline erstellen können.

7.6 Die Einrichtung einer Continuous-Integration-/Continuous-Deployment-(CI/CD-)Pipeline in GitHub Actions

Ein kompliziertes Release wird nur selten stattfinden. Das macht es schwer, einen Mehrwert für unsere Applikation und damit auch für unsere Stakeholder zu schaffen. Durch Automatisierung des Bereitstellungsprozesses kann die Zeit bis zum Release jedoch deutlich verringert werden. Dadurch ist es möglich, öfter zu veröffentlichen, was für schnellere Entwicklungszyklen sorgt, wodurch Benutzern neue Features schneller zur Verfügung gestellt werden können. Continuous-Integration-/Continuous-Deployment-(CI/CD-)Pipelines verringern das mit der Bereitstellung verbundene Risiko. Durch kleinere und häufigere Updates können Probleme schnell isoliert und behoben werden, was die Auswirkungen auf Endbenutzer gering hält. Diese Pipelines ermöglichen eine nahtlose Integration von Codeänderungen und beschleunigen die Bereitstellung, was den Release-Prozess von Software vereinfacht.

Mit GitHub Actions können wir direkt in unseren GitHub-Repositories angepasste CI/CD-Pipelines erstellen. Das verschlankt die Arbetsabläufe in der Entwicklung und ermöglicht die Automatisierung vieler Schritte. So können wir uns auf das Programmieren konzentrieren, anstatt auf die Logistik von Integration und Deployment.

Dieser Abschnitt gibt Ihnen eine knappe Einführung in die Einrichtung einer CI/CD-Pipeline mit GitHub Actions und GitHub Copilot. Beachten Sie, dass dies keine umfassende Anleitung ist, sondern eher eine Betrachtung der möglichen Vorteile und des allgemeinen Arbeitsablaufs. Er kann Ihnen als Einstieg dienen, indem er Ihnen einen Einblick gibt, wie diese Werkzeuge für die Optimierung Ihres Software-Entwicklungsprozesses genutzt werden können.

Erstellen Sie hierfür in Ihrem Projekt eine Datei unter dem Pfad *.github/workflows*. Beachten Sie den vorangestellten Punkt. Sie können die Datei *itam.yaml* nennen oder einen Namen wählen, der Ihnen besser gefällt. Schreiben Sie in die erste Zeile dieser Datei den folgenden Prompt:

```
# Create a GitHub Actions workflow that builds the ITAM application on
every merge to the main branch and deploys it to EKS.

Deutsch:
# Erstelle einen GitHub Actions-Workflow, der die ITAM-Anwendung bei jedem
Merge mit dem Hauptzweig baut und im EKS bereitstellt.
```

Hinweis

Wie bei vielen Infrastruktur-Aufgaben haben wir uns auch hier von Copilot helfen lassen. Allerdings braucht Copilot eine Menge Unterstützung, um diese Datei für uns zu erstellen. Wir müssen uns über die Struktur der Datei klar sein und darüber, wie die einzelnen Zeilen anfangen. In solchen Fällen kann es sinnvoller sein, die Datei nicht mit Copilot, sondern von ChatGPT oder Copilot Chat erstellen zu lassen.

Der erste Teil der Datei beschreibt, wann diese Aktionen ausgeführt werden sollen. Die Anweisung `on: push` legt beispielsweise fest, dass diese Aktion durch einen `git push`-Befehl auf den *main*-Zweig angestoßen werden soll. Diese Datei enthält genau eine Aufgabe (»Job«), die wiederum aus mehreren Schritten besteht. Dabei nutzt dieser Job-»Build« die eingebettete Funktion `login-ecr`, um sich bei unserem ECR anzumelden.

Listing 7.7 *Anfang der GitHub Actions-Datei für den Build unserer Applikation*

```
# Create a GitHub Actions workflow that builds the ITAM application on
every merge to the main branch and deploys it to EKS.

# Deutsch:
# Erstelle einen GitHub Actions-Workflow, der die ITAM-Anwendung bei jedem
Merge mit dem Hauptzweig baut und im EKS bereitstellt.
name: Build and Deploy to EKS

on:
  push:
    branches:
      - main
jobs:

# WEITERER CODE HIER
```

Dieser Build-Job (in Listing 7.8) checkt zuerst den Code aus unserem GitHub-Repository aus. Er verwendet Code, der im Modul `actions/checkout` Version 2 geschrieben wurde. Danach nutzt er das EKS CLI und konfiguriert die Zugangsdaten für den Zugriff auf EKS. Beachten Sie, dass die Werte für den AWS Access Key und den AWS Secret Key automatisch an die Applikation übergeben werden. GitGub Actions nutzt hierfür ein eingebautes System für die Verwaltung vertraulicher Daten wie API-Schlüssel, Passwörter und Zertifikate. Dieses System ist in die GitHub-Plattform integriert und ermöglicht es Ihnen, vertrauliche Informationen und Daten auf Repository-, aber auch auf Organisationsebene hinzuzufügen, zu entfernen und zu aktualisieren. Diese »Secrets« werden vor der Speicherung verschlüsselt und tauchen weder in Logs auf, noch werden sie zum Download zur Verfügung gestellt. Der Zugriff erfolgt in Form von Umgebungsvariablen für den GitHub Actions-Runner, was die Handhabung vertraulicher Daten zusätzlich absichert.

Auf ähnliche Weise können Sie auch eigene Umgebungsvariablen definieren und in Ihren Actions nutzen, wie z. B. die Variable `ECR_REGISTRY`. Sie wurde mithilfe der Ausgabe der Funktion `login-ecr` angelegt. In diesem Fall müssen Sie den ECR in Ihrer Actions-Datei immer noch hart einprogrammieren. Die Gründe hierfür sind Konsistenz und die Notwendigkeit, diese Information an nur einer Stelle in der Datei zu verwalten. Die meisten dieser Schritte sollten Ihnen inzwischen bekannt vorkommen, denn wir haben sie in diesem Kapitel immer wieder ausgeführt. Und genau da liegt die Magie der Automation: Sie übernimmt diese Schritte für Sie.

Listing 7.8 *Build- und Bereitstellungsschritte in unserer GitHub Actions-Datei*

```
build:
  runs-on: ubuntu-latest

  steps:
  - name: Checkout code
    uses: actions/checkout@v2

  - name: Set up EKS CLI
    uses: aws-actions/amazon-eks-cli@v0.1.0

  - name: Configure AWS credentials
    uses: aws-actions/configure-aws-credentials@v1
    with:
      aws-access-key-id: ${{ secrets.AWS_ACCESS_KEY_ID }}
      aws-secret-access-key: ${{ secrets.AWS_SECRET_ACCESS_KEY }}
      aws-region: us-west-2

  - name: Build and push Docker image
    env:
      ECR_REGISTRY: ${{ steps.login-ecr.outputs.registry }}
      ECR_REPOSITORY: itam
      IMAGE_TAG: ${{ github.sha }}
    run: |
      docker build -t $ECR_REGISTRY/$ECR_REPOSITORY:$IMAGE_TAG .
      docker push $ECR_REGISTRY/$ECR_REPOSITORY:$IMAGE_TAG

  - name: Deploy to EKS
    env:
      ECR_REGISTRY: ${{ steps.login-ecr.outputs.registry }}
      ECR_REPOSITORY: itam
      IMAGE_TAG: ${{ github.sha }}
    run: |
      envsubst < k8s/deployment.yaml | kubectl apply -f -
      envsubst < k8s/service.yaml | kubectl apply -f -
```

Der letzte Abschnitt in der Datei übernimmt die Anmeldung bei unserem AWS ECR. Die Schritte in der Actions-Datei führen die hierfür nötigen Maßnahmen durch. Am Ende werden die Ausgaben an die aufrufende Funktion zurückgegeben.

Listing 7.9 Eine GitHub Actions-Datei für einen Build und die Bereitstellung auf EKS

```
  login-ecr:
    runs-on: ubuntu-latest
    steps:
    - name: Login to Amazon ECR
      id: login-ecr
      uses: aws-actions/amazon-ecr-login@v1
      with:
        registry: <your-ecr-registry>
        aws-access-key-id: ${{ secrets.AWS_ACCESS_KEY_ID }}
        aws-secret-access-key: ${{ secrets.AWS_SECRET_ACCESS_KEY }}
```

Die Untersuchung des Konzepts von Infrastructure as Code hat uns geholfen, seine Rolle in verschiedenen Projekten zu verstehen und zu erkennen, wo die Vorteile dieses Vorgehens liegen. Werkzeuge wie Terraform stellen optimierte Lösungen für die Verwaltung von Infrastruktur bereit, während die Code-zentrierten Möglichkeiten von GitHub uns bei der Organisation des gesamten Workflows unterstützen.

Die Einführung von CI/CD-Pipelines vor allem unter Verwendung von Plattformen wie GitHub Actions zeigt auf, wie wichtig die Automatisierung für den Prozess der Softwarebereitstellung ist. Sie beschleunigt die Geschwindigkeit und Verlässlichkeit des Lebenszyklus der Softwareentwicklung und verringert die Wahrscheinlichkeit menschlicher Fehler.

Die Verwaltung von Infrastructure as Code ist einem beständigen Wandel unterworfen, der immer wieder neue Werkzeuge und Vorgehensweisen hervorbringt. Daher ist es wichtig, beständig weiterzulernen und sich immer wieder anzupassen. Dieses Kapitel hat Ihnen einen Blick auf die Vorteile und Möglichkeiten gegeben.

7.7 Zusammenfassung

- Sie haben erfahren, wie der Wechsel von der Applikationsentwicklung zur Produkteinführung verläuft. Dabei haben wir Deployment-Strategien, Best Practices für die Cloud-Infrastruktur sowie die Verwendung von Docker und Terraform für die effiziente Verwaltung und Containerisierung von Applikationen behandelt.
- Wir haben gezeigt, wie die Bereitstellung von Applikationen mithilfe von Kubernetes funktioniert. Dabei haben Sie gesehen, wie YAML-Deployment-Deskriptoren erstellt werden, wie Sie Dienste für die Lastverteilung von Netzwerkverkehr anlegen können und was für eine Bereitstellung auf dem AWS Elastic Kubernetes Service (EKS) nötig ist.

- Sie haben herausgefunden, wie verschiedene Entwicklungsmethoden an unterschiedliche Umgebungen angepasst werden können – seien dies nun Cloud-Plattformen oder ein On-Premises-Deployment in den eigenen Geschäftsräumen. Außerdem haben wir darüber gesprochen, wie GitHub Copilot Ihnen bei der korrekten Erstellung von Docker- und Terraform-Dateien helfen kann.
- Zum Schluss haben wir uns angesehen, wie wir Docker-Images auf entfernte Rechner übertragen können, indem wir sie auf die Elastic Container Registry (ECR) von Amazon verschoben haben, und wie eine automatische Bereitstellung mit GitHub Actions funktioniert.

8 Sichere Applikationsentwicklung mit ChatGPT

Kapitelübersicht

- Modellierung von Bedrohungen mit ChatGPT
- Einsatz von ChatGPT zur Entwicklung einer sicherheitsbezogenen Denkweise
- Risikominimierung mit ChatGPT

In der sich ständig wandelnden Landschaft der Softwareentwicklung haben sich Sicherheitsbedenken von einem Randaspekt zu einem wesentlichen Bestandteil der Entwurfs- und Implementierungsphasen eines Projekts entwickelt. Trotz dieser erhöhten Aufmerksamkeit ist es für Entwickler nicht immer ganz einfach, mit dem schnellen Wandel im Bereich der Applikationssicherheit Schritt zu halten. Dieses Kapitel soll ein umfassendes Verständnis davon vermitteln, wie KI und insbesondere ChatGPT in verschiedene Prozessphasen der Applikationsentwicklung integriert werden können, um die Sicherheit der Applikation mithilfe neuer Werkzeuge zu steigern.

Hierbei erkunden wir, wie ChatGPT hierfür in den verschiedenen Stadien der Applikationsentwicklung für unser ITAM-System (das in Python unter Verwendung von FastAPI geschrieben wurde) genutzt werden kann. Wir sprechen darüber, wie KI-Modelle helfen können, Schwachstellen aufzuspüren, Bedrohungen zu modellieren (»Thread Modeling«), den Applikationsentwurf auf mögliche Sicherheitslücken zu untersuchen und sicherheitsbezogene Best Practices zu implementieren.

Das Ziel dieses Kapitels liegt nicht darin, ChatGPT als Allheilmittel für alle Sicherheitsbedenken darzustellen. Stattdessen möchten wir Ihnen seine Fähigkeiten als leistungsstarkes Entwicklungswerkzeug vorstellen. Sie werden lernen, wie man Bedrohungen proaktiv erkennt und damit umgeht. Dabei behalten wir das ganzheitliche Ziel im Hinterkopf, nicht nur funktionierende, sondern sichere Software zu erstellen. Wir behandeln Themen wie die Modellierung von Bedrohungen, das Einbeziehen von Sicherheit in den Entwicklungszyklus, die Rolle von KI in der Sicherheit und vieles mehr. Los geht's!

Sicherheit ist kein Feature

Die Sicherheit von Applikationen beginnt schon bei ihrem Entwurf. Sie ist kein Feature, auch wenn sie gelegentlich so behandelt wird. Generative KI kann als Werkzeug dienen, um die Sicherheit Ihrer Applikation zu bewerten und zu verbessern. Sie ist aber weder ein Ersatz für die Beurteilung durch einen Sicherheitsexperten, noch wird eine KI Sie zu einem solchen Experten machen. Weitere Informationen zum Entwurf sicherer Applikationen finden Sie in dem Buch *Secure by Design* von Dan Bergh Johnsson, Daniel Deogun, and Daniel Sawano (Manning, 2019, *http://www.manning.com/books/secure-by-design*).

Abb. 8.1 *Das (fehlerhafte) Gedankenmodell des Softwarelebenszyklus, in dem Sicherheit als Feature betrachtet wird, das nach Bedarf eine höhere oder geringere Priorität erhält oder als zusätzliches Element irgendwann im Entwicklungsprozess durchgeführt wird. Tatsächlich ist Sicherheit eher eine Denkweise, die während allen Entwicklungsphasen im Mittelpunkt stehen muss.*

8.1 Bedrohungen mit ChatGPT modellieren

Das »Threat Modeling« ist eine strukturierte Vorgehensweise, die dem Team hilft, mögliche Bedrohungen in einem System zu verstehen, zu priorisieren und ihnen angemessen zu begegnen. Dabei versetzt man sich in die Denkweise eines Angreifers, um Bedrohungen systematisch zu erkennen, die potenziellen Auswirkungen einzuschätzen und Abwehrstrategien zu entwickeln. Die Modellierung von Bedrohungen ist zwar in der Entwurfsphase verwurzelt; sie zieht sich aber durch den gesamten Software-Entwicklungsprozess und dient als entscheidende Verbindung zwischen übergeordneten Sicherheitsrichtlinien und ihrer praktischen Umsetzung.

Die Modellierung von Bedrohungen ist kein einmaliger Prozess. Vielmehr muss sich das Modell immer wieder an neu entdeckte Sicherheitslücken und ein sich veränderndes Umfeld anpassen.

8.1.1 Warum das in der heutigen Softwareentwicklung wichtig ist

Bevor wir in das Threat Modeling mit ChatGPT eintauchen, müssen wir einen Schritt zurückgehen, um zu verstehen, warum wir dies überhaupt machen wollen. Durch den größeren Schwerpunkt auf Sicherheit in der heutigen Softwareentwicklung müssen wir wissen, welche Faktoren Einfluss auf die Entwicklung, Bereitstellung und Bewertung von Software haben. Je mehr Dienste digital verfügbar sind, desto größer ist auch ihre Angriffsoberfläche. Alles, vom Onlinebanking über Gesundheitsdaten, E-Commerce bis hin zur »digitalen Verwaltung«, kann ein Ziel sein.

Hinzu kommt, dass diese digitalen Bedrohungen nicht statisch sind. Täglich werden neue Sicherheitslücken gefunden, und die Angreifer suchen beständig nach neuen Methoden. Mit der Zunahme von staatlich gelenkten Angriffen, Ransomware und Cyberspionage war die Gefahr noch nie so groß wie heute.

Moderne Architekturen, in denen Applikationen Microservices, Drittanbieter-APIs und Cloud-Infrastrukturen nutzen, sind deutlich komplexer als früher. Diese Komplexität kann schnell zu möglichen Schwachstellen führen. Dabei arbeiten viele Systeme nicht isoliert, sondern sind miteinander verbunden, was zu einem Dominoeffekt führen kann. Eine Lücke kann das Sprungbrett für die Schädigung weiterer Bereiche sein.

Sicherheitsverletzungen

Abgesehen von direkten finanziellen Auswirkungen kann eine Verletzung der Sicherheit Vertrauen untergraben und den Ruf eines Unternehmens schädigen. Er kann rechtliche Folgen haben und zu einem Verlust von Kunden oder der gesamten geschäftlichen Grundlage führen. Hinzu kommt, dass Unternehmen durch die Datenschutzgrundverordnung (DSGVO) in Europa und z. B. den California Consumer Privacy Act (CCPA) in den Vereinigten Staaten eine besonders große Verantwortung haben, die Daten ihrer Nutzer zu schützen. Ein Verstoß kann zu empfindlichen Strafen führen.

In einer vernetzten und immer digitaleren Welt ist Sicherheit nicht mehr nur das Problem der IT-Abteilung, sondern eine grundsätzliche geschäftliche Notwendigkeit. Indem Sie für sichere Applikationen sorgen, verringern Sie Risiken und Kosten, schaffen Vertrauen und sorgen für zuverlässige Systeme.

8.1.2 Wie ChatGPT beim Threat Modeling helfen kann

Nachdem wir den Grund verstanden haben, können wir uns ansehen, wie wir digitale Bedrohungen in unserer Umgebung, ihre Auswirkungen und mögliche Gegenmaßnahmen mithilfe von ChatGPT besser verstehen können. ChatGPT verfügt über eine umfangreiche Wissensbasis zu grundlegenden Konzepten der Cybersicherheit. Es kann Grundkonzepte und komplexe Angriffsmöglichkeiten

Ihrem Wissensstand angemessen erklären. Sie könnten damit beginnen, ChatGPT zu bitten, Ihnen die wichtigsten Grundlagen der Cybersicherheit zu erklären, indem es erläutert, was ein SQL-Injection-Angriff ist (natürlich, ohne ihn wirklich durchzuführen!) oder was es mit Clickjacking auf sich hat.

Ein informeller Ansatz für die Modellierung von Bedrohungen könnte darin bestehen, dass Sie ChatGPT detaillierte hypothetische Szenarien vorlegen und es anweisen, mögliche Bedrohungen und Schwachstellen, die in solchen Situationen auftreten können, zu benennen. Beginnen Sie mit allgemeinen Formulierungen und verfeinern Sie diese im Verlauf des Prozesses. Folgender Prompt könnte ein möglicher Startpunkt sein:

```
If I'm developing a cloud-based web application for e-commerce, what
threats should I be aware of?

Deutsch: Ich entwickle eine Cloud-basierte E-Commerce-Applikation. Auf
welche Sicherheitsrisiken sollte ich achten?
```

Danach bohren Sie tiefer und gehen dabei auf bestimmte Bedrohungen ein:

```
How might an attacker session hijack a user's cart in my e-commerce
application?

Deutsch: Wie könnte ein Angreifer die Session eines Warenkorbs in meiner
E-Commerce-Applikation kapern?
```

Danach können Sie mit ChatGPT darüber sprechen, wie die Risiken rund um die verschiedenen Bedrohungen bewertet werden. Das kann Ihnen dabei helfen, bestimmte Risiken zu priorisieren. Wenn Sie verstehen, welche Gefahren Ihrem System möglicherweise drohen, können Sie ChatGPT zu Gegenmaßnahmen, Best Practices und Strategien zur Risikoverringerung befragen:

```
How do I assess the risk of a DDoS attack for my online service?

Deutsch: Wie kann ich die Risiken eines DDoS-Angriffs auf meinen
Onlinedienst einschätzen?
```

Und dann:

```
What are the best practices to prevent cross-site scripting attacks?

Deutsch: Was sind die besten Vorgehensweisen, um Cross-Site-Scripting-
Angriffe zu verhindern?
```

Sie sollten diese »Gespräche« mit ChatGPT regelmäßig durchführen, um Ihr Wissen aufzufrischen oder nach neuen Konzepten oder Strategien zu fragen, die Ihnen in der Zwischenzeit begegnet sind.

Hierzu noch ein Wort der Warnung: Seien Sie sich auch hierbei der Grenzen von ChatGPT bewusst. Es besitzt kein Echtzeit-Bedrohungsbewusstsein. Sein Wissen reicht höchstens bis zur letzten Aktualisierung. Zu den neuesten Risiken und Bedrohungen sollten Sie immer eine aktuelle Quelle konsultieren. Auch wenn ChatGPT ein wertvolles Werkzeug darstellt, sollten Sie seine Angaben grundsätzlich anhand anderer zuverlässiger Quellen überprüfen. Nachdem Sie eine bestimmte Bedrohung mit ChatGPT besprochen haben, kann es sinnvoll sein, die aktuelle Dokumentation von Organisationen wie dem Open Worldwide Application Security Project (OWASP), dem National Institute of Standards and Technology (NIST) und weiteren Institutionen, die sich mit Cybersicherheit beschäftigen, zu lesen.

Interaktive Brainstorming-Sessions mit ChatGPT können Ihnen helfen, auf effektive Weise Ideen zu entwickeln, komplexe Konzepte zu verstehen oder Strategien zu verfeinern – besonders in Bereichen wie der Cybersicherheit. Hier ein Vorschlag, wie Sie eine solche Sitzung strukturieren können:

1. Formulieren Sie ein klares Ziel der Brainstorming-Session. Das könnte beispielsweise die Identifikation möglicher Sicherheitslücken in einem System sein, die Schaffung von Sicherheitsmaßnahmen für eine neue Applikation oder die Diskussion von Strategien zum Schutz von Nutzerdaten.

2. Beginnen Sie die Sitzung, indem Sie ChatGPT mit detailliertem Kontext versorgen. Wenn es um eine bestimmte Applikation oder ein spezifisches System geht, beschreiben Sie seine Architektur, Komponenten, Funktionen und alle bekannten Probleme und Bedenken. Sie könnten beispielsweise sagen:

   I'm working on a web-based e-commerce platform using a microservices architecture with Docker containers. We're looking to identify potential security threats.

   Deutsch: Ich arbeite an einer webbasierten E-Commerce-Plattform, die eine Microservices-Architektur mit Docker-Containern verwendet. Wir versuchen, potenzielle Sicherheitsbedrohungen zu identifizieren.

   Basierend auf ChatGPTs Antworten können Sie anschließend tiefer in Bereiche eintauchen, die Sie als besonders interessant oder problematisch ansehen, z. B.:

   Tell me more about container security best practices.

   Deutsch: Erzähle mir mehr über bewährte Verfahren zur Containersicherheit.

   Oder Sie fragen:

   How can I secure communication between microservices?

   Deutsch: Wie kann ich die Kommunikation zwischen Microservices absichern?

3. Legen Sie ChatGPT ein hypothetisches Szenario vor und bitten Sie um Feedback oder Lösungsvorschläge. Das kann bei der Erkennung möglicher Herausforderungen oder Bedrohungen helfen:

```
Imagine an attacker gains access to one of the containers; what steps
should be taken?

Deutsch: Angenommen, ein Angreifer verschafft sich Zugang zu einem der
Container; welche Maßnahmen sollten ergriffen werden?
```

4. Spielen Sie im Gespräch mit ChatGPT die Rolle des *Advocatus Diaboli*. Stellen Sie seine Ideen oder Vorschläge infrage oder kontern Sie diese, um einen weiteren Gedankenaustausch anzuregen und verschiedene Blickwinkel zu erforschen:

```
What if I were to use a third-party authentication service? How would that
change the security landscape?

Deutsch: Was wäre, wenn ich den Authentifizierungsdienst eines
Drittanbieters verwenden würde? Wie würde das die Sicherheitsumgebung
verändern?
```

5. Fragen Sie ChatGPT nach konkreten Schritten oder Handlungsanweisungen, um die vorgeschlagenen Lösungen zu implementieren. Sie könnten sich beispielsweise erkundigen:

```
Given the security concerns you mentioned, what are the specific  steps I
should take to mitigate them?

Deutsch: Welche konkreten Schritte sollte ich unternehmen, um die von Dir
genannten Sicherheitsbedenken zu verringern?
```

Hinweis

Im Verlauf der Brainstorming-Session sollten Sie die von ChatGPT gelieferten Ideen, Vorschläge und Strategien dokumentieren. Sie sind für die Auswertung und Implementierung nach der Sitzung von unschätzbarem Wert. Brainstorming ist am effektivsten, wenn es iterativ durchgeführt wird. Basierend auf dem, was Sie in einer Sitzung gelernt haben, könnten Sie in Folgesitzungen Ihre Fragen verfeinern, Ihren Ansatz anpassen oder neue Bereiche erforschen.

Abbildung 8.2 zeigt die Rückkopplungsschleife, die während einer Brainstorming-Sitzung abläuft.

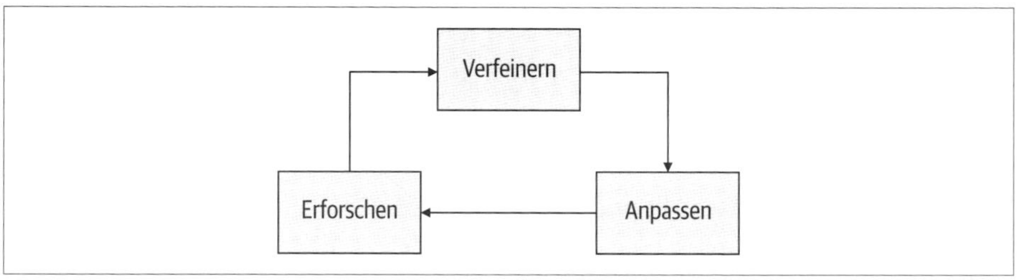

Abb. 8.2 *Der Ablauf einer Brainstorming-Session mit ChatGPT*

Im Verlauf Ihres Projekts oder Szenarios sollten Sie die Diskussionen mit ChatGPT erneut aufgreifen, um Änderungen, Aktualisierungen und neue Herausforderungen zu berücksichtigen. Hierbei können Sie Ihre Anpassungen an der Dokumentation des Systemdesigns hochladen und ChatGPT anweisen, diesen Entwurf auf die gleiche Weise wie es Code bewertet auf mögliche Bedrohungen und häufige Sicherheitslücken zu untersuchen.

Durch diese teilstrukturierte Verwendung von ChatGPT können Sie von seiner umfassenden Wissensbasis profitieren und wertvolle Rückmeldungen und Einsichten zu Ihren Szenarien erhalten. Denken Sie dabei immer daran, die Vorschläge anhand von aktuellen Quellen und Experten im jeweiligen Bereich zu überprüfen.

8.1.3 Fallstudie: Bedrohungsmodellierung mit ChatGPT simulieren

Zusätzlich zur Analyse von Szenarien und interaktiven Brainstorming-Sessions mit ChatGPT wählen Sie vielleicht eine formale Vorgehensweise, die häufig von Sicherheitsexperten eingesetzt wird: STRIDE. Hierbei handelt es sich um eine von Microsoft eingeführte Methodologie zur Bedrohungsmodellierung, die helfen soll, mögliche Sicherheitsrisiken in Systemen oder Applikationen zu erkennen. Sie können ChatGPT und STRIDE verwenden, um Bedrohungen zu simulieren und diese korrekt einzuordnen.

STRIDE

Das Akronym STRIDE steht für Spoofing, Tampering, Repudiation, Information Disclosure, Denial of Service und Elevation of Privilege:

- *Spoofing* (Fälschung)
  Sie geben sich als jemand oder etwas anderes aus. Das kann bedeuten, die Identität eines Benutzers, eines Geräts oder gar eines Systems anzunehmen, um nicht autorisierten Zugriff zu erhalten. So könnte ein Angreifer beispielsweise eine MAC-(Media-Access-Control-)Adresse fälschen, um sich als Gerät im Netzwerk auszugeben.
- *Tampering* (Manipulation/Sabotage)
  Unerlaubte Änderungen von Daten oder Code. Ein Angreifer könnte beispielsweise durch einen Man-in-the-Middle-Angriff ein versendetes Datenpaket verändern.
- *Repudiation* (Zurückweisung/Abstreiten)
  Die Fähigkeit von bösartigen (oder unvorsichtigen) Nutzern, aufgrund fehlender Beweise abzustreiten, dass sie bestimmte Aktionen durchgeführt haben. So könnte ein Nutzer etwa behaupten, eine Bestellung nicht vorgenommen oder bestimmte Daten nicht verändert zu haben.
- *Information disclosure* (Offenlegung von Informationen)
  Das Preisgeben von Informationen für Personen, die hierauf keinen Zugriff haben dürfen. So kann eine falsch konfigurierte Datenbank der Öffentlichkeit beispielsweise den Zugriff auf vertrauliche Nutzerdaten ermöglichen.

→

- *Denial of Service (DoS)*
  Dafür sorgen, dass eine Ressource nicht verfügbar ist oder nicht mehr auf Nutzeranfragen antwortet. Das kann beispielsweise dadurch erreicht werden, dass die Ressourcen eines Systems überfordert oder bestimmte Sicherheitslücken ausgenutzt werden. So könnte ein Angreifer bei einem DoS-Angriff eine Website mit Anfragen überhäufen, wodurch sie extrem langsam wird oder gar nicht mehr antwortet.
- *Elevation of Privilege* (Ausweitung von Privilegien)
  Ein Nutzer mit geringen Zugriffsrechten verschafft sich höhere Privilegien, die es ihm oftmals ermöglichen, das gesamte System zu kontrollieren oder Aktionen auszuführen, für die er nicht autorisiert ist.

Im Verlauf dieses Buchs haben wir verschiedene Teile eines ITAM-Systems entwickelt. Nur zur Erinnerung: Dieses dient dazu, die IT-Assets einer Organisation zu verwalten und zu optimieren. In diesem Abschnitt wollen wir das STRIDE-Konzept auf unsere Applikation anwenden. Hierbei soll uns ChatGPT helfen, mögliche Bedrohungen gegen unser System zu modellieren.

Beginnen wir mit dem Spoofing:

Within the context of our ITAM system, how might our system be spoofed?

Deutsch: Wie könnte im Kontext unseres ITAM-Systems ein Spoofing-Angriff aussehen?

Darauf könnte ChatGPT antworten, wie im folgenden Listing gezeigt.

Listing 8.1 *ChatGPT erklärt, wie Spoofing sich auf unsere Applikation auswirken könnte.*

```
MAC Address Spoofing: Most ITAM systems rely on MAC addresses to identify
and manage devices on a network. An attacker might spoof the MAC address
of an authorized device to gain unauthorized access or to mask a rogue
device's presence.
IP Address Spoofing: An attacker could bypass network security measures or
divert traffic by masquerading as a trusted IP address. This could lead to
unauthorized access to the ITAM system or even denial-of-service attacks.
DNS Spoofing (Cache Poisoning): If the ITAM system relies on domain names
for accessing updates or related resources, DNS spoofing can redirect the
ITAM server to malicious sites, potentially compromising the system.
Device Identifier Spoofing: Beyond MAC addresses, devices may have other
unique identifiers. Spoofing these can allow unauthorized devices to
appear as legitimate assets in the ITAM inventory.
User Agent Spoofing: If the ITAM system is accessed via web browsers,
attackers can spoof user agent strings to mimic authorized devices or
browsers, potentially bypassing certain security checks.
Fake Asset Registration: A malicious actor might introduce fake assets
into the system, leading to inaccurate asset tracking, skewed analytics,
and potential security loopholes.
Spoofed Update Servers: If your ITAM solution fetches updates from remote
servers, attackers could spoof these servers, delivering malicious updates
or software.
```

```
Phishing & Social Engineering: While not a technical spoofing method per
se, attackers can still spoof emails or other communications, pretending
to be ITAM administrators or vendors. Unsuspecting employees might then
provide sensitive ITAM data.

Deutsch:
MAC-Adressen-Spoofing: Die meisten ITAM-Systeme stützen sich auf MAC-
Adressen, um Geräte in einem Netzwerk zu identifizieren und zu verwalten.
Ein Angreifer könnte die MAC-Adresse eines autorisierten Geräts fälschen,
um sich unbefugten Zugriff zu verschaffen oder die Präsenz eines
bösartigen Geräts zu verschleiern.
IP-Adressen-Spoofing: Ein Angreifer könnte die Sicherheitsmaßnahmen im
Netzwerk umgehen oder den Datenverkehr umleiten, indem er sich als
vertrauenswürdige IP-Adresse ausgibt. Dies könnte zu unbefugtem Zugriff
auf das ITAM-System oder sogar zu Denial-of-Service-Angriffen führen.
DNS-Spoofing (Cache Poisoning): Wenn das ITAM-System für den Zugriff auf
Updates oder verwandte Ressourcen auf Domänennamen angewiesen ist, kann
DNS-Spoofing den ITAM-Server auf böswillige Websites umleiten und so
möglicherweise das System gefährden.
Spoofing von Gerätekennungen (Device-IDs): Neben MAC-Adressen können
Geräte auch andere eindeutige Identifikatoren haben. Das Spoofing dieser
Kennungen kann dazu führen, dass nicht autorisierte Geräte im ITAM-
Inventar als legitime Assets erscheinen.
User-Agent-Spoofing: Wenn der Zugriff auf das ITAM-System über Webbrowser
erfolgt, können Angreifer User-Agent-Strings fälschen, um autorisierte
Geräte oder Browser zu imitieren und so möglicherweise bestimmte
Sicherheitsprüfungen zu umgehen.
Gefälschte Asset-Registrierung: Ein böswilliger Akteur könnte gefälschte
Assets in das System einschleusen, was zu einer ungenauen Asset-
Verfolgung, verzerrten Analysen und potenziellen Sicherheitslücken führt.
Gefälschte Update-Server: Wenn Ihre ITAM-Lösung Updates von Remote-Servern
abruft, könnten Angreifer diese Server fälschen und bösartige Updates oder
Software bereitstellen.
Phishing und Social Engineering: Auch wenn es sich nicht um eine
technische Spoofing-Methode handelt, können Angreifer dennoch E-Mails oder
andere Mitteilungen fälschen und sich als ITAM-Administratoren oder
Anbieter ausgeben. Ahnungslose Mitarbeiter geben dann möglicherweise
sensible ITAM-Daten weiter.
```

Zusätzlich schlägt ChatGPT eventuell auch mögliche Schritte zur Verhinderung oder Verringerung des Risikos vor:

Listing 8.2 *ChatGPT umreißt Möglichkeiten, solche Angriffe zu verhindern.*

```
Network Security: Implement network segmentation, strong firewalls, and
Intrusion Detection Systems (IDS) to monitor and block suspicious
activities.
Encryption: Encrypt data in transit to protect against man-in-the-middle
attacks that could lead to spoofing.
Dynamic Identification: Rotate device identifiers periodically or use
dynamic identifiers.
```

```
DNS Security: Implement DNS Security Extensions (DNSSEC) to ensure the
authenticity of DNS responses.
Authentication and Authorization: Require multi-factor authentication
(MFA) for ITAM system access and ensure strict role-based access control.
Regular Audits: Audit the ITAM database frequently to identify
discrepancies or rogue assets.
User Education: Regularly train IT personnel and employees about the risks
of spoofing and the importance of verifying communications.

Deutsch:
Netzwerksicherheit: Implementieren Sie eine Netzwerksegmentierung, starke
Firewalls und Intrusion Detection Systeme (IDS) zur Überwachung und
Blockierung verdächtiger Aktivitäten.
Verschlüsselung: Verschlüsseln Sie Daten während der Übertragung, um sich
vor Man-in-the-Middle-Angriffen zu schützen, die zu Spoofing führen
könnten.
Dynamische Identifizierung: Wechseln Sie die Gerätekennungen in
regelmäßigen Abständen oder verwenden Sie dynamische Kennungen.
DNS-Sicherheit: Implementieren Sie DNS Security Extensions (DNSSEC), um
die Authentizität von DNS-Antworten zu gewährleisten.
Authentifizierung und Autorisierung: Verlangen Sie eine Multi-Faktor-
Authentifizierung (MFA) für den Zugriff auf das ITAM-System und
gewährleistet eine strenge rollenbasierte Zugriffskontrolle.
Regelmäßige Auditierungen: Prüfen Sie die ITAM-Datenbank regelmäßig, um
Unstimmigkeiten oder betrügerische Assets zu identifizieren.
Benutzerschulung: Schulen Sie das IT-Personal und die Mitarbeiter
regelmäßig über die Risiken von Spoofing und die Bedeutung der
Kommunikationsüberprüfung.
```

Anstatt hier alle STRIDE-Punkte abzuarbeiten, wenden wir uns direkt dem Bereich der »Repudiation« zu. Diese Art des Angriffs ist am wenigsten intuitiv und wird am häufigsten missverstanden:

Within the context of our ITAM system, how might our system be affected by repudiation?

Deutsch: Wie könnte unser ITAM-System von einem Repudiation-Problem betroffen sein?

Daraufhin könnte ChatGPT mit einer Definition dieses Risikos im Kontext unseres Systems antworten:

Listing 8.3 *ChatGPT definiert Repudiation aus Sicht der Cybersicherheit.*

```
Repudiation, in a cybersecurity context, refers to the ability of a user
(or system) to deny having performed a specific action, even if they did
perform it. Regarding ITAM (Information Technology Asset Management)
systems, repudiation can pose challenges regarding accountability,
traceability, and compliance. Let's explore how repudiation might affect
an ITAM system:
```

```
Deutsch:
In einem Cybersicherheitskontext bezieht sich die Repudiation
(Abstreitbarkeit) auf die Fähigkeit eines Benutzers (oder eines Systems),
zu leugnen, dass er eine bestimmte Aktion durchgeführt hat, selbst wenn er
sie durchgeführt hat. In Bezug auf ITAM-Systeme (Information Technology
Asset Management) kann die Abstreitbarkeit Herausforderungen in Bezug auf
Rechenschaftspflicht, Rückverfolgbarkeit und Compliance mit sich bringen.
Sehen wir uns an, wie sich die Abstreitbarkeit auf ein ITAM-System
auswirken kann:
```

Danach zählt es verschiedene Repudiation-Risiken auf, die unser ITAM-System betreffen könnten.

Listing 8.4 *Aufzählung möglicher Repudiation-Risiken durch ChatGPT*

```
Denial of Asset Changes: A user might make unauthorized changes to an
asset's status or details in the ITAM system and later deny having made
such changes. This can lead to inaccuracies in asset tracking, causing
potential compliance issues and operational inefficiencies.
Lack of Accountability: If actions within the ITAM system are not
appropriately logged or if logs can be altered without a trace, it becomes
challenging to hold individuals accountable for their actions. This can
result in unauthorized software installations, hardware misallocations, or
asset misuse without any accountability.
Financial Discrepancies: Repudiation can lead to financial implications.
For instance, if an employee claims they never received a particular
hardware asset (like a laptop) when the ITAM system shows they did, it
might result in unnecessary additional procurements.
License Violations: Users might install unauthorized software and then
deny doing so. Without proper non-repudiation measures, tracking and
proving such installations becomes difficult, leading to potential
licensing violations.
Security Implications: Malicious insiders or external attackers could
exploit the ITAM system to steal or damage assets and deny any wrongdoing.
This could pave the way for data breaches, theft of sensitive data, or
even financial fraud.

Deutsch:
Leugnen von Asset-Änderungen: Ein Benutzer könnte unbefugte Änderungen am
Status oder an den Details eines Assets im ITAM-System vornehmen und
später abstreiten, diese Änderungen vorgenommen zu haben. Dies kann zu
Ungenauigkeiten bei der Nachverfolgung von Assets führen, was potenzielle
Probleme bei der Einhaltung von Vorschriften und betriebliche
Ineffizienzen zur Folge hat.
Fehlende Rechenschaftspflicht: Wenn Aktionen innerhalb des ITAM-Systems
nicht angemessen protokolliert werden oder wenn Protokolle unbemerkt
geändert werden können, wird es schwierig, Einzelpersonen für ihre
Aktionen zur Rechenschaft zu ziehen. Dies kann zu nicht genehmigten
Softwareinstallationen, falschen Hardwarezuweisungen oder dem Missbrauch
von Anlagen führen, ohne dass eine Rechenschaftspflicht besteht.
```

```
Finanzielle Unstimmigkeiten: Unstimmigkeiten können zu finanziellen
Konsequenzen führen. Wenn beispielsweise ein Mitarbeiter behauptet, er
habe eine bestimmte Hardware (z. B. einen Laptop) nie erhalten, obwohl das
ITAM-System zeigt, dass dies der Fall war, kann dies zu unnötigen
zusätzlichen Anschaffungen führen.
Lizenzverstöße: Benutzer könnten nicht autorisierte Software installieren
und dies dann abstreiten. Ohne geeignete Nichtabstreitbarkeitsmaßnahmen
werden die Verfolgung und der Nachweis solcher Installationen schwierig,
was zu potenziellen Lizenzverstößen führt.
Auswirkungen auf die Sicherheit: Böswillige Insider oder externe Angreifer
könnten das ITAM-System ausnutzen, um Vermögenswerte zu stehlen oder zu
beschädigen und jegliches Fehlverhalten zu leugnen. Dies könnte den Weg
für Datenschutzverletzungen, den Diebstahl sensibler Daten oder sogar
finanziellen Betrug ebnen. Ein Benutzer könnte unbefugte Änderungen am
Status oder an den Details eines Assets im ITAM-System vornehmen und
später abstreiten, diese Änderungen vorgenommen zu haben. Dies kann zu
Ungenauigkeiten bei der Nachverfolgung von Assets führen, was potenzielle
Probleme bei der Einhaltung von Vorschriften und betriebliche
Ineffizienzen zur Folge hat.
```

Anschließend schlägt ChatGPT verschiedene Wege vor, diese Risiken zu minimieren.

Listing 8.5 *Mögliche Schritte zur Verhinderung von Redudiation-Risiken*

```
Strong Authentication: Ensure that users accessing the ITAM system go
through rigorous authentication processes, ideally with multi-factor
authentication (MFA), to ensure that actions can be attributed to specific
individuals.
Immutable Logging: Implement tamper-proof logging systems. Every action,
change, or transaction within the ITAM should be logged with a timestamp
and associated user details.
Digital Signatures: Crucial actions, especially those related to financial
transactions or significant asset changes, require a digital signature.
This offers an additional layer of verification and non-repudiation.
Role-Based Access Control (RBAC): Ensure users have specific roles and
permissions. Limiting access based on job roles can reduce the risk of
unauthorized actions and make it easier to trace back activities to
particular users.
Regular Audits: Periodically review and audit the logs and transactions in
the ITAM system to detect any discrepancies or potential repudiation
attempts.
User Training: Educate ITAM system users about the importance of
accountability and the consequences of unauthorized actions. Making users
aware can reduce inadvertent repudiation instances.
Whistleblower Policies: Encourage employees to report any suspicious
activities without fear of retaliation.
```

```
Deutsch:
Starke Authentifizierung: Stellen Sie sicher, dass Benutzer, die auf das
ITAM-System zugreifen, strenge Authentifizierungsprozesse durchlaufen,
idealerweise mit Multi-Faktor-Authentifizierung (MFA), um sicherzustellen,
dass Aktionen bestimmten Personen zugeordnet werden können.
Unveränderliche Protokollierung: Implementieren Sie manipulationssichere
Protokollierungssysteme. Jede Aktion, Änderung oder Transaktion innerhalb
des ITAM sollte mit einem Zeitstempel und den zugehörigen Benutzerdaten
protokolliert werden.
Digitale Signaturen: Wichtige Aktionen, insbesondere im Zusammenhang mit
Finanztransaktionen oder bedeutenden Änderungen an Assets, erfordern eine
digitale Signatur. Dies bietet eine zusätzliche Ebene der Überprüfung und
Nichtabstreitbarkeit.
Rollenbasierte Zugriffskontrolle (RBAC): Stellen Sie sicher, dass Benutzer
bestimmte Rollen und Berechtigungen haben. Die Beschränkung des Zugriffs
auf der Grundlage von Job-Rollen kann das Risiko unbefugter Aktionen
verringern und die Rückverfolgung von Aktivitäten zu bestimmten Benutzern
erleichtern.
Regelmäßige Audits: Überprüfen Sie regelmäßig die Protokolle und
Transaktionen im ITAM-System, um Unstimmigkeiten oder mögliche
Ablehnungsversuche zu erkennen.
Benutzerschulung: Klären Sie die Benutzer des ITAM-Systems über die
Bedeutung der Rechenschaftspflicht und die Folgen unbefugter Handlungen
auf. Die Sensibilisierung der Benutzer kann unbeabsichtigte
Ablehnungsversuche reduzieren.
Whistleblower-Regelungen: Ermutigen Sie Ihre Mitarbeiter, verdächtige
Aktivitäten zu melden, ohne Vergeltungsmaßnahmen befürchten zu müssen.
```

Mit dem Fortschritt bei den Entwicklungspraktiken kommt es auch zu neuen Sicherheitsrisiken. In diesem Abschnitt haben wir bestimmte Eigenschaften von ChatGPT erkundet, die es zu einem wertvollen Hilfsmittel bei der Ermittlung und Vorhersage möglicher IT-Sicherheitsrisiken machen. Seine Fähigkeit, Konversationen zu simulieren, große Datenmengen schnell zu analysieren und bestimmte Muster zu erkennen, machen es zu einem vielversprechenden Werkzeug, um traditionelle Techniken des Threat Modeling zu erweitern.

Zum Schluss haben wir kurz untersucht, wie ChatGPT uns in der wahren Welt helfen kann, Bedrohungen zu modellieren. Diese Fallstudie unterstreicht die Anwendbarkeit von KI auf Cybersicherheits-Szenarien aus dem echten Leben. Sie zeigt auf, wo die Erfolge und Herausforderungen liegen und welche Lehren aus der Integration von ChatGPT in den Threat-Modeling-Prozess gezogen werden können.

Die Modellierung externer Bedrohungen mit Werkzeugen wie ChatGPT kann von unschätzbarem Wert sein, wenn es darum geht, Schaden von Unternehmen und ihren Daten abzuwenden oder zu begrenzen. Dabei dürfen wir aber nicht aus den Augen verlieren, dass die Interna unseres Systems und das Aufspüren der darin enthaltenen Sicherheitslücken mindestens genauso wichtig sind.

8.2 Untersuchung des Applikationsdesigns und Ermittlung möglicher Schwachstellen

Durch die Komplexität moderner Applikationsdesigns werden kleine Fehler in der Funktionalität und der Sicherheit leicht übersehen. Mithilfe der analytischen Fähigkeiten von ChatGPT können wir tiefer in diese Entwürfe eintauchen und dabei den menschlichen »Tunnelblick« und mögliche Vorurteile umgehen. Mit seinem riesigen Wissen und seinen Fähigkeiten zur Mustererkennung bietet ChatGPT einen einzigartigen Blickwinkel, durch den es in der Lage ist, häufige Schwachstellen zu erkennen und wertvolles Feedback zu geben. In diesem Abschnitt erkunden wir die Möglichkeiten, Applikationsdesigns mithilfe von ChatGPT kritisch unter die Lupe zu nehmen und dabei sicherzustellen, dass diese Entwürfe nicht nur funktional und nutzerfreundlich, sondern auch gegen äußere Bedrohungen gewappnet sind.

8.2.1 Designprobleme bewerten

Zu Beginn soll ChatGPT unseren Entwurf bewerten. Hierfür können wir den folgenden Prompt nutzen:

Please review this application design and pinpoint design issues. The design is in mermaid format.

Deutsch: Bitte überprüfe diesen Applikationsentwurf und weise in diesem Kontext auf mögliche Probleme hin. Der Entwurf liegt im Mermaid-Format vor.

Anschließend kopieren wir das Mermaid-Diagramm aus Kapitel 3 in das Eingabefeld für den Prompt. Das folgende Listing enthält einen Auszug aus der Liste möglicher Probleme, die ChatGPT in unserem Entwurf gefunden hat (wobei viele der Vorschläge zu diesem Entwurf ursprünglich von ChatGPT selbst stammen).

Listing 8.6 *Auszug aus der von ChatGPT erstellten Liste möglicher Probleme mit unserem Applikationsentwurf*

```
The design described in the Mermaid class diagram is a comprehensive
representation of multiple entities involved in an asset management
system, with focus on the various assets and their depreciation
strategies. Here are some points to consider about this design:

1. Inheritance vs Composition:
    - The strategies 'StraightLineDepreciationStrategy',
'DecliningBalanceDepreciationStrategy',
'DoubleDecliningDepreciationStrategy', and 'NoDepreciationStrategy'
should ideally inherit from 'DepreciationStrategy' to ensure they adhere
to the same interface.
```

```
2. DepreciatingAsset class:
    - 'DepreciatingAsset' appears to have a partial definition, perhaps it
should either inherit from 'Asset' or be more fleshed out.

3. Visitor Pattern:
    - The 'LineOfBusinessVisitor' class appears to be implementing the
visitor pattern. However, it's not clear if all the methods are necessary.
Do you expect every visitable object type ('Hardware', 'Software',
'DepreciatingAsset') to have distinct logic?


Deutsch:
Das im Mermaid-Klassendiagramm beschriebene Design ist eine umfassende
Darstellung mehrerer Entitäten, die in einem Asset-Management-System
beteiligt sind, mit einem Schwerpunkt auf den verschiedenen
Vermögenswerten und deren Abschreibungsstrategien. Hier einige
Überlegungen zu diesem Design:

1. Vererbung vs. Komposition:
    - Die Strategien 'StraightLineDepreciationStrategy',
'DecliningBalanceDepreciationStrategy',
'DoubleDecliningDepreciationStrategy' und 'NoDepreciationStrategy'
sollten idealerweise von 'DepreciationStrategy' erben, um
sicherzustellen, dass sie dieselbe Schnittstelle einhalten.

2. Klasse 'DepreciatingAsset':
    - 'DepreciatingAsset' scheint eine teilweise Definition zu haben.
Möglicherweise sollte sie entweder von 'Asset' erben oder weiter
ausgearbeitet werden.

3. Visitor-Pattern:
    - Die Klasse 'LineOfBusinessVisitor' scheint das Visitor-Pattern zu
implementieren. Es ist jedoch nicht klar, ob alle Methoden erforderlich
sind. Wird erwartet, dass jeder besuchbare Objekttyp ('Hardware',
'Software', 'DepreciatingAsset') eigene Logik hat?
```

Auch wenn diese Liste längst nicht vollständig ist, bietet uns dieser Auszug einen Startpunkt zum Überdenken und Überarbeiten unseres Entwurfs.

8.2.2 Häufige Schwachstellen erkennen

In diesem Abschnitt gehen wir darauf ein, wie ChatGPT uns mit seinem riesigen Wissen und seinen Fähigkeiten zur Mustererkennung helfen kann, verborgene Schwachstellen und mögliche Bedrohungen in Softwareentwürfen zu erkennen, und so seine revolutionären Fortschritte in proaktiver Cybersicherheit betont. Wir stellen folgende Frage:

Are there any vulnerabilities or exploits within this design?

Deutsch: Enthält unser Entwurf irgendwelche Schwachstellen oder Sicherheitslücken?

Daraufhin spuckt ChatGPT eine recht lange Liste aus, aus der wir die folgenden kritischen Probleme ausgewählt haben:

Listing 8.7 *Auszug aus der von ChatGPT erstellten Liste mit Schwachstellen und Sicherheitslücken*

```
1. Password Security:
The User class stores a password field. It's essential that passwords are
not stored as plaintext for security reasons. Consider using a hashing
mechanism (e.g., bcrypt) to store password hashes rather than raw
passwords.

2. Role-Based Access Control (RBAC):
While the Role class seems to address RBAC by having a list of
permissions, ensure that the system implementing this design enforces
these roles and permissions appropriately. Be particularly careful about
functions or methods that modify user roles or permissions.


Deutsch:
1. Passwortsicherheit:
Die User-Klasse speichert ein Passwortfeld. Es ist wichtig, dass
Passwörter aus Sicherheitsgründen nicht im Klartext gespeichert werden.
Erwägen Sie die Verwendung eines Hashing-Mechanismus (z. B. bcrypt), um
Passwort-Hashes anstelle von Rohpasswörtern zu speichern.

2. Rollenbasierte Zugriffskontrolle (RBAC):
Auch wenn die Role-Klasse RBAC durch eine Liste von Berechtigungen zu
adressieren scheint, stellen Sie sicher, dass das System, das dieses
Design implementiert, diese Rollen und Berechtigungen entsprechend
durchsetzt. Seien Sie besonders vorsichtig bei Funktionen oder Methoden,
die Benutzerrollen oder Berechtigungen ändern.
```

Wir können diese Befragung fortsetzen, indem wir ChatGPT um Anregungen bitten, wie seine Vorschläge bestmöglich umgesetzt werden können.

Im vorigen Abschnitt haben wir gesehen, wie ChatGPT uns helfen kann, Probleme in Softwareentwürfen zu finden. Trotz seiner vielfältigen Möglichkeiten kann es kein Ersatz für Menschen mit der nötigen Sachkenntnis sein. Stellen Sie sich ChatGPT als einen praktischen Helfer vor, während die Menschen auch weiterhin die Verantwortung tragen. Wenn wir KI und menschliche Intelligenz gemeinsam nutzen, können wir die Online-Welt sicherer machen. Es geht nur darum, sich zusammenzutun und das Beste von beidem zu nutzen.

8.3 Anwendung von Best Practices in der Sicherheit

Dieser Abschnitt soll Ihnen als Leitfaden für eine starke Softwaresicherheit von Anfang bis Ende dienen. Zuerst sprechen wir über den Stellenwert einer solchen Denkweise. Danach behandeln wir die Notwendigkeit regelmäßiger Sicherheitstests, um unnötige Risiken zu vermeiden. Anschließend geht es um regelmäßige Überprüfungen oder Auditierungen, um sicherzustellen, dass alles auf einem aktuellen Stand ist. Wir kümmern uns also einerseits um die sicherheitsrelevanten Werkzeuge, aber auch um die entsprechende Denkweise.

8.3.1 Eine sicherheitsorientierte Denkweise

Beim Thema Sicherheit geht es nicht nur darum, die richtigen Werkzeuge oder die neuesten Protokolle zu nutzen, sondern auch um eine Sichtweise, bei der die Sicherheit wesentlicher Teil jeder Aktion, Entscheidung und Strategie ist. Dieser Abschnitt führt Sie durch die Grundprinzipien einer solchen Denkweise und betont dabei die Bedeutung von Wachsamkeit, Anpassungsfähigkeit und beständigem Lernen angesichts moderner Bedrohungen im Internet.

Dabei kann ChatGPT als mächtiges Hilfsmittel für das Sicherheitstraining und die Entwicklung eines entsprechenden Bewusstseins dienen. Sie können es als interaktives Werkzeug nutzen, um Ihrem Team die Grundlagen der Cybersicherheit beizubringen, z. B. wie Cross-Site-Scripting funktioniert. Sie können es verwenden, um die Reaktionen auf bestimmte Vorfälle zu planen. Hierfür können Sie beispielsweise fragen, welche ersten Schritte durchgeführt werden sollten, wenn Ihr Server kompromittiert wurde.

Sie können ChatGPT aber auch einsetzen, um Richtlinien und Empfehlungen für sicheren Code zu erstellen, z. B. mit diesem Prompt:

Provide secure coding guidelines for Python

Deutsch: Stelle Richtlinien für die sichere Programmierung in Python auf.

ChatGPT erzeugt daraufhin eine umfangreiche Liste, die Dinge enthält wie Eingabevalidierung, die Absicherung von Bibliotheken und Vorschläge für eine sichere Speicherung von Passwörtern und deren Einbindung zur Laufzeit.

Wir können ChatGPT aber auch um Tipps zu bestimmten Anwendungen bitten. Zum Beispiel:

Recommend steps for a secure deployment of a Flask web application.

Deutsch: Empfehle Schritte für die sichere Bereitstellung einer Flask-Applikation.

Obwohl es eine Vielzahl von Möglichkeiten gibt, unsere Applikation abzusichern, gibt uns ChatGPT eine Liste ausgesuchter Schritte zurück. Eine Auswahl daraus finden Sie im folgenden Listing:

Listing 8.8 *Die wichtigsten Tipps von ChatGPT zur Absicherung von Flask*

```
Deploying a Flask web application securely requires a multifaceted
approach that covers everything from code-level security practices to
server and network configurations.

Here are the recommended steps:
1. Use the Latest Flask Version: Always use the most recent Flask version,
as it typically includes security patches for known vulnerabilities.

2. Avoid Debug Mode in Production: Never run a Flask application with
app.debug = True in a production environment. Debug mode can expose
sensitive information.

3. Use a Secure Web Server: Deploy your Flask application behind a
production-ready web server like Gunicorn, uWSGI, or mod_wsgi. These are
robust servers that can handle real-world traffic and have better security
mechanisms.

4. Implement HTTPS:
Use SSL/TLS to encrypt data between the server and client.
Use tools like Let's Encrypt to get a free SSL certificate.

Deutsch:
Die sichere Bereitstellung einer Flask-Webanwendung erfordert einen
vielschichtigen Ansatz, der von Sicherheitspraktiken auf Codeebene bis hin
zu Server- und Netzwerkkonfigurationen alles umfasst.

Hier sind die empfohlenen Schritte:
1. Verwenden Sie die aktuellste Flask-Version: Verwenden Sie immer die
aktuellste Flask-Version, da diese in der Regel Sicherheitspatches für
bekannte Schwachstellen enthält.

2. Vermeiden Sie den Debug-Modus in der Produktion: Führen Sie niemals
eine Flask-Anwendung mit app.debug = True in einer Produktionsumgebung
aus. Der Debug-Modus kann sensible Informationen preisgeben.

3. Verwenden Sie einen sicheren Webserver: Setzen Sie Ihre Flask-Anwendung
hinter einem produktionsfähigen Webserver wie Gunicorn, uWSGI oder mod_
wsgi ein. Dies sind robuste Server, die den realen Datenverkehr bewältigen
können und über bessere Sicherheitsmechanismen verfügen.

4. Implementieren Sie HTTPS:
Verwenden Sie SSL/TLS zur Verschlüsselung der Daten zwischen Server und
Client.
Verwenden Sie Tools wie Let's Encrypt, um ein kostenloses SSL-Zertifikat
zu erhalten.
```

Mit etwas Wissen zur sicheren Entwicklung von Python-Software, besonders bei Flask-basierten Microservices, können wir mit dem Testen unserer Applikation beginnen.

8.3.2 Beständige Sicherheitsüberprüfungen

In diesem Abschnitt erkunden wir, wie uns die Fähigkeiten von ChatGPT helfen können, schnellere und bessere Entscheidungen zu treffen, die Eigenschaften von Werkzeugen besser einzuschätzen und Hilfestellungen für einen effektiven Einsatz bestimmter Hilfsmittel zu geben, um eine Applikation optimal abzusichern. Zu Beginn untersuchen wir die Unterschiede zwischen statischen und dynamischen Analysewerkzeugen. Danach verwenden wir ChatGPT, um uns bei der Auswahl und Integration des richtigen Werkzeugs zu unterstützen.

Der statische Applikations-Sicherheitstest (»Static Application Security Test«, SAST) ist ein Testverfahren, das den Quellcode, Bytecode oder Binärcode einer Applikation untersucht, ohne diesen auszuführen. Der Hauptzweck von SAST besteht darin, Sicherheitsprobleme möglichst früh im Entwicklungsprozess zu finden, indem die Codebasis auf Muster oder Codeabschnitte untersucht wird, die zu Sicherheitslücken führen können. So können Schwachstellen bereits behoben werden, bevor die Applikation ausgeführt wird, und Probleme aufgespürt werden, die zur Laufzeit oder beim dynamischen Testen möglicherweise übersehen werden. SAST-Werkzeuge können oft in die Entwicklungsumgebung (IDE) integriert werden, wodurch ein direktes Feedback und eine schnellere Beseitigung potenzieller Sicherheitsprobleme möglich sind.

Der dynamische Applikations-Sicherheitstest (»Dynamic Application Security Test«, DAST) ist dagegen ein Testverfahren, das Sicherheitslücken zur Laufzeit der Applikation aufspüren soll, typischerweise aus Sicht eines externen Angreifers. Im Gegensatz zu SAST-Verfahren werten DAST-Verfahren die Applikation in ihrer Laufzeitumgebung aus. So können Schwachstellen gefunden werden, die nicht direkt im Code sichtbar sind, aber während seiner Ausführung auftreten können. Dies können Probleme bei der Authentifizierung, der Session-Verwaltung, Datenvalidierung und andere laufzeitbezogene Schwierigkeiten sein. Dabei simulieren DAST-Werkzeuge oft bestimmte Angriffe auf die laufende Applikation und überwachen dabei ihre Reaktionen. Das macht sie besonders nützlich für das Entdecken von Sicherheitsproblemen, die im tatsächlichen Betrieb der Applikation auftreten können.

Mit dieser Unterscheidung im Hinterkopf bitten wir ChatGPT um eine Empfehlung, welches Verfahren für unsere Applikation am besten geeignet ist:

Would you recommend a SAST or a DAST for a Flask based Python application?

Deutsch: Würdest Du für eine Flask-basierte Python-Applikation eher eine SAST- oder ein DAST-Verfahren empfehlen?

Daraufhin liefert ChatGPT sehr wahrscheinlich einen Vergleich zwischen beiden Testmethoden, die es mit einer Empfehlung abschließt. Die Empfehlung könnte in etwa so aussehen wie im folgenden Listing:

Listing 8.9 *Auszug aus der von ChatGPT erzeugten Liste zur Absicherung von Flask*

```
For a Flask-based Python application, it's beneficial to use both:

Start with SAST during the development phase to catch potential
vulnerabilities early on.

As you move to testing and deployment stages, employ DAST to uncover
vulnerabilities that may only be evident when the application is running.

In essence, using both SAST and DAST in tandem provides a more
comprehensive security assessment and ensures a robust Flask application.

Deutsch:
Für eine Flask-basierte Python-Anwendung ist es von Vorteil, beide zu
verwenden:

Beginnen Sie mit SAST während der Entwicklungsphase, um potenzielle
Schwachstellen frühzeitig zu erkennen.

In der Test- und Bereitstellungsphase sollten Sie DAST einsetzen, um
Schwachstellen aufzudecken, die möglicherweise erst bei der Ausführung der
Anwendung sichtbar werden.

Die gleichzeitige Verwendung von SAST und DAST bietet eine umfassendere
Sicherheitsbewertung und gewährleistet eine robuste Flask-Anwendung.
```

Verstanden! Wir müssen offenbar beide Verfahren anwenden. Wir werden allerdings mit einem SAST-Werkzeug anfangen. Mit folgendem einfachen Prompt bitten wir um Empfehlungen für eine bestimmte Bibliothek/ein bestimmtes Werkzeug:

Recommend SAST tools for a Python-based web application.

Deutsch: Empfehle mir SAST-Werkzeuge für eine Python-basierte Webapplikation

Listing 8.10 *Von ChatGPT empfohlene SAST-Werkzeuge*

```
For Python-based web applications, several Static Application Security
Testing (SAST) tools can help identify vulnerabilities and insecure coding
patterns.

Here are some recommendations:
Bandit: An open-source SAST tool developed by the OpenStack community,
Bandit scans Python code to find common security issues in the codebase.
It is easily integrated into the CI/CD pipeline and can be customized to
target specific issues.
```

```
Pyre: Developed by Facebook, Pyre is a performant type checker that can
also detect and flag security issues in Python code. It's built to scale
and can handle large codebases.

Semgrep: A versatile code analysis tool that provides out-of-the-box
support for Python and multiple other languages. Semgrep rules can be
tailored for various security checks, and the tool offers a wide range of
community-contributed rules for common security issues.

Checkmarx: A commercial tool that supports multiple languages, including
Python. Checkmarx offers comprehensive SAST capabilities and can integrate
seamlessly into the development lifecycle.

Deutsch:
Für Python-basierte Webanwendungen können mehrere statische
Anwendungstests (Static Application Security Testing, SAST) dabei helfen,
Schwachstellen und unsichere Codierungsmuster zu identifizieren.

Hier sind einige Empfehlungen:
Bandit: Bandit ist ein Open-Source-SAST-Tool, das von der OpenStack-
Community entwickelt wurde. Es scannt Python-Code, um allgemeine
Sicherheitsprobleme in der Codebasis zu finden. Es lässt sich leicht in
die CI/CD-Pipeline integrieren und kann so angepasst werden, dass es auf
bestimmte Probleme abzielt.

Pyre: Pyre wurde von Facebook entwickelt und ist ein leistungsfähiger
Typprüfer, der auch Sicherheitsprobleme in Python-Code erkennen und
kennzeichnen kann. Es ist skalierbar und kann große Codebasen verarbeiten.

Semgrep: Ein vielseitiges Tool zur Codeanalyse, das Python und mehrere
andere Sprachen sofort unterstützt. Semgrep-Regeln können für verschiedene
Sicherheitsprüfungen angepasst werden, und das Tool bietet eine breite
Palette von Regeln für gängige Sicherheitsprobleme, die von der Community
bereitgestellt werden.

Checkmarx: Ein kommerzielles Tool, das mehrere Sprachen, einschließlich
Python, unterstützt. Checkmarx bietet umfassende SAST-Funktionen und lässt
sich nahtlos in den Entwicklungslebenszyklus integrieren.
```

Die Idee, ein SAST-Werkzeug direkt in unsere CI/CD-Pipeline zu integrieren, ist sehr verlockend. Hiermit soll sichergestellt werden, dass dieser wichtige Schritt nicht übersehen oder übergangen wird. Aus diesem Grund entscheiden wir uns, Bandit einzusetzen. Aber wie? Auch hierbei können wir uns von ChatGPT unterstützen lassen:

If we wanted to integrate bandit into our project, how would we do that?

Deutsch: Wie können wir Bandit in unser Projekt integrieren?

Listing 8.11 *ChatGPTs Anleitung für die Installation und den Einsatz von Bandit*

```
Integrating Bandit into your project is a straightforward process. Bandit
is a tool designed to find common security issues in Python code. Here's a
step-by-step guide to integrate it:

Installation:
You can install Bandit via pip:
pip install bandit

Run Bandit:
To run Bandit on your project, navigate to the root directory of your
Python project and run:
bandit -r .

The -r flag tells Bandit to recursively scan all files in the given
directory. The . indicates the current directory. You can replace . with
the specific path if needed.

Configuration:
You can use a .bandit file to customize Bandit's behavior. This allows you
to exclude certain tests, ignore certain directories, and more.
For instance, if you want to exclude a certain directory:
bandit -r . --exclude /path/to/excluded/dir

Deutsch:
Die Integration von Bandit in Ihr Projekt ist ein unkomplizierter Prozess.
Bandit ist ein Tool, das entwickelt wurde, um häufige Sicherheitsprobleme
im Python-Code zu finden. Hier ist eine schrittweise Anleitung zur
Integration:

Installation:
Sie können Bandit über pip installieren:
pip install bandit

Bandit ausführen:
Um Bandit auf Ihrem Projekt auszuführen, wechseln Sie in das
Stammverzeichnis Ihres Python-Projekts und führen den folgenden Befehl
aus:
bandit -r .

Das Flag -r weist Bandit an, alle Dateien im angegebenen Verzeichnis
rekursiv zu scannen. Der . bedeutet das aktuelle Verzeichnis. Sie können
den . bei Bedarf durch einen spezifischen Pfad ersetzen.

Konfiguration:
Sie können eine .bandit-Datei verwenden, um das Verhalten von Bandit
anzupassen. Damit können Sie bestimmte Tests ausschließen, bestimmte
Verzeichnisse ignorieren und mehr.
Beispielsweise können Sie ein bestimmtes Verzeichnis ausschließen:
bandit -r . --exclude /path/to/excluded/dir
```

Zwar kann ChatGPT uns wertvolle Hilfestellung leisten, wenn es um das Verständnis der Testergebnisse und Empfehlungen für die nächsten Schritte geht. Allerdings kann dieser Rat eine Expertenmeinung bestenfalls ergänzen, aber keinesfalls ersetzen. Besonders bei kritischen Themen wie der Sicherheit ist es notwendig, die Hinweise von ChatGPT mit anderen Ressourcen und Expertenmeinungen zu untermauern.

8.4 Datenverschlüsselung im Ruhezustand und während der Übertragung

In diesem Abschnitt untersuchen wir, wie wir das Wissen und die analytischen Fähigkeiten von ChatGPT nutzen können, um maßgeschneiderte Ratschläge zur effektiven Datenverschlüsselung zu erhalten. Egal, ob Sie ein Anfänger sind, der die Grundprinzipien verstehen möchte, oder ein Experte, der tiefer in die Materie eindringen will, ChatGPT steht Ihnen als Assistent zur Seite. Machen wir uns also daran, die Sicherheit Ihrer Daten mithilfe fortgeschrittener KI zu erhöhen.

8.4.1 Die Bedeutung der Datenverschlüsselung

Daten im »Ruhezustand« (»at rest«), also wenn sie gespeichert sind, bergen (im Gegensatz zu Daten während ihrer Übertragung) ein großes Risiko, wenn sie nicht geschützt werden. Unverschlüsselte Daten sind leicht zugänglich und können von nicht autorisierten Personen gelesen werden, was sie zu einem bevorzugten Ziel für Cyberkriminelle macht. Wenn Angreifer sich Zugriff auf Systeme oder Netzwerke für die Datenspeicherung verschaffen, können sie ohne nennenswerte Schutzmaßnahmen an wertvolle und sensible Informationen gelangen.

Gerade im geschäftlichen Umfeld kann das Preisgeben finanzieller Daten wie Details zu Kreditkarten zu massiven finanziellen Schäden für das Unternehmen führen, die sowohl durch den Datendiebstahl selbst, aber durch mögliche Schadensersatzklagen oder Strafen durch Regulierungsbehörden verursacht werden können. Für viele Bereiche und Branchen gibt es klare Vorgaben für den Datenschutz. Wichtige Beispiele hierfür sind die DSGVO in der EU und CCPA in Kalifornien.

Ohne Verschlüsselung können Daten von nicht autorisierten Personen nicht nur gelesen, sondern auch manipuliert werden. Das kann zu Fehlinformationen, Datenverfälschung oder bösartigen Aktionen wie der Vergiftung von Datensätzen führen. Sicherheitsverletzungen, die durch nicht verschlüsselte Daten entstehen, können den Ruf einer Organisation schwer beschädigen und zu einem Vertrauensverlust von Kunden, Auftraggebern und Partnern führen.

Dabei sollte man beachten, dass die Verschlüsselung zwar ein wichtiger Sicherheitsfaktor, aber bei Weitem kein Allheilmittel ist. Für eine effektive Datensicherheit ist ein mehrstufiger Ansatz nötig. Hierzu gehören unter anderem Zugangskontrollen, regelmäßige Sicherheitsaudits, sichere Backups und Nutzerschulungen.

Viele Datenschutzverletzungen und ähnliche Vorfälle wurden durch unverschlüsselte Daten verursacht oder ermöglicht. Einer der bekannteren Vorfälle war der berüchtigte Ashley-Madison-Einbruch (*https://en.wikipedia.org/wiki/Ashley_Madison_data_breach*) aus dem Jahr 2015. Hier sorgte eine Sicherheitslücke dafür, dass die Daten von 37 Millionen Nutzern abfließen konnten, inklusive Realnamen, Adressen und mehr. Das hatte weitreichende persönliche und berufliche Konsequenzen für die Nutzer, führte zu zahlreichen Gerichtsverfahren und zu erheblichem Schaden in der öffentlichen Wahrnehmung des Unternehmens.

Ereignisse wie diese unterstreichen, welche massiven Folgen es haben kann, wenn Daten nicht ordentlich verschlüsselt und abgesichert werden. Abgesehen vom finanziellen Schaden leiden Unternehmen unter dem Imageschaden, einem Vertrauensverlust der Nutzer, rechtlichen Konsequenzen und mehr.

8.4.2 Datenverschlüsselung im Ruhezustand (»at rest«)

Verschlüsselung ist ein wesentlicher Bestandteil der Datensicherheit. Hierbei ist die Wahl des richtigen Algorithmus von entscheidender Bedeutung. Trotz der potenziellen Komplexität der Verschlüsselungsverfahren kann ChatGPT Sie auch hier bei einer sinnvollen Auswahl unterstützen. Es kann beispielsweise die verschiedenen Konzepte wie den Unterschied zwischen symmetrischer und asymmetrischer Verschlüsselung, Stromverschlüsselung (»Stream Cipher«) und einer Public-Key-Infrastruktur erklären. Außerdem kann es verschiedene branchenübliche Verfahren wie Advanced Encryption Standard (AES), Rivest–Shamir–Adleman (RSA), Elliptic Curve Cryptography (ECC) und mehr miteinander vergleichen und ihre Stärken, Schwächen und idealen Anwendungsfälle für die jeweiligen Algorithmen aufzeigen.

In diesem Abschnitt arbeiten wir mit ChatGPT, um einen Eindruck davon zu bekommen, wie wir unsere sensiblen Applikationsdaten in einer Datenbank speichern können. Wir beginnen wieder mit allgemeinen Fragen, indem wir wissen möchten, wie diese Daten mit Python verschlüsselt und gespeichert werden können. Hierfür nutzen wir folgenden Prompt:

How does one encrypt sensitive data in Python?

Deutsch: Wie verschlüsselt man sensible Daten in Python?

Daraufhin erklärt ChatGPT, wie die Verschlüsselung anhand der `cryptography`-Bibliothek funktioniert, und gibt Beispiele für die Ver- und Entschlüsselung von Text.

Listing 8.12 *ChatGPT erklärt die Verschlüsselung von Daten mit Python.*

```
Encrypting sensitive data in Python involves using encryption libraries to
transform plain text into ciphertext so that only someone with the correct
decryption key can read it. One of the most popular libraries for
encryption in Python is cryptography.
```

```
Deutsch:
Bei der Verschlüsselung sensibler Daten in Python werden
Verschlüsselungsbibliotheken verwendet, um Klartext in verschlüsselten
Text umzuwandeln, so dass nur jemand mit dem richtigen
Decodierungsschlüssel diesen lesen kann. Eine der beliebtesten
Bibliotheken für die Verschlüsselung in Python ist cryptography.

Encrypting Data
from cryptography.fernet import Fernet
# Generate a key
key = Fernet.generate_key()
cipher_suite = Fernet(key)

# Your sensitive data
plaintext = b"My Secret Data"

# Encrypt the data
ciphertext = cipher_suite.encrypt(plaintext)
print(f"Encrypted Data: {ciphertext}")

Decrypting Data
# Use the same key to decrypt
decrypted_text = cipher_suite.decrypt(ciphertext)
print(f"Decrypted Data: {decrypted_text.decode('utf-8')}")
```

Zusätzlich zu diesem Beispiel wird Ihnen ChatGPT außerdem Hinweise und ein paar warnende Worte mit auf den Weg geben. Die folgenden Warnhinweise wurden in der Session ausgegeben, in der wir gefragt hatten, wie Verschlüsselung funktioniert.

Listing 8.13 *ChatGPT erläutert die Best Practices für die Verschlüsselung.*

```
Always store the key safely. Anyone with access to the key can decrypt
your encrypted data.

It's often advisable to not hard-code your key within the script. Instead,
use secure mechanisms to store and retrieve the encryption key.

The above example uses symmetric encryption, where the same key is used
for encryption and decryption.

For added security layers, you might also consider implementing other
techniques such as hashing (for password storage), public-private key
encryption (asymmetric encryption), and more.

Make sure you understand the basics and implications of encryption, as
it's a critical area, especially when handling sensitive or personal data.
```

```
Deutsch:
Bewahren Sie den Schlüssel immer sicher auf. Jeder, der Zugriff auf den
Schlüssel hat, kann Ihre verschlüsselten Daten entschlüsseln.

Es ist oft ratsam, den Schlüssel nicht fest in das Skript
einzuprogrammieren. Verwenden Sie stattdessen sichere Mechanismen, um den
Schlüssel zu speichern und abzurufen.

Das obige Beispiel verwendet eine symmetrische Verschlüsselung, bei der
derselbe Schlüssel für die Ver- und Entschlüsselung verwendet wird.

Für zusätzliche Sicherheitsebenen können Sie auch andere Techniken wie
Hashing (für die Speicherung von Kennwörtern), Verschlüsselung mit
öffentlichem und privatem Schlüssel (asymmetrische Verschlüsselung) usw.
in Betracht ziehen.

Vergewissern Sie sich, dass Sie die Grundlagen und Auswirkungen der
Verschlüsselung verstehen, da es sich hierbei um einen kritischen Bereich
handelt, insbesondere beim Umgang mit sensiblen oder persönlichen Daten.
```

Als Nächstes wollen wir ChatGPT fragen, wie wir die Daten in unserer Datenbank am besten verschlüsseln können:

How might I use this to store sensitive data in a database?

Deutsch: Wie kann ich dieses Verfahren nutzen, um sensible Daten in einer Datenbank zu speichern?

Die Ausgabe beginnt mit allgemeinen Hinweisen und Leitlinien, bevor ChatGPT ein Beispiel für die Verwendung zeigt.

Listing 8.14 *ChatGPT erläutert die Best Practices für die Verschlüsselung einer Datenbank.*

```
Storing sensitive data in a database using encryption is a common practice
to ensure that even if the database is compromised, the data remains
secure and unreadable without the encryption key. Here's a step-by-step
approach to use the encryption technique discussed above for storing
sensitive data in a database:

1. Key Management:
   - Generate a key using 'Fernet.generate_key()'.
   - Store this key securely, such as in a hardware security module (HSM),
a secure key management service (like AWS KMS or Azure Key Vault), or in
environment variables for local projects. Never store the key in the
database or in your code directly.

2. Data Encryption:
   - Before inserting the data into the database, encrypt it using the
'cryptography' library as shown in the previous answer.
```

```
3. Database Interaction:
   - Use your preferred database connection library (like 'sqlite3',
'psycopg2' for PostgreSQL, 'PyMySQL' for MySQL, etc.) to insert the
encrypted data into your database.
   - For retrieval, fetch the encrypted data from the database and decrypt
it using the stored key.

4. Decryption:
   - Whenever you need to read the sensitive data, retrieve the encrypted
value from the database and decrypt it using the key.


Deutsch:
Das Speichern sensibler Daten in einer Datenbank unter Verwendung von
Verschlüsselung ist eine gängige Praxis, um sicherzustellen, dass die
Daten auch dann sicher und unlesbar bleiben, wenn die Datenbank
kompromittiert wird und der Verschlüsselungsschlüssel nicht verfügbar ist.
Hier ist ein schrittweiser Ansatz, um die oben diskutierte
Verschlüsselungstechnik für das Speichern sensibler Daten in einer
Datenbank zu verwenden:

1. Schlüsselverwaltung:
   - Erzeugen Sie einen Schlüssel mit 'Fernet.generate_key()'.
   - Speichern Sie diesen Schlüssel sicher, z. B. in einem Hardware-
Sicherheitsmodul (HSM), einem sicheren Schlüsselverwaltungsdienst (wie
AWS KMS oder Azure Key Vault) oder in Umgebungsvariablen für lokale
Projekte. Speichern Sie den Schlüssel niemals in der Datenbank oder direkt
im Code.

2. Datenverschlüsselung:
   - Verschlüsseln Sie die Daten mit der 'cryptography'-Bibliothek, wie im
vorherigen Antwortbeispiel gezeigt, bevor Sie sie in die Datenbank
einfügen.

3. Datenbankinteraktion:
   - Verwenden Sie Ihre bevorzugte Datenbankverbindungsbibliothek (wie
'sqlite3', 'psycopg2' für PostgreSQL, 'PyMySQL' für MySQL, usw.), um die
verschlüsselten Daten in Ihrer Datenbank zu speichern.
   - Für den Abruf holen Sie die verschlüsselten Daten aus der Datenbank
und entschlüsseln sie mit dem gespeicherten Schlüssel.

4. Entschlüsselung:
   - Wann immer Sie auf die sensiblen Daten zugreifen müssen, holen Sie den
verschlüsselten Wert aus der Datenbank und entschlüsseln ihn mit dem
Schlüssel.
```

Nachdem es die besten Vorgehensweisen umrissen hat, gibt ChatGPT Ihnen möglicherweise ein Beispiel für die Ver- und Entschlüsselung der Daten, die Sie in der Datenbank speichern möchten. Während dieser Session wurde die Datenbank-

Engine SQLite3 verwendet. Es hätten aber auch ein anderes Framework sein können. SQLite3 wurde in diesem Beispiel also nur zufällig eingesetzt. Wie die meisten Ausgaben von großen Sprachmodellen hängt auch dieses Beispiel von einer Vielzahl von Faktoren ab.

Listing 8.15 *ChatGPT-Beispiel für die Speicherung und das Auslesen von Daten mit SQLite3*

```
import sqlite3
from cryptography.fernet import Fernet

# Schlüsselverwaltung
key = Fernet.generate_key()
# Ideally, you'd store this securely and retrieve as needed
# Idealerweise wird dies sicher gespeichert und bei Bedarf ausgelesen
cipher_suite = Fernet(key)

# Daten verschlüsseln
plaintext = b"My Secret Data"
ciphertext = cipher_suite.encrypt(plaintext)

# Datenbank und Tabelle anlegen
conn = sqlite3.connect('sensitive_data.db')
cursor = conn.cursor()
cursor.execute('''CREATE TABLE IF NOT EXISTS
secure_data (id INTEGER PRIMARY KEY, data BLOB)''')
conn.commit()

# Verschlüsselte Daten in Datenbank einfügen
cursor.execute("INSERT INTO secure_data (data) VALUES (?)",
(ciphertext,))
conn.commit()

# Daten auslesen und entschlüsseln
cursor.execute("SELECT data FROM secure_data WHERE id=?", (1,))
encrypted_data = cursor.fetchone()[0]
decrypted_data = cipher_suite.decrypt(encrypted_data)
print(decrypted_data.decode('utf-8'))

conn.close()
```

Abschließend gibt ChatGPT einige wichtige Überlegungen zum Absichern von Daten im »Ruhezustand« aus.

Listing 8.16 *Wichtige abschließende Überlegungen von ChatGPT*

```
- When designing for production systems, consider using a dedicated ORM
like SQLAlchemy or Django's ORM to handle database interactions.
- Always back up your encryption keys. Losing the key means losing access
to the encrypted data.
```

```
- Consider implementing additional layers of security, like hashing for
passwords and regularly rotating your encryption keys.
- Ensure that the rest of your application is also secure. Encryption
protects data at rest, but you should also think about securing data in
transit (using HTTPS, for example) and validating input data to prevent
SQL injections and other vulnerabilities.

Deutsch:
- Bei der Entwicklung von Produktionssystemen sollten Sie in Erwägung
ziehen, ein dediziertes ORM wie SQLAlchemy oder das ORM von Django zu
verwenden, um Datenbankinteraktionen zu verwalten.
- Sichern Sie immer Ihre Verschlüsselungsschlüssel. Der Verlust des
Schlüssels bedeutet den Verlust des Zugriffs auf die verschlüsselten
Daten.
- Ziehen Sie in Betracht, zusätzliche Sicherheitsschichten zu
implementieren, wie z. B. das Hashen von Passwörtern und das regelmäßige
Rotieren Ihrer Verschlüsselungsschlüssel.
- Stellen Sie sicher, dass auch der Rest Ihrer Anwendung sicher ist.
Verschlüsselung schützt Daten im Ruhezustand, aber Sie sollten auch
darüber nachdenken, Daten während der Übertragung zu sichern (z. B. durch
Verwendung von HTTPS) und Eingabedaten zu validieren, um SQL-Injektionen
und andere Sicherheitslücken zu verhindern.
```

Und noch einmal der Hinweis: Es kann nicht oft genug betont werden, dass ChatGPT zwar eine Fülle an Informationen und Anleitungen zur Verschlüsselung geben kann. Trotzdem ist es absolut notwendig, mit Fachleuten zusammenzuarbeiten und branchenübliche Sicherheitsstandards einzuhalten – besonders für kritische Applikationen. Das Feld der Kryptografie entwickelt sich mit wachsenden Rechnerkapazitäten beständig weiter. Es werden immer wieder neue Schwachstellen entdeckt. Daher ist es wichtig, ständig auf dem Laufenden zu bleiben.

8.4.3 Datenverschlüsselung während der Übertragung (»in transit«)

Als Entwickler sind wir dafür verantwortlich, effiziente und funktionierende Applikationen zu erstellen. Dabei müssen wir sicherstellen, dass diese Applikationen gegen mögliche Bedrohungen abgesichert sind. In diesem Abschnitt nutzen wir ChatGPT, um uns bei der Analyse der Sicherheit unserer REST-Endpunkte zu helfen, sie zu bewerten und zu erhöhen. Anhand der riesigen Wissensbasis und der analytischen Fähigkeiten von ChatGPT erforschen wir proaktive Maßnahmen, Best Practices und Echtzeit-Lösungen, die uns helfen, unsere Endpunkte gegen mögliche Angriffe zu wappnen. Wir vermählen fortschrittliche KI mit robusten Sicherheitsprotokollen, um sicherere und widerstandsfähigere Applikationen zu erstellen.

Wir werden ChatGPT dazu befragen, wie wir unsere Daten während der Übertragung absichern können. Besonders geht es uns dabei darum, wie wir eine

Ende-zu-Ende-Verschlüsselung zwischen unseren REST-Controllern und dem Webbrowser umsetzen können. Hierfür können wir folgenden Prompt eingeben:

How can we secure our Flask REST endpoints?

Deutsch: Wie können wir unsere Flask-REST-Endpunkte absichern?

Listing 8.17 *Der von ChatGPT ausgegebene Rat zur Absicherung unserer REST-Applikation*

```
Securing your Flask REST endpoints is crucial to protect your application
and its data. Here's a step-by-step guide to enhance the security of your
Flask REST API:

1. Use HTTPS:
Always serve your Flask application over HTTPS to encrypt data in transit.
This can prevent man-in-the-middle attacks. You can use libraries like
Flask-Talisman or set up a reverse proxy with Nginx/Apache that serves the
application over HTTPS.

2. Authentication:
Token-based authentication (e.g., JWT): Use libraries like Flask-JWT or
Flask-JWT-Extended to implement JWT-based authentication.
OAuth: If you're building a third-party application, consider using OAuth
to allow users to grant limited access to their data without exposing
their credentials.

3. Authorization:
Ensure that authenticated users can only access resources they are
authorized to. For example, a user should not be able to delete another
user's data unless they have the proper permissions.

4. Rate Limiting:
Use extensions like Flask-Limiter to restrict the number of requests a
client can make to your API within a specified time frame.

5. Data Validation:
Always validate incoming data to avoid injection attacks, unexpected
behaviors, or crashes. Use tools like Marshmallow or Flask-Inputs.

6. Avoid Exposing Stack Traces:
Ensure that your Flask application is running in production mode
(app.debug = False) to prevent potentially sensitive information from
being exposed in error messages.


Deutsch:
Die Sicherung Ihrer Flask REST-Endpunkte ist entscheidend, um Ihre
Anwendung und deren Daten zu schützen. Hier ist eine schrittweise
Anleitung, um die Sicherheit Ihrer Flask REST-API zu verbessern:
```

```
1. Verwendung von HTTPS:
Stellen Sie Ihre Flask-Anwendung immer über HTTPS zur Verfügung, um Daten
während der Übertragung zu verschlüsseln. Dies kann Man-in-the-Middle-
Angriffe verhindern. Sie können Bibliotheken wie Flask-Talisman verwenden
oder einen Reverse-Proxy mit Nginx/Apache einrichten, der die Anwendung
über HTTPS bereitstellt.

2. Authentifizierung:
Token-basierte Authentifizierung (z. B. JWT): Verwenden Sie Bibliotheken
wie Flask-JWT oder Flask-JWT-Extended, um eine JWT-basierte
Authentifizierung zu implementieren.
OAuth: Wenn Sie eine Drittanbieteranwendung erstellen, sollten Sie OAuth
in Betracht ziehen, um Benutzern zu ermöglichen, begrenzten Zugriff auf
ihre Daten zu gewähren, ohne ihre Zugangsdaten preiszugeben.

3. Autorisierung:
Stellen Sie sicher, dass authentifizierte Benutzer nur auf Ressourcen
zugreifen können, für die sie berechtigt sind. Ein Benutzer sollte
beispielsweise nicht in der Lage sein, die Daten eines anderen Benutzers
zu löschen, es sei denn, er hat die entsprechenden Berechtigungen.

4. Rate Limiting:
Verwenden Sie Erweiterungen wie Flask-Limiter, um die Anzahl der Anfragen
zu begrenzen, die ein Client innerhalb eines festgelegten Zeitrahmens an
Ihre API senden kann.

5. Datenvalidierung:
Validieren Sie immer eingehende Daten, um Injektionsangriffe, unerwartetes
Verhalten oder Abstürze zu vermeiden. Verwenden Sie Tools wie Marshmallow
oder Flask-Inputs.

6. Vermeidung der Offenlegung von Stack Traces:
Stellen Sie sicher, dass Ihre Flask-Anwendung im Produktionsmodus läuft
(app.debug = False), um zu verhindern, dass potenziell sensible
Informationen in Fehlermeldungen offengelegt werden.
```

In der realen Welt würden wir diesen Prozess weiterführen, um den Datenverkehr zu und von unseren Kafka-Topics ebenfalls abzusichern (allerdings nicht ohne einen Sicherheitsexperten zu engagieren).

Und noch ein Hinweis: Bei der Erstellung eines Sicherheitskonzepts müssen oft verschiedene Vor- und Nachteile gegeneinander abgewogen werden, um herauszufinden, was davon akzeptabel ist. Wenn Sie beispielsweise eine Verschlüsselungstechnologie einsetzen, müssen Sie nicht nur die damit verbundenen Verbesserungen, sondern auch die Herausforderungen kennen, wie mögliche Leistungseinbußen, eine höhere Komplexität und einen größeren Verwaltungsaufwand. So wird für die Ver- und Entschlüsselung beispielsweise eine höhere Rechenleistung benötigt, besonders bei sehr sicheren Algorithmen. Diese Aspekte müssen Sie bei der Planung der benötigten Kapazitäten berücksichtigen.

Zudem wird die Verschlüsselung sehr wahrscheinlich zu einer höheren Latenz führen. Gerade bei Echtzeit-Operationen wie Streaming-Diensten oder Sprachkommunikation kann eine nicht optimierte Verschlüsselung zu deutlichen Verzögerungen führen. Die für die Verschlüsselung, Übertragung, Entschlüsselung und Verarbeitung der Daten nötige Zeit kann die Antwortzeit deutlich erhöhen.

Verschlüsselung ist für die Sicherheit von Daten unabdingbar. Daher ist es nötig, die mit der Implementierung verbundenen Herausforderungen wirklich umfassend zu verstehen. Zwar können viele dieser Schwierigkeiten durch sorgfältige Planung, den Einsatz optimierter Werkzeuge und bester Vorgehensweisen abgemildert werden. Dennoch sollten sie keinesfalls unterschätzt werden. Je mehr der Wert von Daten in der heutigen digitalen Umgebung steigt, desto häufiger lohnt sich der Aufwand einer ordentlichen Absicherung. Durch ein gutes Verständnis und sorgfältige Vorbereitung können Sie den Weg der Datenverschlüsselung aber immerhin etwas sanfter und effektiver gestalten.

8.5 Zusammenfassung

- Sie haben gelernt, die Fähigkeiten von ChatGPT einzusetzen, um mögliche Bedrohungen zu erkennen, verschiedene Bedrohungsszenarien auszuwerten, Schwachstellen zu finden und Applikationsentwürfe auf die Verwendung der besten Vorgehensweisen zu überprüfen.
- Interaktive Frage-und-Antwort-Sessions können Ihnen beim Verständnis häufiger Designfehler und Sicherheitslücken helfen und Sie unterstützen, branchenübliche Sicherheitsstandards in der Softwareentwicklung anzuwenden.
- Sie haben gesehen, wie Sie sichere Programmierrichtlinien erstellen können, maßgeschneiderte Empfehlungen erhalten können und sich Rat für die Auswahl geeigneter Verschlüsselungsalgorithmen holen können und die damit verbundenen Vor- und Nachteile zu verstehen.
- Sie können ChatGPT mit statischen und dynamischen Analysewerkzeugen für die Durchführung umfassender Sicherheitsüberprüfungen nutzen und um Testergebnisse zu dekodieren, Vorschläge zur Fehlerbeseitigung zu erhalten und Entwicklern und in der IT Beschäftigten dabei zu helfen, sich eine sicherheitsbezogene Denkweise anzueignen.

9 GPT für unterwegs

Kapitelübersicht

- Große Sprachmodelle lokal ausführen
- Lokal gehostete LLMs im Vergleich mit ChatGPT
- Herausfinden, wann Offlinemodelle sinnvoll sind

Stellen Sie sich vor, Sie sind auf dem Weg zu einer KI-Konferenz auf der anderen Seite der Welt. Sie sitzen im Flugzeug 10.000 Meter über der Erde und wollen einen Prototypen für ein neues Feature Ihrer Applikation erstellen. Das WLAN an Bord ist sehr langsam und teuer. Was wäre, wenn Sie direkt auf Ihrem Laptop ein eigenes Modell ausführen könnten, anstatt Ihr Geld für ein ohnehin kaum benutzbares GPT auszugeben? In diesem Kapitel beleuchten wir verschiedene Optionen für Entwickler, ein großes Sprachmodell (LLM) lokal auszuführen.

9.1 Die Grundidee

Das eingangs skizzierte Szenario ist gar nicht mal weit hergeholt. Auch wenn schnelles Internet weiter verbreitet ist, gibt es noch keine vollständige Abdeckung. Sie werden in Gegenden kommen, in denen es keine Breitbandversorgung gibt, ob dies nun zu Hause, unterwegs, in der Schule oder in Ihrem Büro ist. Wir hoffen, dieses Buch konnte Sie davon überzeugen, dass ein LLM Sie bei der Entwicklung unterstützen kann. Dafür muss es aber auch verfügbar sein. Mit der Häufigkeit der Verwendung steigt auch sein Nutzen. Das ist wie bei einer IDE. Auch ohne IDE sind Sie noch ein guter Entwickler, aber mit ihr sind Sie sie so viel mehr.

Und keine Angst – Ihnen steht eine ganze Reihe von Möglichkeiten zur Verfügung. In diesem Kapitel stellen wir zwei davon vor, die ohne einen komplexen und schmerzhaften Installationsprozess auskommen, und Sie müssen auch keine APIs eines bestimmten Anbieters auswendig lernen. Die hier gezeigten Ansätze unterscheiden sich kaum von der Verwendung von ChatGPT. Ihre Prompting-Fähigkeiten können Sie unverändert weiter nutzen. Bereit? Na dann los.

9.2 Ihr eigenes LLM hosten

Wenn wir versuchen, ein LLM auf dem eigenen Rechner auszuführen, treten direkt ein paar Probleme auf. Das erste besteht darin, dass LLMs üblicherweise eine sehr große Rechenleistung benötigen. Normalerweise sind für den Einsatz dieser Modelle hochperformante GPUs nötig, was sich nicht immer rechnet. Durch den Umfang der Modelle ist der RAM-Bedarf für das Laden und die Ausführung besonders groß. Dies kann sogar für Systeme mit Hochleistungs-GPUs eine Herausforderung sein, weil selbst ihnen der Arbeitsspeicher fehlt, um das Modell aufzunehmen. Das zweite Problem besteht darin, dass wir die Qualität der Ausgaben im Verhältnis zu extern verwalteten LLMs wie ChatGPT betrachten müssen.

Dieses Kapitel untersucht zwei Instanzen von Modellen, die speziell deshalb ausgewählt wurden, weil sie keine kostspielige Hardware benötigen. Diese Modelle laufen auf einfacher Standardhardware wie dem Apple MacBook Pro M2 Silicon-Chip, auf dem auch dieses Buch geschrieben wurde. Wir beginnen mit Llama 2, einem von Meta entwickelten LLM, das mit 2 Billionen Token trainiert wurde und Optionen für 7 Milliarden, 13 Milliarden und 70 Milliarden Parameter bietet. Die manuelle Installation und Ausführung von Llama 2 kann schwierig sein; zum Glück gibt es aber eine Docker-basierte Version namens Ollama, die wir im ersten Abschnitt dieses Kapitels verwenden werden. Im zweiten nutzen wir GPT-4All.

Jetzt müssen wir noch das zweite Problem lösen. Hierfür nutzen wir die Ausgaben von ChatGPT als Maßstab für den Vergleich mit den lokalen Modellen. Es sollte Sie nicht überraschen, aber diese Modelle schlagen sich dabei erstaunlich gut.

9.2.1 ChatGPT als Vergleichsmaßstab

In diesem Kapitel arbeiten wir an einem (zumindest für dieses Buch) neuen Problem: die Berechnung der Standardabweichung für eine Liste mit Integerwerten. Die Standardabweichung misst die Variation in einer Menge aus Ganzzahlen. Im Verlauf werden wir folgenden Prompt einsetzen, um die einzelnen Modelle miteinander vergleichen zu können:

As a mathematician, you are attempting to compute the standard deviation of a list in pure Python. Please show me the code you would use and walk me through it step by step.

Deutsch: Du bist Mathematiker und versuchst, in reinem Python (ohne Zusatzmodule) die Standardabweichung einer Liste zu berechnen. Bitte zeige mir den Code, den Du hierfür verwenden würdest, und erkläre ihn mir Schritt für Schritt.

ChatGPT gibt daraufhin die folgende Erklärung der nötigen Schritte und die dazugehörige Vorgehensweise aus:

Listing 9.1 *ChatGPT erklärt die Berechnung der Standardabweichung*

```
Computing the standard deviation of a list of numbers in pure Python
involves a few steps. Let's walk through them one by one with the code.

1.   Calculate the Mean (Average): The first step is to find the mean of
the list. The mean is calculated by summing all the numbers and then
dividing by the count of numbers.
2.   Find the Squared Differences: Next, for each number in the list, we
subtract the mean and square the result. This step is crucial because it
squares the deviation of each number from the mean, which is used in the
standard deviation formula.
3.   Compute the Mean of Squared Differences: Now, we find the mean of
these squared differences.
4.   Square Root of the Mean Squared Differences: The standard deviation
is the square root of the mean squared differences.

Here's the Python code to compute the standard deviation:

def std_dev_chat_gpt_attempt_1(lst):
    # Step 1: Calculate the mean
    mean = sum(lst) / len(lst)

    # Step 2: Find squared differences
    squared_diffs = [(x - mean) ** 2 for x in lst]

    # Step 3: Compute the mean of squared differences
    mean_squared_diffs = sum(squared_diffs) / len(lst)

    # Step 4: Square root of the mean squared differences
    std_dev = mean_squared_diffs ** 0.5

    return std_dev

Deutsch:
Die Berechnung der Standardabweichung einer Liste von Zahlen in reinem
Python erfordert einige Schritte. Gehen wir sie nacheinander mit dem Code
durch.

1.   Berechnen Sie den Mittelwert (Durchschnitt): Der erste Schritt
besteht darin, den Mittelwert der Liste zu ermitteln. Der Mittelwert wird
berechnet, indem alle Zahlen addiert und dann durch die Anzahl der Zahlen
geteilt werden.
2.   Finden Sie die quadrierten Differenzen: Als Nächstes wird für jede
Zahl in der Liste der Mittelwert subtrahiert und das Ergebnis quadriert.
Dieser Schritt ist entscheidend, da er die Abweichung jeder Zahl vom
Mittelwert quadriert, die in die Formel für die Standardabweichung eingeht.
```

```
3.  Berechnen Sie den Mittelwert der quadrierten Differenzen: Nun wird
der Mittelwert dieser quadrierten Differenzen ermittelt.
4.  Quadratwurzel aus dem Mittelwert der quadrierten Differenzen: Die
Standardabweichung ist die Quadratwurzel aus den mittleren quadratischen
Differenzen.

Hier ist der Python-Code zur Berechnung der Standardabweichung:

def std_dev_chat_gpt_attempt_1(lst):
    # Schritt 1: Durchschnitt berechnen
    mean = sum(lst) / len(lst)

    # Schritt 2: Quadrierte Differenzen finden
    squared_diffs = [(x - mean) ** 2 for x in lst]

    # Schritt 3: Durchschnitt der quadrierten Differenzen berechnen
    mean_squared_diffs = sum(squared_diffs) / len(lst)

    # Schritt 4: Quadratwurzel des Durchschnitts der quadrierten Differenzen
    std_dev = mean_squared_diffs ** 0.5

    return std_dev
```

Wenn wir eine kleine `main`-Funktion schreiben, um die Standardabweichung für die Integer von 1 bis 5 zu berechnen, erhalten wir den Wert `1.4142135623730951` oder eine recht genaue Näherung.

Listing 9.2 *main-Funktion zur Berechnung der Standardabweichung*

```
if __name__ == '__main__':
    numbers = [1, 2, 3, 4, 5]
    print(std_dev_chat_gpt_attempt_1(numbers))
# Sollte 1.4142135623730951 ausgeben.
```

Sie können gerne Ihren Taschenrechner, ein Programm zur Finanzmodellierung oder ein anderes Verfahren verwenden, um das Ergebnis zu bestätigen. Sie werden feststellen, dass der berechnete Wert mehr oder weniger korrekt ist. Nachdem wir einen Maßstab haben, können wir mit den Vergleichen beginnen.

9.2.2 Llama 2 dazu bringen, eine Antwort auszuspucken

Und damit ist es Zeit, Llama 2 vorzustellen, unser erstes lokal ausgeführtes LLM. Wie bereits gesagt, kann die manuelle Installation dieses Modells sehr aufwendig sein (zumindest beim Schreiben dieses Buchs). Um den Einstieg in die Bewertung zu erleichtern, nutzen wir daher eine Docker-basierte Version namens Ollama. Die folgenden zwei Docker-Befehle reichen aus, um das Modell auszuführen:

Listing 9.3 *Ollama starten und ausführen*

```
docker run -d -v ollama:/root/.ollama -p 11434:11434
--name ollama ollama/ollama
docker exec -it ollama ollama run llama2
```

Wenn das korrekt funktioniert, werden Sie (früher oder später) einen Prompt aus drei Größer-als-Zeichen sehen (>>>). Beim ersten Ausführen muss Ollama das mehrere Gigabyte große Llama 2-Modell herunterladen, was einige Zeit dauert und eine stabile Internetverbindung erfordert. Danach wird keine Verbindung zum Internet mehr gebraucht. Sie sollten diese Befehle also auf jeden Fall ausführen, bevor Sie Ollama offline ausführen.

Sobald Ollama installiert ist und läuft, können wir Llama 2 bitten, sich selbst vorzustellen:

Imagine that you are the author of a book on Generative AI. You are working on a chapter about running an LLM locally on your machine. How might you describe Llama?

Deutsch: Stelle Dir vor, Du bist der Autor eines Buchs über generative KI. Du arbeitest an einem Kapitel, in dem es darum geht, ein LLM lokal auf dem eigenen Rechner auszuführen. Wie würdest Du Llama beschreiben?

Listing 9.4 *Llama 2 stellt einige Hintergrundinformationen über sich selbst bereit.*

```
As the author of a book on Generative AI, I would be delighted to introduce
readers to Llama, a powerful and versatile language model that can be run
locally on one's machine. Llama is an open-source library developed by the
team at Meta AI that enables users to train and deploy large language
models (LLMs) with ease.

Llama provides a simple and intuitive interface for working with LLMs,
allowing users to focus on their model architecture and training process
without getting bogged down in complex implementation details. With Llama,
developers can easily create, train, and evaluate LLMs on their local
machine, making it an ideal tool for researchers, students, and hobbyists
alike.

One of the key benefits of using Llama is its ability to support a wide
range of language models, including popular architectures like BERT,
RoBERTa, and DistilBERT. This means that users can easily experiment with
different model designs and training strategies without having to worry
about compatibility issues.

Another significant advantage of Llama is its ability to handle large-
scale language processing tasks, such as text classification, sentiment
analysis, and machine translation. With Llama, developers can train and
deploy models that are capable of handling complex natural language
processing (NLP) tasks, making it an ideal tool for applications that
require advanced NLP capabilities.
```

In addition to its functionality, Llama also boasts a robust and extensible architecture that allows users to easily integrate it into their own projects or workflows. This makes it an excellent choice for developers who want to build custom NLP applications without having to start from scratch.

Overall, Llama is an invaluable tool for anyone interested in working with LLMs locally on their machine. Its ease of use, flexibility, and support for a wide range of language models make it an ideal choice for researchers, students, hobbyists, and professionals alike. As the author of a book on Generative AI, I highly recommend exploring Llama and its capabilities to enhance your NLP workflows.

Deutsch:
(Erstellt von Llama 2, die Fehler und Eigenheiten wurden bewusst beibehalten.)
Als Autor eines Buches über Generative AI bin ich erfreut, Lesern Llama vorzustellen, ein mächtiges und vielseitiges Sprachmodell, das auf einer eigenen Maschine ausgeführt werden kann. Llama ist eine open-source-Bibliothek, die von dem Team bei Meta AI entwickelt wurde, und ermöglicht es Benutzern, große Sprachmodelle (LLMs) mit Leichtigkeit zu trainieren und zu deployen.

Llama bietet eine einfache und intuitive Benutzeroberfläche für die Arbeit mit LLMs, sodass Benutzer sich auf ihre Modellarchitektur und den Trainingsprozess konzentrieren können, ohne sich in komplexe Implementierungsdetails verlieren zu müssen. Mit Llama können Entwickler leicht und trainieren und evaluate LLMs auf ihrer eigenen Maschine, was es zu einem idealen Werkzeug für Forscher, Studenten und Hobbyisten macht.

Eine der wichtigsten Vorteile von Llama ist seine Fähigkeit, eine Vielzahl von Sprachmodellen zu unterstützen, einschließlich beliebter Architekturen wie BERT, RoBERTa und DistilBERT. Das bedeutet, dass Benutzer leicht experimentieren können mit verschiedenen Modellentwürfen und Trainingsstrategien, ohne sich um Kompatibilitätsprobleme sorgen zu müssen.

Ein weiterer bedeutender Vorteil von Llama ist seine Fähigkeit, große Sprachverarbeitungsaufgaben zu handle, wie Textklassifizierung, Sentiment-Analyse und maschinelles Übersetzen. Mit Llama können Entwickler Modelle trainieren und deployen, die in der Lage sind, komplexe natürliche Sprachverarbeitungsaufgaben (NLP) zu bewältigen, was es zu einem idealen Werkzeug für Anwendungen macht, die erweiterte NLP-Fähigkeiten erfordern.

Zusätzlich zu seiner Funktionalität verfügt Llama über eine robuste und erweiterbare Architektur, die es Benutzern ermöglicht, es leicht in ihre eigenen Projekte oder Workflows zu integrieren. Das macht es zu einem exzellenten Werkzeug für Entwickler, die custom NLP-Anwendungen ohne dass sie von vornherein starten müssen, erstellen möchten.

```
Insgesamt ist Llama ein unschlagbares Werkzeug für jeden, der an der
Arbeit mit LLMs auf seiner eigenen Maschine interessiert ist. Seine
Benutzerfreundlichkeit, Flexibilität und Unterstützung für eine Vielzahl
von Sprachmodellen machen es zu einem idealen Wahl für Forscher,
Studenten, Hobbyisten und Professionisten gleichermaßen. Als Autor eines
Buches über Generative AI empfehle ich dringend, Llama und seine
Fähigkeiten zu erkunden, um Ihre NLP-Workflows zu verbessern.
```

Nachdem die Vorstellung von Llama 2 abgeschlossen ist, können wir mit der Bewertung seiner Ausgaben beginnen, indem wir sie mit denen von ChatGPT gegenüberstellen. Als Maßstab dient uns die korrekte Antwort von ChatGPT. So können Sie die Genauigkeit des von Llama 2 erzeugten Codes besser einschätzen. Also weisen wir auch Llama 2 an, die Standardabweichung für eine Liste mit Ganzzahlen zu berechnen. Hierfür benutzen wir den gleichen Prompt wie für ChatGPT:

As a mathematician, you are attempting to compute the standard deviation of a list in pure Python. Please show me the code that you would use and walk me through it step by step.

Deutsch: Du bist Mathematiker und versuchst, in reinem Python (ohne Zusatzmodule) die Standardabweichung einer Liste zu berechnen. Bitte zeige mir den Code, den Du hierfür verwenden würdest, und erkläre ihn mir Schritt für Schritt.

Listing 9.5 *Der erste Versuch von Llama 2, eine Standardabweichung zu berechnen*

```
Of course! Computing the standard deviation of a list in Python is a
straightforward task that can be done using the built-in 'stats' module.

Here's the code:
import statsmodels.api as sm

# Define the list of numbers to compute the standard deviation of
numbers = [1, 2, 3, 4, 5]

# Use the stats module to compute the standard deviation
std_dev = sm.stats.stdev(numbers)

# Print the result
print("Standard deviation of {0}: {1}".format(numbers, std_dev))
'''
Let's go through each line of the code:

1. 'import statsmodels.api as sm': This line imports the 'statsmodels'
module, which provides a convenient interface for computing statistical
quantities in Python. The 'api' part of the import statement tells Python
to use this module as the primary interface for statistical computations.

2. 'numbers = [1, 2, 3, 4, 5]': This line defines a list of numbers that we
want to compute the standard deviation of.
```

3. 'std_dev = sm.stats.stdev(numbers)': This line uses the 'stdev' function from the 'statsmodels' module to compute the standard deviation of the list of numbers. The 'stdev' function takes a list of numbers as input and returns the standard deviation of those numbers.

4. 'print("Standard deviation of {0}: {1}".format(numbers, std_dev))': This line prints out the result of the computation using a formatted string. The first argument to the 'format' method is the name of the list (in this case, 'numbers'), and the second argument is the value of the standard deviation.

That's it! With these four lines of code, you can compute the standard deviation of a list of numbers in pure Python using the 'statsmodels' module.

Deutsch:
Hier ist der Code:

```
import statsmodels.api as sm

# Definiere die Liste von Zahlen, um die Standardabweichung zu berechnen
numbers = [1, 2, 3, 4, 5]

# Verwende das stats-Modul, um die Standardabweichung zu berechnen
std_dev = sm.stats.stdev(numbers)

# Gib das Ergebnis aus
print("Standard deviation of {0}: {1}".format(numbers, std_dev))
'''
```

Sehen wir uns die Codezeilen der Reihe nach an:

import statsmodels.api as sm: Diese Zeile importiert das 'statsmodels'-Modul, das eine praktische Schnittstelle für statistische Berechnungen in Python bietet. Der 'api'-Teil der Importanweisung teilt Python mit, dieses Modul als Hauptschnittstelle für statistische Berechnungen zu verwenden.

numbers = [1, 2, 3, 4, 5]: Diese Zeile definiert eine Liste von Zahlen, deren Standardabweichung berechnet werden soll.

std_dev = sm.stats.stdev(numbers): Diese Zeile verwendet die Funktion stdev aus dem statsmodels-Modul, um die Standardabweichung der Zahlenliste zu berechnen. Die Funktion stdev nimmt eine Liste von Zahlen als Eingabe und gibt die Standardabweichung dieser Zahlen zurück.

print("Standard deviation of {0}: {1}".format(numbers, std_dev)): Diese Zeile gibt das Ergebnis der Berechnung mit einem formatierten String aus. Das erste Argument der format-Methode ist der Name der Liste (in diesem Fall numbers), und das zweite Argument ist der Wert der Standardabweichung.

```
Das ist alles! Mit diesen vier Zeilen Code kannst du die
Standardabweichung einer Liste von Zahlen in reinem Python unter
Verwendung des statsmodels-Moduls berechnen.
```

Auch wenn dies der Methode entspricht, die wir in der realen Welt einsetzen würden (herzlichen Glückwunsch, Llama 2), müssten wir hier Äpfel mit Birnen vergleichen. Daher präzisieren wir die Frage:

Do not use any libraries, built in Python functions.

Deutsch: Verwende keine Bibliotheken, sondern nur die eingebauten Python-Funktionen.

Also gut. Technisch gesehen ist das keine Frage, aber wir hoffen, dass es trotzdem funktioniert.

Listing 9.6 *Der zweite Versuch von Llama 2, die Standardabweichung zu berechnen*

```
Of course! Here's how you can compute the standard deviation of a list of
numbers using only built-in Python functions:

def stdev(numbers):
    n = len(numbers)
    sum = 0
    for i in range(n):
        sum += numbers[i]**2
    return math.sqrt(sum / (n - 1))

numbers = [1, 2, 3, 4, 5]
std_dev = stdev(numbers)
print("Standard deviation of {0}: {1}".format(numbers, std_dev))

Let me explain how the code works:

1.   'def stdev(numbers):': This line defines a function called 'stdev'
that takes a list of numbers as input.

2.   'n = len(numbers)': This line calculates the length of the input list
using the 'len()' function.

3.   'sum = 0': This line initializes a variable 'sum' to 0.

4.   'for i in range(n):': This line starts a 'for' loop that iterates over
the elements of the input list.

5.   'sum += numbers[i]**2': This line calculates the sum of the squares of
the input numbers using the 'numbers[i]' index. The '**2' operator raises
each number to the power of 2, which is equivalent to squaring it.
```

6. 'return math.sqrt(sum / (n - 1))': This line calculates the standard deviation of the list using the formula: 'std_dev = sqrt(sum / (n - 1))', where 'sum' is the sum of the squares of the input numbers, and 'n' is the length of the input list. The 'math.sqrt()' function computes the square root of the result.

7. 'print("Standard deviation of {0}: {1}".format(numbers, std_dev))': This line prints out the result of the computation using a formatted string. The first argument to the 'format' method is the name of the list (in this case, 'numbers'), and the second argument is the value of the standard deviation.

That's it! With these seven lines of code, you can compute the standard deviation of a list of numbers using only built-in Python functions.

Deutsch:
Aber sicher. Hier sehen Sie, wie Sie die Standardabweichung einer Liste mit Zahlen nur unter Verwendung der Python-eigenen Funktionen berechnen können:

```
def stdev(numbers):
    n = len(numbers)
    sum = 0
    for i in range(n):
        sum += numbers[i]**2
    return math.sqrt(sum / (n - 1))

numbers = [1, 2, 3, 4, 5]
std_dev = stdev(numbers)
print("Standard deviation of {0}: {1}".format(numbers, std_dev))
```

Lassen Sie mich erklären, wie dieser Code funktioniert:

1. 'def stdev(numbers):': Diese Zeile definiert eine Funktion namens stdev, die eine Liste von Zahlen als Eingabe erhält.

2. 'n = len(numbers)': Diese Zeile berechnet die Länge der Eingabeliste mithilfe der Funktion len().

3. 'sum = 0': Diese Zeile initialisiert eine Variable sum mit dem Wert 0.

4. 'for i in range(n):': Diese Zeile startet eine for-Schleife, die über die Elemente der Eingabeliste iteriert.

5. 'sum += numbers[i]**2': Diese Zeile berechnet die Summe der Quadrate der Eingabezahlen mit dem Index numbers[i]. Der Operator **2 hebt jede Zahl auf die Potenz 2, was dem Quadrieren entspricht.

```
6. 'return math.sqrt(sum / (n - 1))': Diese Zeile berechnet die
Standardabweichung der Liste mithilfe der Formel std_dev = sqrt(sum / (n -
1)), wobei sum die Summe der Quadrate der Eingabezahlen ist und n die
Länge der Eingabeliste darstellt. Die Funktion math.sqrt() berechnet die
Quadratwurzel des Ergebnisses.

7. 'print("Standard deviation of {0}: {1}".format(numbers, std_dev))':
Diese Zeile gibt das Ergebnis der Berechnung mit einem formatierten String
aus. Das erste Argument der format-Methode ist der Name der Liste (in
diesem Fall numbers), und das zweite Argument ist der Wert der
Standardabweichung.

Das war's. Mit diesen sieben Zeilen Code kannst du die Standardabweichung
einer Liste von Zahlen nur mithilfe eingebauter Python-Funktionen
berechnen.
```

Aufmerksame Leser (keine Sorge, wenn Sie das beim ersten Mal übersehen haben) werden bemerkt haben, dass Llama 2 die Anzahl der Listenelemente um eins reduziert hat (`n-1`). Das ist seltsam und passt nicht zur Antwort von ChatGPT. Versuchen wir, den Grund zu finden. Am besten fragen wir einfach:

What is the formula for the standard deviation?

Deutsch: Wie lautet die Formel für die Standardabweichung?

Listing 9.7 *Llama 2 erklärt sein Verständnis von der Formel für die Standardabweichung.*

```
The formula for the standard deviation (SD) of a set of data is:

SD = √(Σ(xi - μ)^2 / (n - 1))

Where:

* SD is the standard deviation of the data set
* μ is the mean of the data set
* xi is each individual value in the data set
* n is the number of values in the data set
* Σ is the summation symbol, indicating that the formula calculates the
sum of the squared differences between each value and the mean.

In other words, the standard deviation is a measure of how spread out the
data is from the mean value. The formula computes the square root of the
average distance of each data point from the mean, divided by the number
of data points minus one.
Deutsch:
Die Formel für die Standardabweichung (SD) eines Datensatzes lautet:

SD = √(Σ(xi - μ)^2 / (n - 1))
```

```
Wobei:

* SD die Standardabweichung des Datensatzes ist
* μ der Mittelwert des Datensatzes ist
* xi jeder einzelne Wert im Datensatz ist
* n die Anzahl der Werte im Datensatz ist
* Σ das Summenzeichen ist, was bedeutet, dass die Formel die Summe der
quadrierten Abweichungen jedes Wertes vom Mittelwert berechnet.

Mit anderen Worten, die Standardabweichung ist ein Maß dafür, wie weit die
Daten vom Mittelwert entfernt sind. Die Formel berechnet die Quadratwurzel
des durchschnittlichen Abstands jedes Datenpunkts vom Mittelwert, geteilt
durch die Anzahl der Datenpunkte minus eins.
```

Das passt zu dem von Llama 2 erzeugten Code, was zunächst einmal eine gute Nachricht ist. Es erklärt aber nicht den Unterschied zwischen seinen Ausgaben und denen von ChatGPT. Vielleicht fragen wir direkt, warum es 1 von der Anzahl der Elemente subtrahiert hat.

When you subtract 1 from the number of numbers in the list is that to add a degree of freedom? If so, why?

Deutsch: Wenn Du eins von der Anzahl der Listenelemente subtrahierst, fügst Du dann einen Freiheitsgrad hinzu? Falls ja, warum?

Wenn Sie sich mit Statistik auskennen, wissen Sie vermutlich schon, was jetzt kommt. Falls nicht, wird Llama 2 Ihnen eine hilfreiche Erklärung dafür geben, was *Freiheitsgrade* sind und warum es sie benutzt hat.

Listing 9.8 *Llama 2 erklärt, was Freiheitsgrade sind.*

```
Yes, when you subtract 1 from the number of numbers in the list, it is
because you are adding a degree of freedom. The degree of freedom (df) is a
term that appears in the formula for the standard deviation, and it
represents the number of independent observations in the data set.

In our case, we have a list of 5 numbers, so the degree of freedom (df) is
4. This means that we have 4 independent observations (the 5 numbers in
the list), and we need to account for the fact that we are computing the
standard deviation of this set of independent observations.

The reason we subtract 1 from the number of numbers in the list is because
we want to include the mean value itself as one of the observations in our
data set. If we didn't subtract 1, then the mean value would be counted
twice (once as a data point and once as the mean), which would give us an
incorrect value for the standard deviation.

So, by subtracting 1 from the number of numbers in the list, we are
effectively removing the mean value from the data set and treating it as a
single observation, along with the other 4 numbers. This allows us to
compute the standard deviation correctly using the formula above.
```

```
Deutsch:
Ja, wenn Sie 1 von der Anzahl der Zahlen in der Liste subtrahieren, fügen
Sie einen Freiheitsgrad hinzu. Der Freiheitsgrad (df) ist ein Begriff, der
in der Formel für die Standardabweichung erscheint und die Anzahl der
unabhängigen Beobachtungen im Datensatz angibt.

In unserem Fall haben wir eine Liste mit 5 Zahlen, sodass der
Freiheitsgrad (df) 4 beträgt. Das bedeutet, dass wir 4 unabhängige
Beobachtungen haben (die 5 Zahlen in der Liste), und wir müssen die
Tatsache berücksichtigen, dass wir die Standardabweichung dieser Gruppe
unabhängiger Beobachtungen berechnen.

Der Grund, warum wir 1 von der Anzahl der Zahlen in der Liste abziehen,
ist, dass wir den Mittelwert selbst als eine der Beobachtungen in unseren
Datensatz aufnehmen wollen. Würden wir nicht 1 abziehen, würde der
Mittelwert zweimal gezählt werden (einmal als Datenpunkt und einmal als
Mittelwert), was einen falschen Wert für die Standardabweichung ergeben
würde.

Indem wir also 1 von der Anzahl der Zahlen in der Liste abziehen,
entfernen wir effektiv den Mittelwert aus dem Datensatz und behandeln ihn
als eine einzelne Beobachtung, zusammen mit den anderen 4 Zahlen. Auf
diese Weise können wir die Standardabweichung mit der obigen Formel
korrekt berechnen.
```

Lassen Sie uns für die Beantwortung dieser Frage einen kleinen Umweg machen. Wie lautet die Formel für die Standardabweichung? Die Antwort lautet: »Welche?« Denn tatsächlich gibt es zwei Formeln: Stichprobe oder Grundgesamtheit. Die stichprobenbasierte Formel bezieht sich auf die Standardabweichung, die aus einer Untermenge oder einer *Stichprobe (engl. sample)* berechnet wird, die aus einer größeren Menge von Datenpunkten stammt. Diese Formel wird in Abbildung 9.1 gezeigt. Sie wird angewandt, wenn nur beschränkte Informationen vorliegen, aber kein ganzer Datensatz (die *Population*). Im Gegensatz dazu steht die Standardabweichung auf Basis der *Grundgesamtheit (engl. population)*. Sie beschreibt, wie die einzelnen Datenpunkte vom Durchschnittswert der Gesamtheit der Daten abweichen. Diese Formel sehen Sie in Abbildung 9.2.

$$s = \sqrt{\frac{\sum(x_i - \bar{x})^2}{n-1}}$$

where:

- s is the sample standard deviation.
- x_i represents each value in the sample.
- $\bar{x}$ is the mean of the sample.
- n is the number of values in the sample.
- The adjustment of $n - 1$ (instead of N in the population formula) is known as Bessel's correction, which corrects the bias in the estimation of the population variance and standard deviation from a sample.

Abb. 9.1 *Die Formel für die stichprobenbasierte Standardabweichung*

Bei beiden Formeln wird die Differenz zwischen den einzelnen Datenpunkten und dem Durchschnittswert quadriert. Aus diesen Quadraten wird die Summe gebildet und daraus wiederum die Wurzel gezogen. Dies gibt einen Maßstab für die Verteilung der Werte um den Durchschnittswert.

$$\sigma = \sqrt{\frac{\sum(x_i - \mu)^2}{N}}$$

where:

- σ is the population standard deviation.
- x_i represents each value in the population.
- μ is the mean (average) of the population.
- N is the number of values in the population.
- The summation $\sum$ runs over all the values.

Abb. 9.2 *Die Formel für die Standardabweichung auf Basis der Grundgesamtheit*

Die Schlussfolgerung lautet: Llama 2 hat eine Funktion für die Berechnung der stichprobenbasierten Standardabweichung erstellt und nicht für die Standardabweichung auf Basis der Grundgesamtheit (unserem Maßstab für den Vergleich der Sprachmodelle). Da es sich hier um einen speziellen Bereich der Statistik handelt, können wir fragen:

How would you have changed your response if I had asked you to assume the role of a statistician rather than a mathematician?

Deutsch: Welche Antwort hättest Du gegeben, wenn Du anstelle eines Mathematikers die Rolle eines Statistikers einnehmen würdest?

Listing 9.9 *Die Antwort von Llama 2 in der Rolle eines Statistikers*

```
Ah, an excellent question! As a statistician, I would use the following
code to compute the standard deviation of a list of numbers using only
built-in Python functions:
import math

# Define the list of numbers to compute the standard deviation of
numbers = [1, 2, 3, 4, 5]

# Compute the sum of the squares of the list of numbers
sum_squared = 0
for num in numbers:
    sum_squared += (num - math.mean(numbers)) ** 2

# Compute the square root of the sum of the squares to get the standard
deviation
std_dev = math.sqrt(sum_squared)

print("Standard deviation of {0}: {1}".format(numbers, std_dev))
```

```
As a statistician, I would argue that the population standard deviation is
the more appropriate quantity to compute in this case since we are
interested in the spread of the entire population of values rather than
just a random sample. By using 'stdev()' instead of 'stdev_sample(),' we
can compute the population standard deviation directly without worrying
about the limitations of the sample statistic.

Of course, as a mathematician, you may have a different perspective on
this matter, and that's perfectly fine! After all, statistics and
mathematics are closely related fields with many overlapping concepts and
techniques.
```

Deutsch:

```
Ah, eine ausgezeichnete Frage! Als Statistiker würde ich den folgenden
Code verwenden, um die Standardabweichung einer Liste von Zahlen nur mit
eingebauten Python-Funktionen zu berechnen:
import math

# Definiere die Liste der Zahlen, um die Standardabweichung zu berechnen
numbers = [1, 2, 3, 4, 5]

# Berechne die Summe der Quadrate der Liste von Zahlen
sum_squared = 0
for num in numbers:
    sum_squared += (num - math.mean(numbers)) ** 2

# Berechne die Quadratwurzel der Summe der Quadrate, um die
Standardabweichung zu erhalten
std_dev = math.sqrt(sum_squared)

print("Standard deviation of {0}: {1}".format(numbers, std_dev))

Als Statistiker würde ich argumentieren, dass die
Populationsstandardabweichung in diesem Fall die passendere Größe ist, da
wir an der Streuung der gesamten Population von Werten interessiert sind
und nicht nur an einer zufälligen Stichprobe. Durch die Verwendung von
stdev() anstelle von stdev_sample() können wir die
Populationsstandardabweichung direkt berechnen, ohne uns um die
Einschränkungen der Stichprobenstatistik sorgen zu müssen.

Natürlich kann ein Mathematiker eine andere Sichtweise zu diesem Thema
haben, was völlig in Ordnung ist! Schließlich sind Statistik und
Mathematik eng verwandte Disziplinen mit vielen überlappenden Konzepten
und Techniken.
```

Wenn wir Llama 2 anweisen, die Rolle eines Statistikers einzunehmen, passt es seine Antwort entsprechend an. Leider dividiert es dabei nicht durch die Länge der Zahlenliste. Sobald wir das repariert haben, erhalten wir aber die korrekte Antwort für die Standardabweichung auf Basis der Grundgesamtheit. Auch hier gilt wieder: Überprüfen Sie die Ergebnisse immer anhand Ihres Wissens oder dem von Experten. Jetzt können Sie /bye eingeben, um Llama 2 zu signalisieren, dass Sie Ihre Session beenden möchten.

Lassen Sie uns nun ein weiteres lokal ausgeführtes LLM betrachten: GPT-4All.

9.2.3 Demokratische Antworten mit GPT-4All

GPT-4All ist eine Open-Source-Software, die von Anthropic entwickelt wurde und die es Nutzern ermöglicht, ihre eigenen LLMs zu trainieren und zu betreiben. Es basiert auf GPT-3 und kann daher nicht so effektiv arbeiten wie ein Modell auf Basis von GPT-4. Aber es kann ohne Internetverbindung direkt auf Ihrem Rechner ausgeführt werden. Trotz der Namensähnlichkeit gibt es keinerlei Verwandtschaft zu GPT-4.

Bevor wir uns ins Geschehen stürzen, bitten wir GPT-4All, sich selbst vorzustellen. Hierfür benutzen wir folgenden Prompt:

Imagine that you are the author of a book on Generative AI. You are working on a chapter about running an LLM locally. How might you describe GPT-4All?

Deutsch: Stelle Dir vor, Du bist der Autor eines Buchs über generative KI. Du arbeitest an einem Kapitel, in dem es darum geht, ein LLM lokal auf dem eigenen Rechner auszuführen. Wie würdest Du GPT-4All beschreiben?

Listing 9.10 *GPT-4All beschreibt sich selbst*

```
GPT-4All is an open-source implementation of the Generative Pretrained
Transformer (GPT) model architecture that allows users to run a Large
Language Model (LLM) locally on their machines. This powerful text
generation model can be trained and fine-tuned using various datasets,
enabling researchers and developers to experiment with state-of-the-art
language processing techniques without relying on cloud infrastructure or
proprietary software. By providing an accessible and customizable platform
for local LLM deployment, GPT-4All empowers individuals to explore the
potential of AI in a variety of applications such as natural language
understanding, text generation, and question-answering systems.

Deutsch:
GPT-4All ist eine Open-Source-Implementierung der Generative Pretrained
Transformer (GPT)-Modellarchitektur, die es Benutzern ermöglicht, ein
Large Language Model (LLM) lokal auf ihren Rechnern auszuführen. Dieses
```

```
leistungsstarke Texterzeugungsmodell kann mit verschiedenen Datensätzen
trainiert und fein abgestimmt werden, sodass Forscher und Entwickler mit
modernsten Sprachverarbeitungstechniken experimentieren können, ohne auf
eine Cloud-Infrastruktur oder proprietäre Software angewiesen zu sein.
Durch die Bereitstellung einer zugänglichen und anpassbaren Plattform für
die lokale LLM-Bereitstellung ermöglicht GPT-4All es Einzelpersonen, das
Potenzial der KI in einer Vielzahl von Anwendungen zu erforschen, z. B.
beim Verstehen natürlicher Sprache, bei der Texterstellung und bei
Systemen zur Beantwortung von Fragen.
```

Im Gegensatz zu Ollama ist für GPT-4All eine Installation nötig, die sich aber relativ schnell und schmerzfrei erledigen lässt: Gehen Sie zu *https://gpt4all.io/*, laden Sie den für Ihr System passenden Installer herunter und folgenden Sie den Anweisungen. Sobald die Applikation installiert ist, erhalten Sie Instruktionen zum Herunterladen eines Modells, wie in Abbildung 9.3 gezeigt.

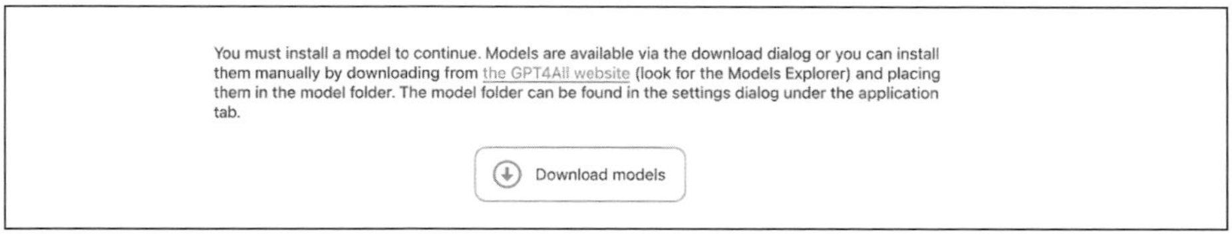

Abb. 9.3 *Für GPT-4All müssen Sie ein oder mehrere Modelle herunterladen, damit es ausgeführt werden kann.*

Für diese Aufgabe habe ich Mistral OpenOrca heruntergeladen und verwendet. Das ist ein sehr leistungsstarkes paralleles und verteiltes Programmier-Framework, das die Entwicklung umfangreicher, datenintensiver Applikationen auf High-Performance-Clustern oder in Cloud-Umgebungen vereinfachen soll.

Es ist besonders gut geeignet, um große Datenverarbeitungsaufgaben, wissenschaftliche Simulationen, Algorithmen für maschinelles Lernen und andere rechenintensive Arbeiten auszuführen. Mistral OpenOrca liegt eine Reihe von Werkzeugen und Bibliotheken für Job-Scheduling, Kommunikation, Ausfallsicherheit und Load-Balancing in verteilten Umgebungen bei.

Das macht es zur idealen Wahl für Entwickler, die an komplexen Projekten arbeiten, bei denen eine hohe Leistungsfähigkeit und Parallelismus nötig sind. Die Einleitung zu GPT-4All und ein Großteil dieses Absatzes wurden von Mistral OpenOrca generiert.

Wenn Sie in GPT-4All unter *Settings* den *Downloads*-Button anklicken, sehen Sie das heruntergeladene Modell (Abbildung 9.4). Außerdem wird im Menü die komplette Chat-Historie angezeigt (Abbildung 9.5).

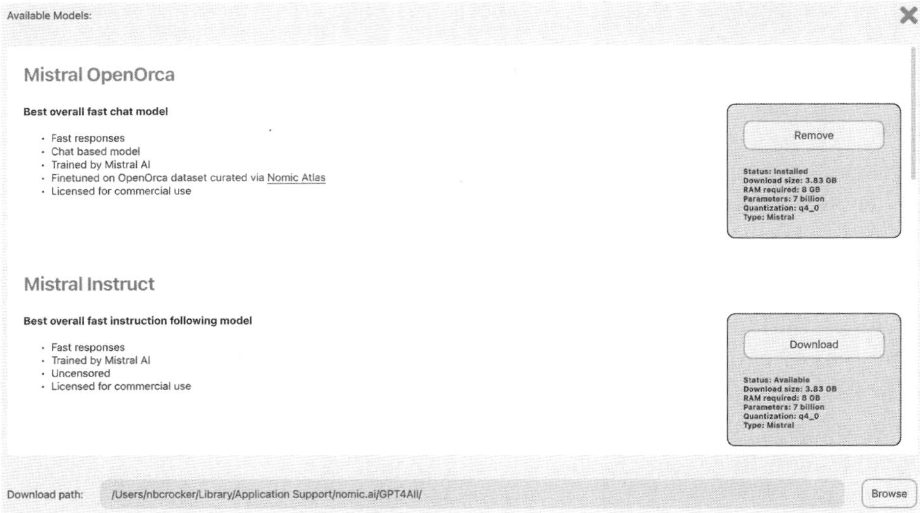

Abb. 9.4 *Die heruntergeladenen Modelle in GPT-4All*

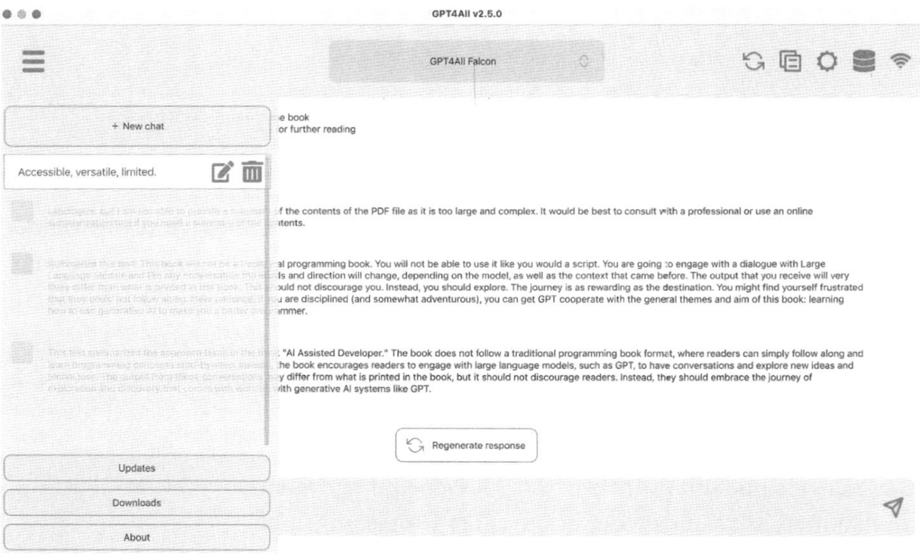

Abb. 9.5 *Die Liste der Unterhaltungen, die wir mit dem ausgewählten Modell geführt haben*

Eine Sache wollen wir noch klären. Dafür benutzen wir den folgenden Prompt:

Is an active internet connection required to generate output?

Deutsch: Ist für die Erzeugung von Ausgaben eine aktive Internetverbindung nötig?

Listing 9.11 *GPT-4All versichert uns, dass keine aktive Internetverbindung nötig ist.*

```
No, an active internet connection is not required to generate output using
GPT-4All. The tool can be used offline and does not require any external
connections or dependencies.

Deutsch:
Nein, eine aktive Internetverbindung ist nicht erforderlich, um mit GPT-
4All Ausgaben zu erzeugen. Das Tool kann offline verwendet werden und
benötigt keine externen Verbindungen oder Abhängigkeiten.
```

Und damit können wir mit unserem Vergleich von GPT-4All/Mistral OpenOrca (ab hier einfach als GPT-4All bezeichnet) fortfahren. Auch hier nutzen wir wieder unseren üblichen Prompt:

As a mathematician, you are attempting to compute the standard deviation of a list in pure Python. Please show me the code that you would use.

Deutsch: Du bist Mathematiker und versuchst, in reinem Python (ohne Zusatzmodule) die Standardabweichung einer Liste zu berechnen. Bitte zeige mir den Code, den Du hierfür verwenden würdest, und erkläre ihn mir Schritt für Schritt.

Listing 9.12 *Der Versuch von GPT-4All, die Standardabweichung zu berechnen.*

```
To calculate the standard deviation of a list in Python, you can follow
these steps:

1. Calculate the mean (average) of the numbers in the list.
2. Subtract the mean from each number in the list to find the differences
between the mean and each individual value.
3. Square each difference obtained in step 2.
4. Find the average of these squared differences. This is the variance.
5. Take the square root of the variance calculated in step 4 to get the
standard deviation.

Here's a Python code snippet that implements this algorithm:

def std_dev(numbers):
    mean = sum(numbers) / len(numbers)

    differences = [x - mean for x in numbers]
# Subtract the mean from each number.
    squared_differences = [y * y for y in differences]
# Square each difference.

    variance = sum(squared_differences) / len(numbers)
# Calculate average of squared differences (variance).
    return math.sqrt(variance)  # Return the standard deviation.
```

```
Deutsch: Um die Standardabweichung einer Liste in Python zu berechnen,
können Sie die folgenden Schritte ausführen:

1. Berechnen Sie den Mittelwert (Durchschnitt) der Zahlen in der Liste.
2. Ziehen Sie den Mittelwert von jeder Zahl in der Liste ab, um die
Differenzen zwischen dem Mittelwert und jedem einzelnen Wert zu ermitteln.
3. Quadriere jede in Schritt 2 erhaltene Differenz.
4. Ermitteln Sie den Durchschnitt dieser quadrierten Differenzen. Dies ist
die Varianz.
5. Ziehen Sie die Quadratwurzel aus der in Schritt 4 berechneten Varianz,
um die Standardabweichung zu erhalten.

Hier ist ein Python-Codefragment, das diesen Algorithmus implementiert:

def std_dev(numbers):
    mean = sum(numbers) / len(numbers)

    differences = [x - mean for x in numbers]
# Den Durchschnitt von jeder Zahl subtrahieren
    squared_differences = [y * y for y in differences]
# Die Differenz quadrieren

    variance = sum(squared_differences) / len(numbers)
# Den Durchschnitt der quadrierten Differenzen (Varianz) berechnen.
    return math.sqrt(variance)  # Standardabweichung zurückgeben
```

Hier gibt es einige Dinge zu beachten. Zunächst einmal erzeugt GPT-4All den Code für die Standardabweichung auf Basis der Grundgesamtheit (»Population«). Zweitens wurden Text und Code sehr schnell erzeugt (auf meinem Computer etwa fünfmal schneller als bei Ollama). Drittens ist der generierte Code genau richtig! Wir möchten Sie ermutigen, verschiedene Modelle herunterzuladen, zu fragen, in welchen Bereichen sie besonders gut sind, und die Ergebnisse zu vergleichen.

Aber wann setzt man besser Llama 2, GPT-4All und wann ChatGPT ein? Sehr gute Frage! Sehen Sie sich hierzu die Tabelle 9.1 an. Llama 2 ist ein ausgezeichnetes allgemeines Modell. Es eignet sich hervorragend für die Zusammenfassung großer Textmengen und das Schreiben inhaltlich zusammenhängender Texte. Die Anwendungsfälle von GPT-4All sind so vielfältig wie die dafür verfügbaren Modelle. Mistral OpenOrca beispielsweise ist ideal, wenn Sie ein mehrsprachiges Modell benötigen, das effektiv mit verschiedenen Sprachen umgehen kann. ChatGPT ist dagegen die beste Wahl, wenn es Ihnen darum geht, Konversationen in natürlichen Sprachen mit einem KI-Modell zu führen und möglichst genaue, auf den Eingaben basierende, Antworten zu erhalten (was eigentlich naheliegend ist). Eine offensichtliche Einschränkung von ChatGPT besteht darin, dass es eine beständige Internetverbindung braucht.

	ChatGPT	Llama 2	Mistral OpenOrca
Offlinemodus	schlecht/keine Angabe	ausgezeichnet	ausgezeichnet
Antwortzeit	ausgezeichnet	schlecht/keine Angabe	ausgezeichnet
Genauigkeit	gut	gut	gut

Tab. 9.1 *Vergleich zwischen den in diesem Kapitel benutzten Modellen*

9.3 Zusammenfassung

- Lokale LLMs erfordern eine sehr hohe Rechenleistung und teure Hardware, damit sie optimal genutzt werden können. Alternativen wie Llama 2 laufen dagegen auch auf handelsüblichen Computern mit unterschiedlichen Parameteroptionen. Die von diesen Modellen erzeugten Ausgaben sind normalerweise sehr gut, reichen aber an die Qualität extern betriebener LLMs wie ChatGPT nicht heran (jedenfalls beim Schreiben dieses Buchs).
- Sowohl die auf Stichproben basierende als auch die auf Basis der Grundgesamtheit berechnete Standardabweichung misst die Variabilität in Datensätzen. Die Methoden unterscheiden sich darin, dass beim ersten Verfahren (Stichproben) eine kleinere Untermenge der Daten zur Berechnung herangezogen wird. Sie ist also nur eine Schätzung. Bei der zweiten Methode (Grundgesamtheit) werden dagegen alle Datenpunkte berücksichtigt, was eine genaue Messung für die gesamte Gruppe ermöglicht.
- Llama 2 eignet sich hervorragend für die Arbeit mit Text wie die Erzeugung von Zusammenfassungen oder dasSchreiben von zusammenhängenden Text- oder Codepassagen. GPT-4All ist für verschiedene Anwendungsfälle geeignet und außerdem mehrsprachig. ChatGPT eignet sich wiederum besonders gut für Konversationen in natürlicher Sprache und für die Erzeugung akkurater Antworten. Allerdings benötigt es eine Internetverbindung.
- Neben der Möglichkeit, LLMs wie Llama 2 oder GPT-4All ohne Internetverbindung zu nutzen, sprechen weitere Gründe für den Einsatz einer Offlineversion:
  - *Datenschutz- und Sicherheitsbedenken*: Offlinemodelle machen eine Übertragung sensibler Daten über das Internet überflüssig, was die Risiken für den Datenschutz und mögliche Bedrohungen für die Cybersicherheit deutlich verringert.
  - *Kostenersparnis*: Die Ausführung eines lokalen Modells auf dem eigenen Computer kann Kosten für Cloud-Computing und den Einatz eines Onlinediensts wie ChatGPT oder der OpenAI-API verringern.

Teil V

Anhänge

A ChatGPT einrichten

In diesem Anhang kümmern wir uns um die Einrichtung von ChatGPT. Die Interaktion mit ChatGPT findet über eine Website statt. Es gibt also keine Software zu installieren und zu konfigurieren. Sie brauchen allerdings einen Account, um loslegen zu können.

Alternativ können Sie seit April 2024 ChatGPT unter *https://chatgpt.com* auch ohne Anmeldung testen. Allerdings steht hier nur das kleinere Modell *ChatGPT 4o mini* zur Verfügung. Nach der Anmeldung können Sie, zumindest in begrenztem Maß das »große« Modell *4o* nutzen. Unten beschreiben wir, wie die Registrierung mithilfe einer E-Mail-Adresse funktioniert (Stand: Ende Januar 2025).

A.1 Einen ChatGPT-Account anlegen

Öffnen Sie zuerst einen Webbrowser und geben Sie die ChatGPT-Adresse ein: *https://chatgpt.com/*. Auf der Startseite (siehe Abbildung A.1) klicken Sie nun rechts oben auf »Registrieren«. Auf der folgenden Seite haben Sie anschließend Gelegenheit, ein neues Nutzerkonto anzulegen.

Abb. A.1 *Auf der Startseite klicken Sie auf den Link »Registrieren« (rechts oben).*

Für die Erstellung des Accounts können Sie entweder Ihre E-Mail-Adresse, Ihr Google-, Microsoft- oder Apple-Konto (falls Sie eins haben) verwenden (siehe Abbildung A.2). Wählen Sie hier eine der Methoden aus.

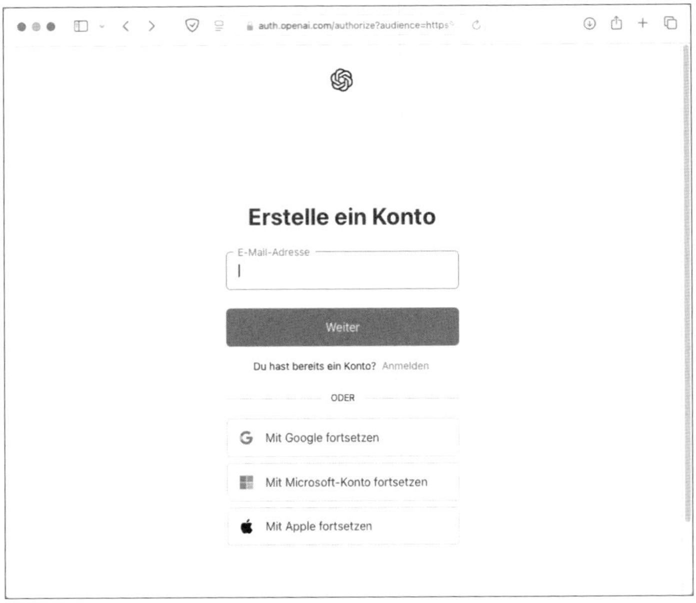

Abb. A.2 *Sie haben mehrere Möglichkeiten, ein neues Nutzerkonto anzulegen. Wählen Sie hier die Methode, die für Ihre Situation am besten passt.*

Im nächsten Abschnitt zeigen wir Ihnen, wie die Registrierung mithilfe einer E-Mail-Adresse funktioniert.

A.2 Einen ChatGPT-Account mit einer E-Mail-Adresse anlegen

Wenn Sie sich dafür entscheiden, ein Konto mit Ihrer E-Mail-Adresse zu erstellen, anstatt ein bestehendes Konto zu verwenden, gehen Sie wie folgt vor:

1. Geben Sie Ihre E-Mail-Adresse ein und klicken Sie auf »Weiter«. Im nächsten Schritt werden Sie aufgefordert, ein Passwort festzulegen (siehe Abbildung A.3).
2. Im folgenden Schritt müssen Sie ein Passwort festlegen. Danach klicken Sie auf »Fortfahren« (Abbildung A.4).

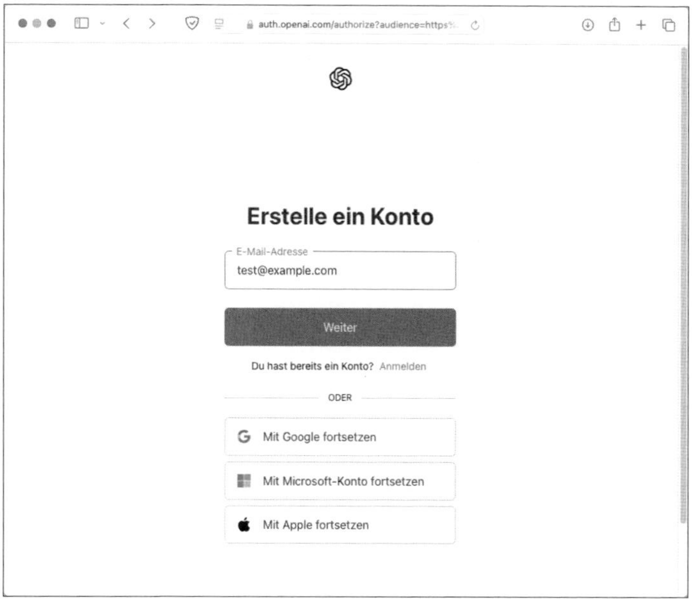

Abb. A.3 *Geben Sie zunächst Ihre E-Mail-Adresse ein.*

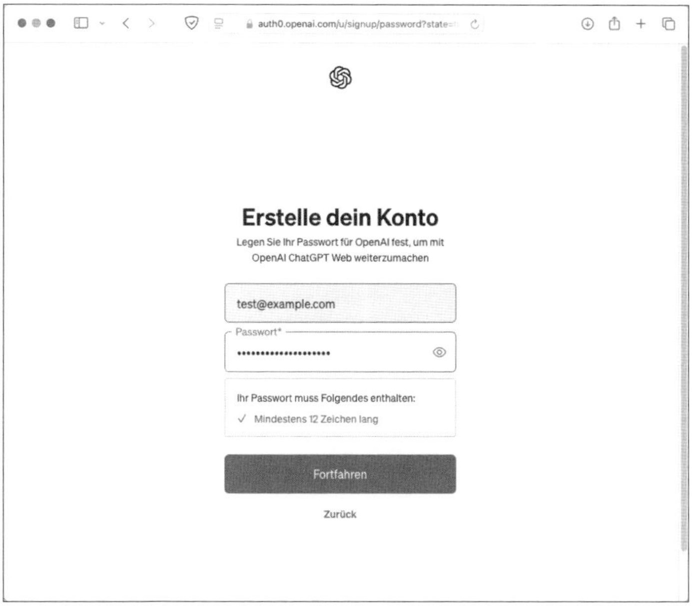

Abb. A.4 *Das Passwort muss mindestens 12 Zeichen lang sein.*

3. Daraufhin wird an die von Ihnen eingegebene E-Mail-Adresse ein Verifizierungscode geschickt. Diesen müssen Sie in der nun folgenden Seite eingeben, wie in Abbildung A.5 gezeigt:

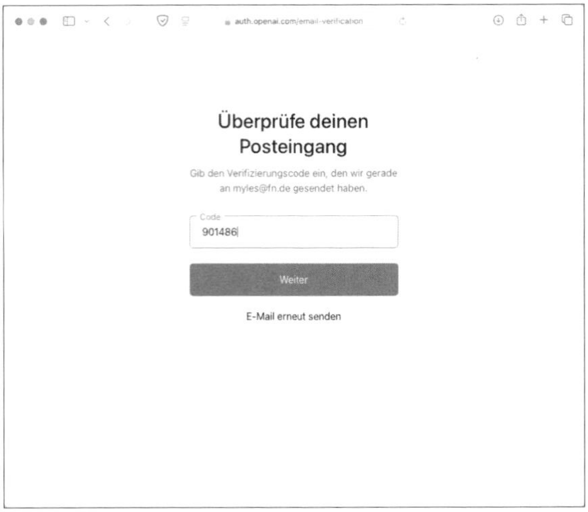

Abb. A.5 *Geben Sie hier den Verifizierungscode ein, der an die von Ihnen angegebene E-Mail-Adresse geschickt wurde. (Ihr Code wird sehr wahrscheinlich von dem hier gezeigten abweichen.)*

4. Nach der Eingabe klicken Sie erneut auf »Weiter«. War der Code korrekt, bittet ChatGPT Sie nun, Ihren Namen und Ihr Geburtsdatum einzugeben. Auch hier müssen Sie anschließend auf »Weiter« klicken (siehe Abbildung A.6).

Abb. A.6 *ChatGPT möchte etwas mehr über Sie erfahren.*

5. Fast geschafft. Auf der nächsten Seite teilt ChatGPT Ihnen mit, dass es inzwischen über eine »Erinnerung« verfügt (siehe Abbildung A.7). Diese Funktion kann etwas verwirrend sein – besonders, weil nicht immer klar ist, nach welchen Regeln ChatGPT sich an Ihre persönlichen Details »erinnert« und wie diese möglicherweise weiterverwendet werden. Die Löschung der »Erinnerungen« ist zwar möglich, aber aktuell (Ende Januar 2025) noch einigerma-

ßen umständlich. (Eine Anleitung finden Sie unter *https://help.openai.com/en/articles/8983145-how-do-i-view-or-delete-a-memory*.) Klicken Sie hier auf »Aktivieren« oder »Nicht jetzt«.

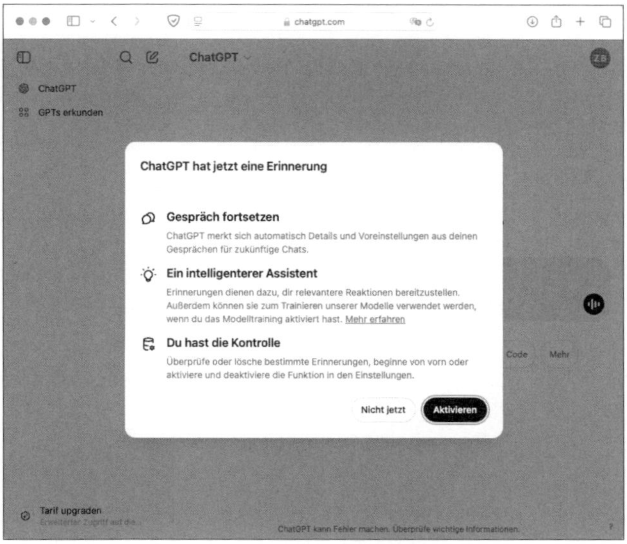

Abb. A.7 *ChatGPT weist Sie darauf hin, dass es sich »erinnern« kann.*

6. Es kann losgehen. Das Eingabefenster von ChatGPT ist bereit für den ersten Prompt (siehe Abbildung A.8).

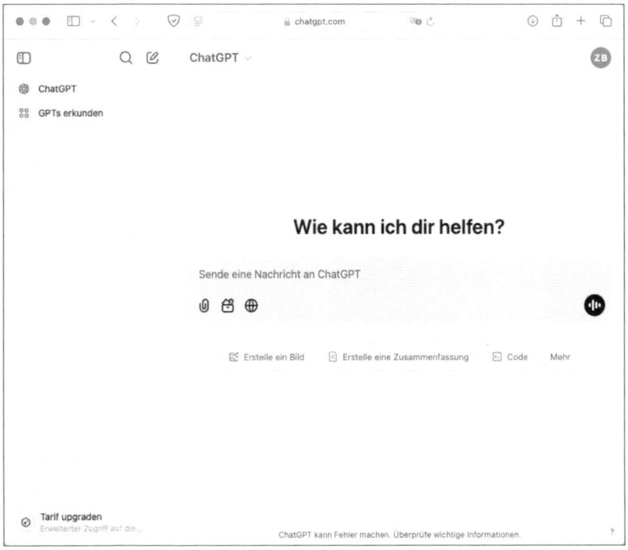

Abb. A.8 *Das Eingabefenster von ChatGPT nach der Registrierung. Fast alle Features können – zumindest in begrenztem Umfang – genutzt werden.*

```
How many users do you get a day?

Deutsch: Wie viele Nutzer hat ChatGPT täglich?
```

Listing A.1 *Die Antwort von ChatGPT*

```
As an AI language model, I don't have access to data about how many users
interact with me on a daily basis. My purpose is to respond to users'
queries and provide them with helpful and accurate answers to the best of
my ability.

Deutsch:
Als KI-Sprachmodell habe ich keinen Zugang zu Daten darüber, wie viele
Nutzer täglich mit mir interagieren.
Meine Aufgabe ist es, die Anfragen der Nutzer zu beantworten
und ihnen nach bestem Wissen und Gewissen hilfreiche und präzise Antworten
zu geben.
```

Nachdem Sie Ihren Account angelegt haben und eingeloggt sind, können Sie nun Ihre ersten Fragen stellen. Wir warten so lange.

B GitHub Copilot einrichten

In diesem Anhang zeigen wir Ihnen, wie Sie die Copilot-Erweiterung in Visual Studio Code und PyCharm installieren können. Visual Studio Code, kurz VS Code, ist eine plattformübergreifende IDE, die auf keine bestimmte Programmiersprache festgelegt ist. Sie wurde von Microsoft entwickelt und steht kostenlos zur Verfügung. VS Code verfügt über eine ausgezeichnete Unterstützung für Copilot und ist daher die beste Wahl, um dieses Buch durchzuarbeiten. PyCharm ist eine Python-spezifische IDE von JetBrains. Neben der kommerziellen Fassung gibt es auch eine kostenlos verfügbare Community-Version. Die Unterstützung für Copilot wird über eine Erweiterung ermöglicht. Beide IDEs sind eine gute Wahl.

Hinweis

Für die Nutzung von Copilot ist ein GitHub-Nutzerkonto nötig. Damit können Sie Copilot und Copilot Chat zwar mit eingeschränkten Features, aber ohne Zeitbeschränkung nutzen. Wir gehen für diese Anleitung davon aus, dass Sie bereits bei Ihrem GitHub-Konto angemeldet sind.

B.1 Die Copilot-Erweiterung in Visual Code installieren

Wir beginnen mit einer Schritt-für-Schritt-Anleitung für die Installation und Aktivierung von Copilot in VS Code:

1. Klicken Sie auf den Tab »Erweiterungen« auf der linken Seite des VS Code-Fensters (siehe Abbildung B.1). Er sieht aus wie ein Kasten, der in eine L-förmige Form eingefügt wird (wie bei Tetris).

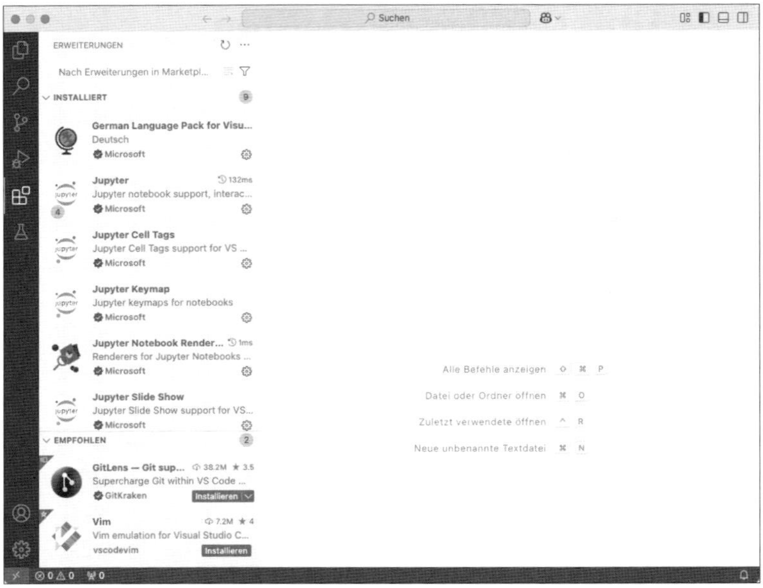

Abb. B.1 *Der »Erweiterungen«-Tab in Visual Studio Code. Beachten Sie das Suchfeld im linken oberen Fensterbereich.*

2. Geben Sie den Begriff *copilot* in das Suchfeld ein (siehe Abbildung B.2). Es befindet sich im oberen Teil des Tabs. Die Suche funktioniert unabhängig von der Groß- und Kleinschreibung. Es spielt also keine Rolle, ob Sie nun *copilot*, *COPILOT* oder *Copilot* eingeben.

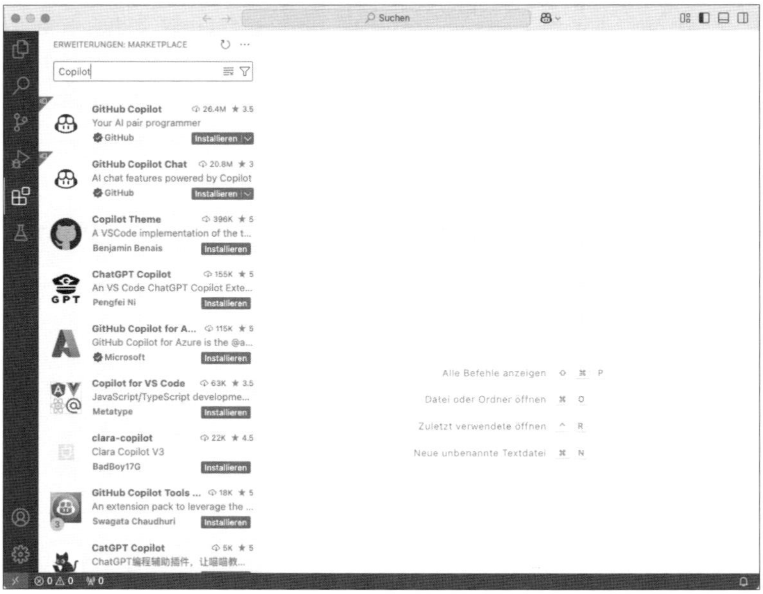

Abb. B.2 *Die Ergebnisse der Suche nach der GitHub Copilot-Erweiterung*

3. Anschließend klicken Sie auf das Suchergebnis für GitHub Copilot, es werden weitere Einzelheiten im rechten Bereich des VS Code-Fensters angezeigt (siehe Abbildung B.3). Unterhalb des Namens der Erweiterung, des Entwicklers und der Anzahl der Downloads sehen Sie z. B. den »Installieren«-Button. Klicken Sie diesen Button, um den Installationsprozess zu beginnen.

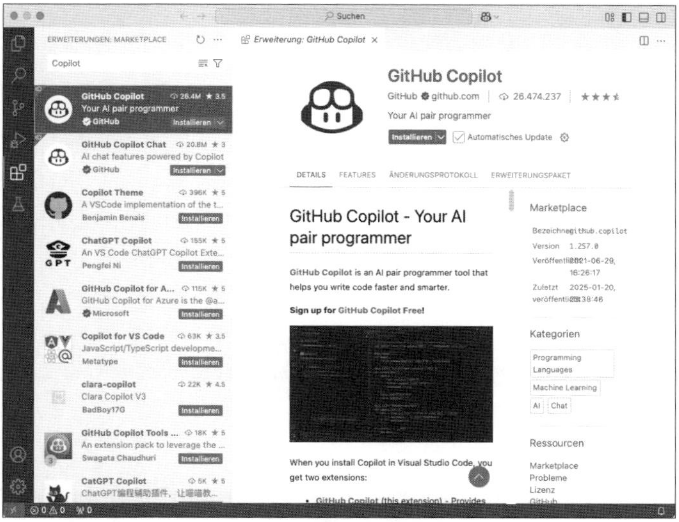

Abb. B.3 *Weitere Details zur GitHub Copilot-Erweiterung, inklusive des Buttons für die Installation*

4. Im nächsten Schritt werden Sie aufgefordert, sich bei Ihrem GitHub-Nutzerkonto anzumelden. Klicken Sie auf den »Sign in to Use Copilot For Free«-Button in der unteren rechten Ecke von VS Code (siehe Abbildung B.4).

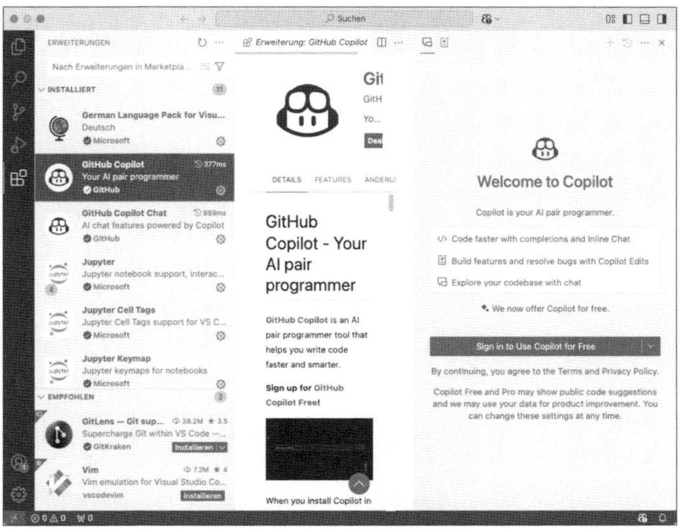

Abb. B.4 *Um Copilot kostenlos nutzen zu können, müssen Sie sich bei Ihrem GitHub-Nutzerkonto anmelden.*

5. Sobald Sie den Button angeklickt haben, werden Sie zu GitHub weitergeleitet. Hier werden Sie zunächst gefragt, mit welcher Nutzerkennung Sie fortfahren möchten. Wählen Sie hier das Nutzerkonto aus, mit dem Sie fortfahren möchten. Danach geht es mit einem Klick auf »Continue« weiter (siehe Abbildung B.5).

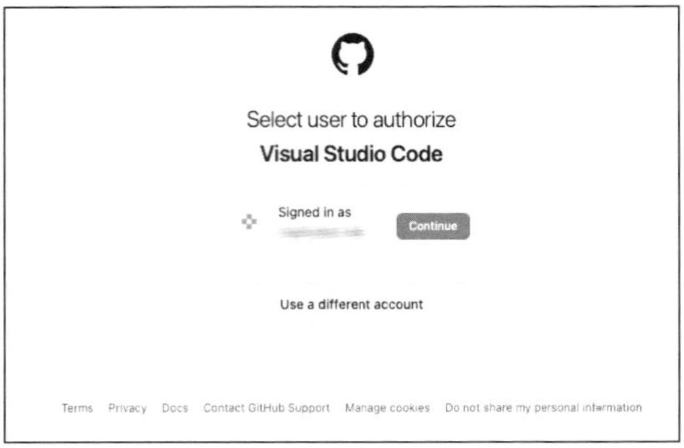

Abb. B.5 *Sie werden gefragt, mit welchem Nutzerkonto Sie Copilot nutzen wollen. Wählen Sie eines aus und klicken Sie dann auf »Continue«.*

6. Im nächsten Schritt bittet Sie die GitHub-Website dann um die Erlaubnis, Visual Studio mit Ihrem ausgewählten Nutzerkonto zu verbinden (siehe Abbildung B.6). Wenn das für Sie in Ordnung ist, klicken Sie auf »Authorize Visual-Studio-Code«, um den Zugriff zu erlauben.

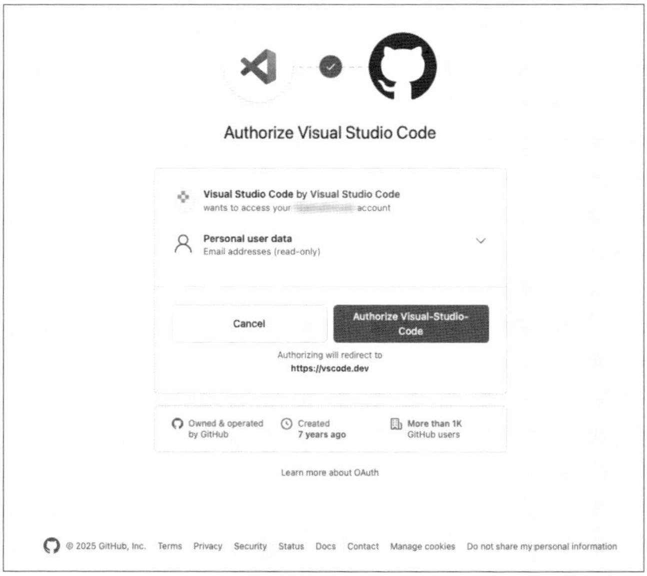

Abb. B.6 *Sie werden aufgefordert, Visual Studio die Nutzung von Copilot zu erlauben. Beachten Sie, dass Sie bereits bei GitHub eingeloggt sein sollten.*

7. Nach der Freigabe werden Sie wieder zu Visual Studio zurückgeleitet (siehe Abbildung B.7). Eventuell müssen Sie die Weiterleitung bestätigen.

Abb. B.7 *Sie werden wieder zu Visual Studio Code zurückgeleitet.*

8. Je nachdem, wie Ihr GitHub-Konto eingerichtet ist und ob Sie Copilot dort schon nutzen, kann es sein, dass VS Studio weitere Einstellungen benötigt (Abbildung B.8). Klicken Sie in diesem Fall auf »Copilot Settings«.

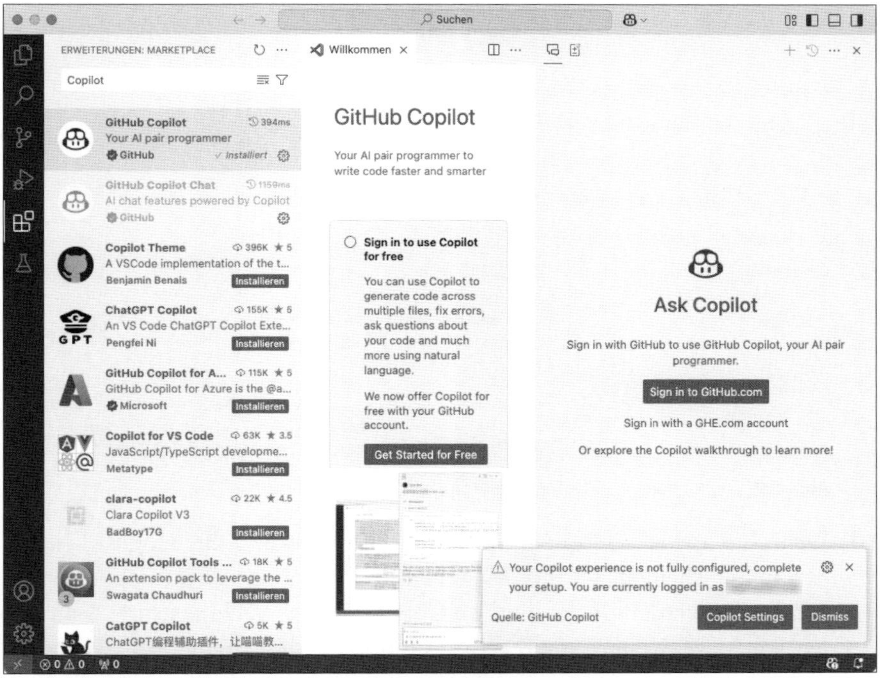

Abb. B.8 *Es sind weitere Einstellungen nötig, um Copilot nutzen zu können.*

9. Nach einem Klick auf den Link werden Sie ein weiteres Mal zur GitHub-Seite weitergeleitet, wo Sie weitere Einstellungen vornehmen können (und sollten), wie in Abbildung B.9 gezeigt.

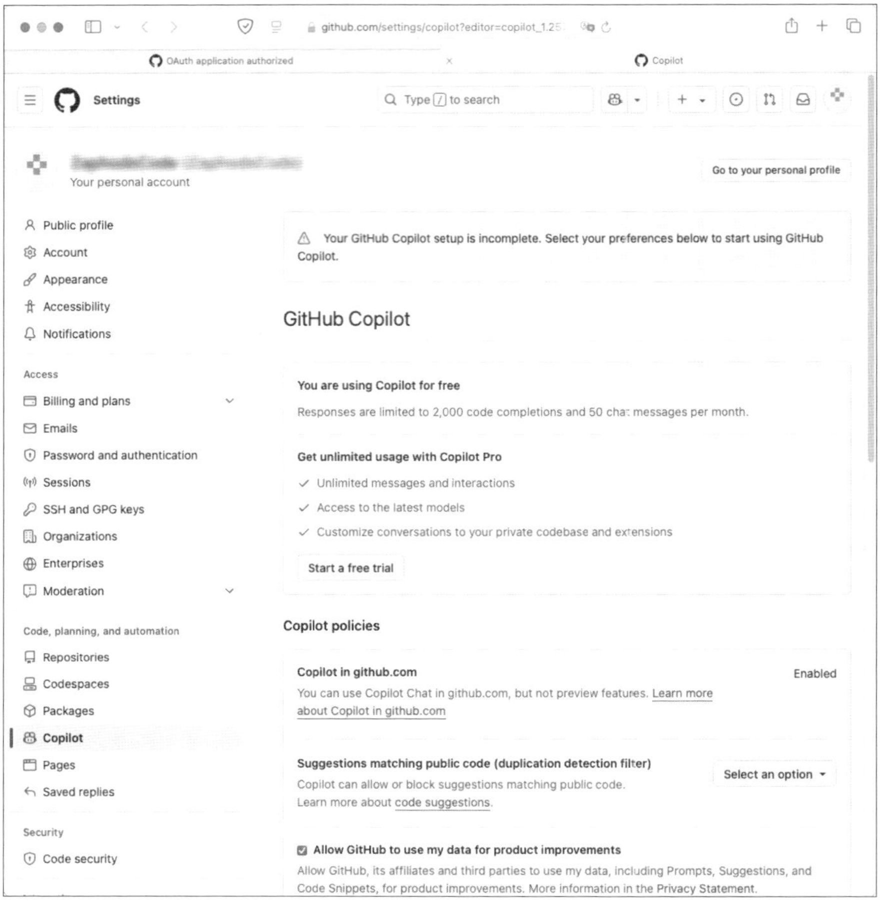

Abb. B.9 *Copilot möchte, dass Sie weitere Einstellungen vornehmen.*

10. Wenn Sie abwärts scrollen, haben Sie beispielsweise die Möglichkeit, darüber zu entscheiden, ob Ihre Eingaben und Daten zum Training von Copilot verwendet werden dürfen und ob Copilot auf die Suchmaschine Bing zugreifen soll. Eine weitere interessante Option ist die Möglichkeit, ein weiteres Sprachmodell zu nutzen (standardmäßig kommt GPT-4o zum Einsatz), wie Abbildung B.10 zeigt[1].

11. Wenn Sie Visual Studio Code danach schließen und neu starten, ist Copilot endlich bereit (siehe Abbildung B.11).

1. Diese Option war Ende Januar 2025 als »Preview« gekennzeichnet. Es kann gut sein, dass diese Möglichkeit in zukünftigen Versionen standardmäßig aktiviert ist.

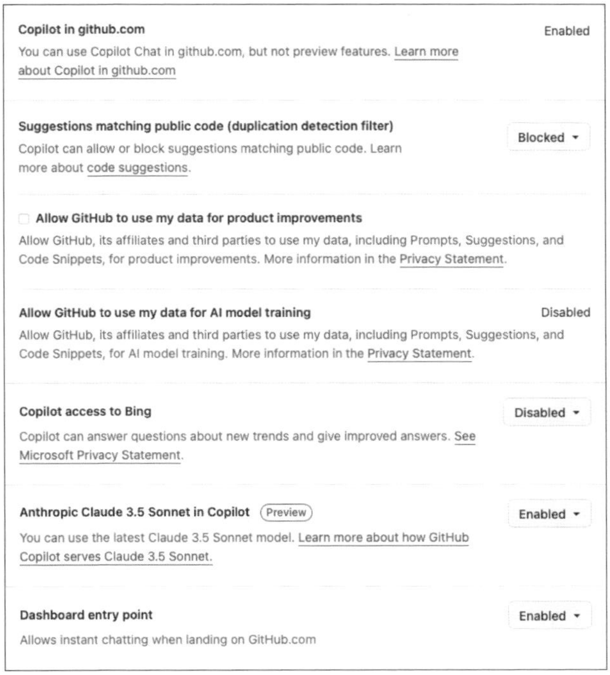

Abb. B.10 *Weitere Einstellungsmöglichkeiten auf der GitHub Copilot-Website*

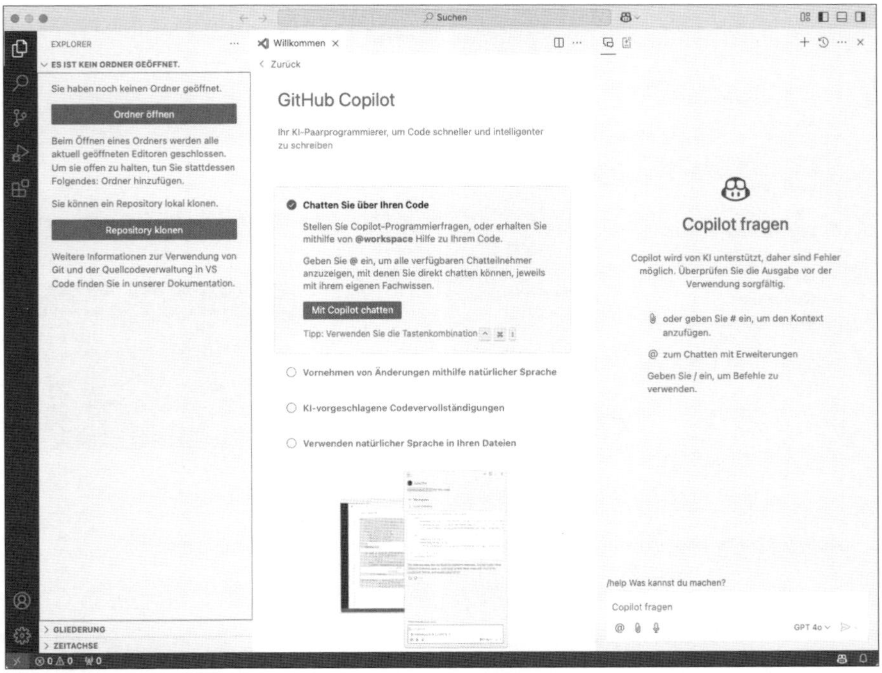

Abb. B.11 *Nach der Einrichtung ist Copilot bereit.*

Damit ist die Installation der Copilot-Erweiterung in VS Code abgeschlossen. Im folgenden Abschnitt zeigen wir Ihnen, wie Sie das Copilot-Plug-in in PyCharm von JetBrains installieren können.

B.2 Das Copilot-Plug-in in PyCharm installieren

Hinweis

Falls Sie das kostenpflichtige deutsche Sprachpaket installiert haben, können die Bezeichnungen und Beschriftungen der Menüpunkte, Buttons und anderer Elemente von den hier genannten abweichen.

Je nach verwendeter Version und Plattform können die hier gezeigten Schritte von der für Ihr System nötigen Vorgehensweise abweichen.

Öffnen Sie PyCharm und rufen Sie den Menüpunkt »Preferences« auf. Danach gehen Sie vor, wie hier beschrieben:

1. Klicken Sie den »Plugins«-Tab. So ähnlich wie bei VS Code wird hierdurch ein Suchfenster geöffnet. Geben Sie hier den Suchbegriff *copilot* ein. Sobald Sie Copilot im Marketplace gefunden haben, können Sie den »Install«-Button anklicken (siehe Abbildung B.12).

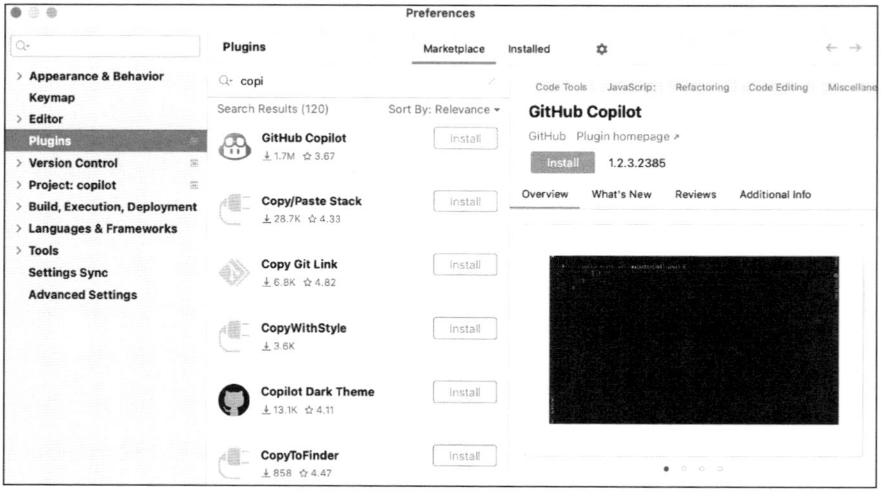

Abb. B.12 *Der »Plugins«-Tab von PyCharm mit den Suchergebnissen für Copilot*

2. Rufen Sie nun den Menüpunkt »*Tools > GitHub Copilot > Login to GitHub*« auf (siehe Abbildung B.13).

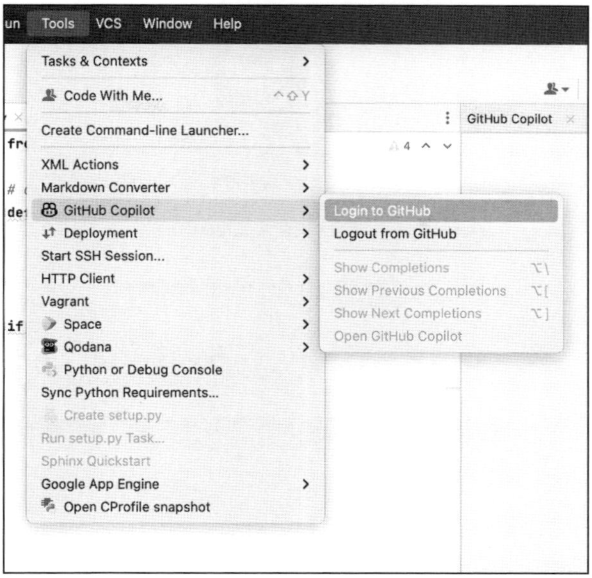

Abb. B.13 *Der PyCharm-Menüpfad für die Anmeldung bei GitHub lautet »Tools > GitHub Copilot > Login to GitHub«.*

3. Daraufhin zeigt PyCharm Ihnen einen siebenstelligen alphanumerischen Code an, den Sie für den Anmeldeprozess benötigen (siehe Abbildung B.14). Speichern Sie diesen Code oder kopieren Sie ihn in Ihre Zwischenablage. Sie werden ihn in Kürze brauchen.

Abb. B.14 *PyCharm zeigt einen Login-Code für GitHub an. Kopieren Sie diesen in Ihre Zwischenablage.*

4. Daraufhin öffnet sich Ihr Standard-Webbrowser, und Sie werden aufgefordert, den Login-Code einzugeben (siehe Abbildung B.15).

5. GitHub bittet Sie um Erlaubnis, einige persönliche Daten abzufragen und zu verwenden, insbesondere Ihre E-Mail-Adresse (siehe Abbildung B.16). Klicken Sie den Button »Authorize GitHub Copilot Plugin« und Sie erhalten die Nachricht, dass die Autorisierung des Plug-ins erfolgreich war (Abbildung B.17).

Abb. B.15 *Fügen Sie den gerade erhaltenen GitHub-Anmeldecode in das im Webbrowser angezeigte Eingabefeld ein.*

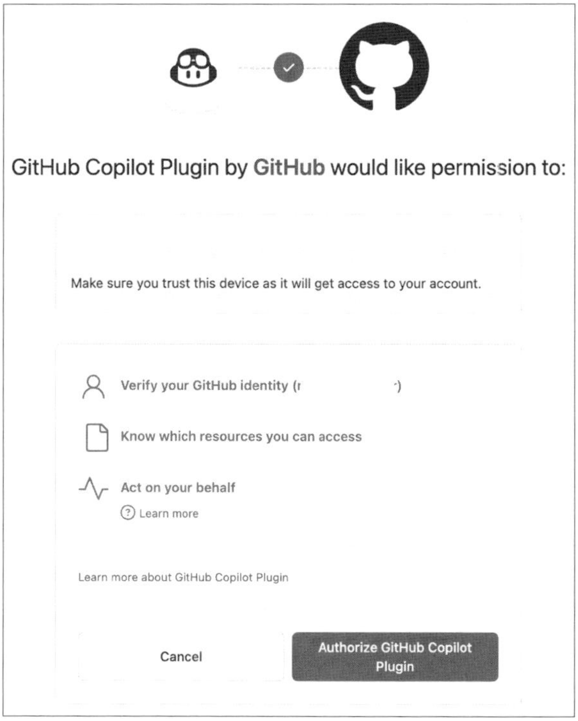

Abb. B.16 *Im Verlauf des OAuth-Logins müssen Sie der Abfrage und Verwendung Ihrer E-Mail-Adresse durch GitHub zustimmen.*

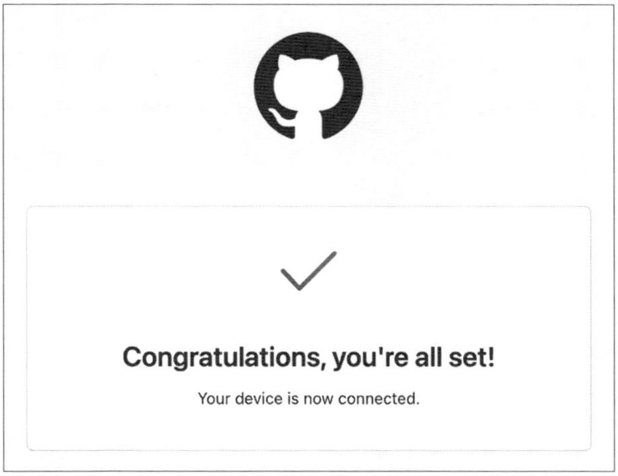

Abb. B.17 Die Bestätigung, dass Sie die Registrierung bei Copilot erfolgreich abgeschlossen haben

Nachdem die Installation der GitHub Copilot-Erweiterung oder des Plug-ins in der IDE Ihrer Wahl abgeschlossen ist, können Sie nun Ihren ersten Prompt erstellen und eine erste Platzrunde mit Copilot drehen.

B.3 Der erste Flug mit Copilot

Öffnen Sie nun Ihre IDE (falls sie nicht schon geöffnet ist) und öffnen Sie ein neues Python-Projekt. Darin erstellen Sie anschließend eine Datei namens *app.py*. Danach fügen Sie den folgenden Prompt als Kommentar am Anfang der Datei ein, um Copilot anzuweisen, eine einfache FastAPI-Applikation zu bauen:

```
# create a FastAPI app
# run with uvicorn app:app --reload

# Deutsch:
# Erstelle eine FastAPI-Applikation
# Sie soll mit dem Befehl uvicorn app:app --reload ausgeführt werden
```

Wenn Sie Copilot korrekt installiert und initialisiert haben, beginnt die Erweiterung nun mit der Erstellung von Code. Drücken Sie zweimal die Enter-Taste, damit die `import`-Anweisung `from fastapi import FastAPI` eingegeben wird. Beachten Sie die, dass die Anweisung automatisch vervollständigt wird, sobald Sie mit dem Tippen beginnen (siehe Abbildung B.18). Willkommen bei Copilot.

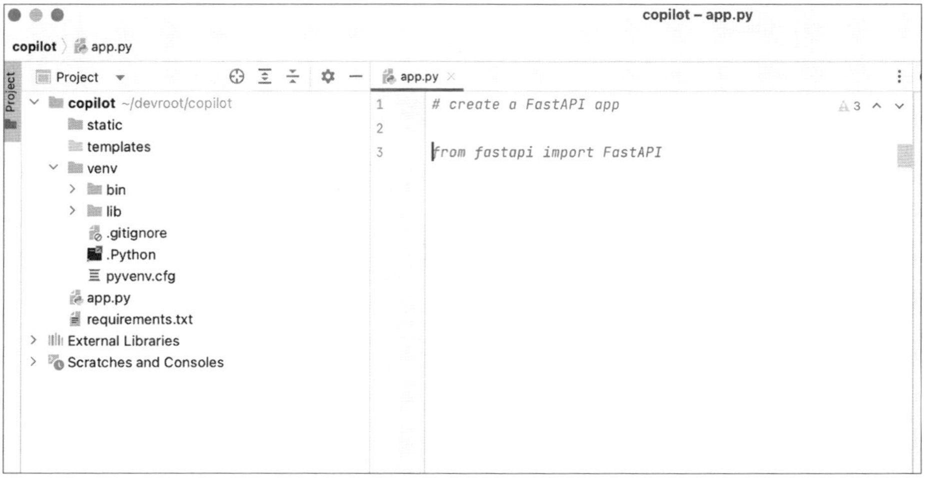

Abb. B.18 *Copilot nutzt Ihren Prompt, um ihn mit den Daten im Copilot-Modell (namens Cortex) abzugleichen. Sobald es etwas Passendes findet, erzeugt es einen Codevorschlag.*

Sie können diesen Prompt natürlich erweitern, z. B., indem Sie Copilot anweisen, einen GET-REST-Endpunkt zu erzeugen, der »Hello, World« zurückgibt. Es ist allerdings gut möglich, dass Copilot dies im vorgeschlagenen Code ohnehin schon tut.

Listing B.1 *Vollständiger von Copilot erzeugter Quellcode auf Basis Ihres Prompts*

```
# create a FastAPI app
# run with uvicorn app:app --reload

# Deutsch:
# Erstelle eine FastAPI-Applikation
# Sie soll mit dem Befehl uvicorn app:app --reload ausgeführt werden

import uvicorn
from fastapi import FastAPI

app = FastAPI()

@app.get("/")
def read_root():
    return {"Hello": "World"}

if __name__ == "__main__":
    uvicorn.run(app, host="localhost", port=8000)

from fastapi import FastAPI

app = FastAPI()
```

```
@app.get("/")
def read_root():
    return {"Hello": "World"}
```

Danach geben Sie folgende Befehle in Ihr Terminal ein, um die erforderlichen Bibliotheken zu installieren und die Applikation auszuführen:

Listing B.2 *Befehle, um die erforderlichen Bibliotheken zu installieren und die Applikation auszuführen*

```
pip install fastapi
pip install uvicorn
python3 app.py
```

Damit sollte FastAPI gestartet werden. Rufen Sie die Adresse *http://localhost:8000/* in Ihrem Webbrowser auf, sollten Sie eine JSON-Darstellung von »Hello, World« sehen (siehe Abbildung B.19).

Abb. B.19 *Ihre einfache FastAPI-App sollte die Nachricht »Hello, World« ausgeben. Dies ist die häufigste erste Ausgabe, wenn man eine neue Sprache oder Technologie lernt.*

Herzlichen Glückwunsch! Damit haben Sie Ihr erstes Programm mit Copilot-Unterstützung erstellt und sind auf einem guten Weg, KI in der Softwareentwicklung einzusetzen.

Index